인간, 혼, 영에 관한 지혜

KB140897

These 12 lectures were given by Rudolf Steiner at Berlin in October of 1909, November of 1910, and December of 1911. They are from the lecture cycle entitled, *Anthroposophy, Psychosophy, Pneumatosophy*. In the Collected Edition of Rudolf Steiner's works, the volume containing the German texts is entitled, *Anthroposophie, Psychosophie, Pneumatosophie*.(Vol. 115 in the Collected Edition.) The lectures were translated by Samuel and Loni Lockwood.

이 12개의 강의는 1909년 10월, 1910년 11월, 1911년 12월에 걸쳐 베를린에서 행해졌다. 강의의 제목은 인지학, 혼학, 영학(*Anthroposophy, Psychosophy, Pneumatosophy*)이었다. 루돌프 슈타이너 신집의 번호는 115번이며 새뮤얼과 로니 록우드가 영역했다.

인간, 혼, 영에 관한 지혜

감각과 영혼, 자연과 신의 만남

지은이_루돌프 슈타이너 | 옮긴이_김광선, 박규현

수신제

차례

3부
영에 관한 지혜
(영학 Pneumatosophy) 1911년

옮긴이의 말

이 책은 루돌프 슈타이너 박사가 1909년, 1910년, 1911년, 3년에 걸쳐 베를린에서 실시한 인지학(Anthroposophy), 혼학(Psychosophy), 영학(Pneumatosophy) 강의 시리즈이다. 역자가 본 강의 시리즈에 관심을 갖게 된 계기는 발도르프 교육 분야에서 학습에 어려움을 가진 어린이들을 돕기 위해 적용되고 있는 디 엑스트라 레슨에 대한 연구였다. 오드리 매캘런(Audrey McAllen) 여사는 자신의 책 『디 엑스트라 레슨(*The Extra Lesson*)』에서 다음과 같이 말하고 있다.

"1909년 베를린에서 있었던 강의에서 슈타이너는 세 가지 중요한 요소의 기초를 놓았습니다. 그것은 감각의 이해, 인간의 초감각적 구조와 지구의 초감각적 구조의 상호 연관성, 각각의 혼의 성질에 대한 것이었습니다. 그 강의에서 그는 아스트랄체, 신체, 생명체 간의 관계에 대해 중요한 이해를 제공했습니다."

'디 엑스트라 레슨'의 원리를 좀 더 이해할 수 있을 거라는 생각으로 번역을 시작하였으나, 대부분의 슈타이너 박사의 강의가 그렇듯이, 쉽게 이해되지 않는 부분들이 많다. 하지만 인내심을 갖고 계속 공부하다 보면 언젠가 이해하리라 믿는다.

김광선

2023년 6월 인천 송도에서

옮긴이의 말

　루돌프 슈타이너의 인지학은 세계적인 대안 교육 운동의 전범이라 할 만한 발도르프 교육과 최초의 유기농인 생명 역동 농업을 비롯해 다양한 분야에서 진행 중인 현대적 영성 운동의 바탕 철학이다. 그는 1894년 출간한 『자유의 철학』을 통해 이미 독자적 사상가로 위상을 가졌지만 20세기 벽두, 신지학회와의 교류를 통해 자신의 사상을 우주론적으로 확장한다. 그러나 신지학회에 만연한 학문적 모호성과 신비주의 경향에 맞서 자신의 사상을 명확히 구별하고 '인지학'이라는 새로운 이름으로 독립적인 사상 운동을 펼쳐나갔다. 『인간, 혼, 영에 관한 지혜』는 그 과정을 체계적이고 분명하게 밝힌 첫 작품이다. 슈타이너는 이 책에서 몸과 혼, 그리고 영이라는 3원의 인간이 세계를 구성하고 움직이는 힘으로서 4구성체와 어떻게 상호작용하는지 밝힌다. 이를 통해 여타의 근현대 철학과는 근본적으로 구별되는 일원론적 관점으로 인간과 자연, 우주의 관계를 통합적으로 조명한다. 유물론적 과학과 다른 새로운 감각론을 선보이고 감각과 인식의 관계, 심리와 생리의 관계, 신체와 자연적 힘들과 관계라는 근본 주제들을 포괄적이면서도 구체적으로 밝히고 있다. 그럼으로써 하나의 분과 학문이 아닌 세계관으로서 인지학의 진면목을 정립했다.

1부는 4구성체가 인간 신체에 작용하여 감각을 형성하는 과정과 각 감각의 성격, 기능을 자세히 설명한다. 나중에 '12감각론'으로 정리되고 인간 발달론의 기초가 되는 내용들이 최초로 제시되고 있다. 이 강연에서는 13감각이 제시되었고 추후 범주 재구성을 통해 12감각론으로 수정되지만 그 근본 내용은 동일하다. 특히 동물의 감각과 차이, 감각 안에 작용하는 영적인 힘들의 운동 과정을 밝힌 것은 이분법적 유물론에 기초한 현대 과학의 패러다임과 인지학이 어떻게 다른지 분명하게 보여주는 기념비적 내용이며 '천인합일'이라는 일원론적 개념에 기초하고 있는 동양의 사유 전통과 일맥상통하는 것을 증명하는 내용이기도 하다.

2부는 감성, 지성, 도덕성이 형성되는 과정과 상호 관계를 자세하게 밝힌다. 감각에서 지각으로, 감정으로, 개념을 거쳐 추론과 판단으로 이어지는 마음의 풍경을 명료하게 보여준다. 이를 통해 '무의식'이라는 모호한 개념에 기초한 현대 정신분석학적 심리학의 공백을 메우고 인간이 자기완성과 구원의 길로 나가게 되는 필연성을 밝힌다. 중세 가톨릭의 정치적 결정으로 2원의 인간으로 정의된 규정을 넘어서서 인간의 마음이 우주적 영성과 불가분의 관계임을 밝혀서 자연스럽게 영적 진화를 향해 나아가는 인간 의식의 미래상을 보여준다.

3부는 슈타이너 고유의 영적 통찰이자 인지학의 정점을 보여준다. 숭배나 신앙, 신비로서의 영성 개념을 일소하고 일상 의식에서 영성이 어떻게 작용하는지를 보여준다. 이를 통해 의식 발달을 위한 구체적 수행 과정의 기초를 제시하고 기존 종교의 전유물이었던 삶과 죽음의 순환 문제를 합리적으로 이해할 수 있는 시각을 제공한다.

이 책이 한국의 인지학 운동이 진일보하기 위한 디딤돌이 되리라 믿는다. 막연한 상태로 혼돈을 겪었던 많은 주제들이 이 책의 슈타이너 육성을 통해 정리될 수 있을 것이라고 보며 인지학의 심층 이해를 바라왔던 많은 분들에게 도움이 되기를 진심으로 바란다.

박규현

2023년 6월 양평에서

※ 책 안의 주석은 모두 박규현의 작(作)이다.

마리 슈타이너의 서문

이 책은 1909년 루돌프 슈타이너(Rudolf Steiner)가 베를린 신지학 학회 독일 분과 총회에서 그가 이끄는 유럽의 영학 운동의 기초를 강화하기 위해 강의한 것의 기록입니다. 인식과 세밀한 검증으로 구체화된 이러한 강화는 동양의 신비주의에 탐닉하여 서양의 진정한 신지학적 운동을 그 내용과 핵심에서 파악하지 못하고 있는 인도-유럽 신지학 운동에 필요 불가분한 것이 되었습니다. 물질주의 문명은 그 깊은 의미를 이해하지 못한 채 일탈하고 있었습니다. 그들은 서구 민족의 역사적 진화와 그들 자신의 특정한 과업을 무시하고 유럽인들을 원시적 지혜의 근원으로 되돌릴 수 있다고 믿었습니다. 그들은 중세와 근대 초기의 독일 신비가들이 명상과 영적 황홀경을 통해 깊은 헌신과 희생적인 열정으로 추구했던 신의 지혜인 비세속적 신지학의 이상을 설정했습니다. 그러나 이 목표는 많은 인류가 달성할 수 없는 것이었고 조잡해지지 않고는 대중화될 수 없었습니다.

진실로 오늘날 물질주의적 분위기에 숨 막히고 집 잃은 영혼들은 이 동양적 신지학에서 희망을 찾았지만, 그들이 찾은 것은 막다른 길목이었습니다. 분석과 종합을 요구하는 유럽의 비판적 사고는 끝없는 독단화와 놀라운 사건에 대한 설명으로 만족할 수 없었습니다. 그것은 더 높은 발전이라는 목표에 이르기까지 일련의 상승하는 변형 내에서 발생하고 죽는 것들에 대한 인과적으로 일관된 사고 결과를 원했습니다. 강화된 서구의 개성적 감각은 존재로부터의 궁극적인 해방만을 목표로 하며, 더 깊은 의미들을 잃은 채 끝없는 단조로움으로 흘러가는 사건의 순환에 대한 진술을 단순히 받아들일 수는 없었습니다. 유럽인들이 느꼈듯이 창조는 초점에 광선을 쏘아 자신을 드러내고, 그것과 결합하고, 끝없이 진화하는 생명의 새로운 모양과 형태에 함께 추가된 의미를 지닌 새로운 옷으로 나타날 것입니다. 모든 진화의 이 초점은 자아의 힘 안에서만 밝혀질 수 있습니다. 신성한 자아는 삶에 스며들었습니다. 그런 다음 신성한 자아 존재의 바다에서 떨어져 나온 인간 자아가 그 자체를 소유할 시대가 되었습니다. 그것은 마침내 그가 성취한 모든 것을 유지한 채 개인적 자아로서 신성한 자아로 돌아가기 위해, 변형과 지구-생명을 지배하는 법칙에 따라 형성되고 조화를 이루어야 했고, 자유 속에서 자신의 의지를 신의 의지와 결합하고 이 숭고한 재결합을 원하는 앎과 명확한 비전에 인도되어야 했습니다. 인간의 자아는 자기 자신에서 벗어날 수 없고, 스스로 소멸할 수도 없습니다. 그것은 영원한 노력으로 스스로를 찾고 정화해야 합니다; 이 각성의 과정 동안 그것은 서서히 수십억 년간 새롭게 변화하는 동안 쓰레기더미 세계를 떨어낸 영으로 되돌아가고 구원되어야 합니다. 이것이 실패하면, 그것은 인간을 쓰레기더미로 되돌려 놓을 악마의 세계에 먹잇감이 될 것입니다.

현대인의 임무는 영겁의 세월 동안 모양과 핵심을 다듬어온 이 자아를 의식적으로 붙잡는 것입니다. 수 세기 동안 추상적인 생각 뒤에 남아 있는 사고의 힘에 도움받고 미숙한 감각적 환상에 의해 공급된 근시안적 정신의 생생한 힘에 의해 고통받은 후, 그것을 이겨내고 자기 자체로 되돌아가야 합니다. 이 작업은 새로운 윤회로 거듭되는 인간의 삶에 최고의 의미를 부여합니다. 이는 신으로부터 자유를 위임받은 인간이 점차 지상에 얽매인 마음의 한계를 넘어 자신의 최고 목표인 영으로 돌아가 다시 한 번 신성한 자아의 표현이 되는 길입니다. 끊임없는 연구와 자유로운 개인적 활동을 통해 개인의 자아를 이 목표를 향해 이끄는 것이 서양의 임무입니다. 불교가 구원의 원칙을 정의하고, 신불교가 지친 서양 앞에 유혹적으로 구원하려고 하는 것처럼 인격적으로 표현된 개인주의로부터 벗어나는 것이 아닙니다.[1] 전혀 아닙니다. 그것은 개인의 자아를 해방시키는 문제이며, 당분간은 개체성에 매몰되어 있지만 적극적인 노력을 통해 강화되고 그것이 인지하고 있는 신성한 의지의 완전한 의식적 도구가 될 수 있습니다. 그것은 신성한 목표를 향해 이 신성한 의지와 협력할 수 있는 도구가 될 수 있습니다. 과거를 바라보고 오리엔탈리즘으로 가득 찬 신학적 조류와의 연관성에도 불구하고, 인지학은 이러한 방식을 필수불가결한 것으로 설정하고 명확하게 정의했습니다. 인간 진화의 결정적 전환점(신성한 자아가 인간 자아를 향한 하강이 멈추고 재상승이 시작된 곳)에서 인지학은 그리스도가 인간으로 나타난 신비와 희생적 죽음에서 흘러나오는 빛을 가리킵니다.

인간이 의식적으로 자신의 인간적 지위를 얻고, 세상과 자신을 알수 있으며, 신성의 개념을 이해할 정도로 성숙하기 위해서는 지구에서 신성으로 가는 이 인지학적 중도가 분명해져야 했습니다. 지구에서 갈라진 두 가지 길을 가진 인간은 오직 그의 존재의 모든 힘 중 가장 큰 노력을 통해서만 이 방법을 파악할 수 있습니다. 시대를 초월한 고립된 개척자들이 하나님과 교감하는 것만으로는 충분하지 않습니다. 만약 모든 인류가 이 목표를 향해 이끌려가고, 따라서 인간 이하로 가라앉는 절박한 위험을 피할 수 있다면, 이 중도를 가르치고 다른 사람들을 위해 그것을 실행 가능하게 할 수 있는 사람이 와야 합니다. 그 길은 "너 자신을 알라."를 통해 인간에서 신적인 존재로 가는 길입니다.

모든 인류가 오래된 비의(祕意)를 의식해야 할 때가 왔습니다. 이를 위해, 인간의 인격은 뿌리부터 찢어져 영에서 분리된 지성에 의한 비판적 사고의 거친 덤불을 거쳐, 물질주의적인 둔감함의 일탈과 지하세계의 힘을 두드려 깨우는 우리의 강력한 기술적 발견들의 관문까지 길고 힘든 순례를 겪어야만 했습니다. 이것은 영과 자연 사이에서 열리는 요소들의 영역입니다. 이것은 그들의 첫 번째 계시를 발견한 사람들은 꿈에도 생각지 못한 상태로 헤아릴 수 없을 정도의 악마적 효과를 남깁니다. 그들은 영의 세계에 스며드는 법을 배울 때까지는 그것을 가늠할 수 없을 것입니다. 이렇게 하기 위해서는, 그들은 먼저 인간, 즉 그들 자신을 아는 법을 배워야 합니다. 인지학은 진지한 작업을 통해 우리를 이 목표로 이끌 수 있습니다; 그것이 없다면 우리는 인간 속에 숨겨져 있는 심연도, 천국도 알 수 없을 것입니다. 인간을 알라. 그럴 때만 지옥을 반복하는 길을 지나 천국에 이르는 길을 여행할 수 있을 것입니다.

앎을 통해 세상과 인간을 이해하는 이 길은 삶의 수수께끼를 분명하게 정의하는 개념들을 대면할 수밖에 없는, 철학적 사고라는 냉정한 영역에서 시작합니다. 직접적인 감정의 은총으로 영혼이 휘날리는 사람들은 이 길이 험난하고 거의 불필요하다고 생각할지 모르지만, 우리 시대에는 꼭 필요한 길입니다. 신비로운 명상만으로는 삶의 목적을 찾으려는 우리를 더는 만족시킬 수 없습니다.

루돌프 슈타이너는 먼저 우리의 마음을 따뜻하게 하고 영을 고양시키는 분위기를 조성해 진정한 신학과 복음서의 지혜의 높이에 대한 우리의 비전을 맑게 함으로써 이 길을 평탄하게 했습니다. 하지만 그가 지식의 정점에 이르는 가파른 계단을 올라야 하는 우리의 노력을 덜어주지는 않았습니다. 그것은 이 책에 제시된 설명으로 증명됩니다.

그것들은 루돌프 스타이너의 지식 이론을 다루는 출판물의 중요한 구성 요소이며, 또한 그의 작품의 틀을 구성하는 역사적 사건들의 현실적인 확립에도 중요합니다.

　루돌프 슈타이너는 그가 시작한 인지학적 영적 흐름을 따라 이미 7년 동안 활동했습니다. 그는 지식에 대한 갈증을 해소하기 위해 더 필요한 것, 무엇보다도 그들의 생각과 감정을 만족시킬 수 있는 기독교에 대한 접근이 필요하다고 강하게 느낀 신지학 운동 회원들로부터 도움을 요청받았습니다. 슈타이너는 이러한 정신으로 서양의 임무를 조명하기 위해 이렇게 할 준비가 되어 있었습니다. 그가 독일 지부의 지도자가 되기로 동의한 것은 이러한 조건, 즉 선도적인 신지학자들의 완전히 개방적인 행동과 표현의 자유에 대한 확신이었습니다. 이렇게 7년이 지났고, 그중 마지막 2년은 인도 유럽 흐름의 지도자들 사이에서 갑자기 발생한 독단적인 편협함으로 인해 암울하게 흐려졌습니다. 슈타이너는 오로지 인식의 힘에 기초하여 그러한 어려움을 해결하기를 원했고, 독일 학회의 총회에서 청중에게 각 사례를 이해하기 위한 더욱 확고한 기초를 제공하는 것을 목표로 삼았습니다. 동시에 그는 피상적인 사고에서 보이는 것보다 더 깊은 무엇인가에서 비롯된 사건의 순환적 과정을 강조했습니다. 아마도 우둔한 유물론자만이 여전히 숫자 7의 주기적인 중요성을 거부할 것입니다. 숫자 7은 무수한 이미지에서 계속 반복되고, 일시적인 것을 상징화하며 진화에서, 인간뿐만 아니라 인간의 성찰, 역사적 사건에서도 큰 역할을 합니다.

인간 의식혼의 전개는 스물여덟 살이 끝난 후 하나의 법칙으로 시작되고, 인간 공동체의 유기체에서도 비슷한 일이 일어납니다. 이제, 우리는 학회 총회 이전 3년에 걸쳐 이 강연들을 출판하고 있으므로, 루돌프 슈타이너가 첫 번째 강연의 서두에서 제시한 지표들을 계속 이어가는 것이 흥미가 없는 것은 아닐 것입니다. 그는 학회 창립 7주년을 맞아 이어진 강연에서 인지학을 보다 포괄적으로 발표할 좋은 기회가 제공되었다고 말하며, 7년 전 재단 회의에서 이미 "인지학"이라는 주제에 대해 연설한 적이 있음을 청중들에게 상기시킴으로써 그의 작업이 취해야 할 방향을 제시했습니다.[2]

이어진 두 번째 7년 주기에서는 동양화된 인도 유럽 신지학회가 서구의 영적 신조를 이기려는 의도를 버리는 것을 거부함으로써 생겨난 영적 투쟁의 표현이 나타났습니다. 더 이상 어깨를 으쓱하며 기독교의 성벽을 넘을 수 없게 되자, 협회는 기독교의 진리를 갈망하는 영혼들을 위한 에르사츠 구세주(Ersatz-savior, 사이비 구세주)인 인도 소년 크리슈나무르티를 그 한가운데 세웠습니다. 이것은 신지학 운동에서 보다 진지한 구성원들의 탈퇴와 독립적인 인지학 협회로 이어졌습니다.

1916년, 자체적 전제에 따른 서양의 영적 혁신을 위한 그의 두 번째 활동 주기가 끝나갈 무렵 유럽은 세계 대전의 불길 속에 불타올랐습니다. 스위스의 도르나흐 언덕에 괴테아눔이 생겨났는데, 괴테아눔은 19개국의 대표들이 인류의 이름으로 가진 것을 나누는 활동의 중

심지였습니다. 이것은 예술적 요소에 강한 자극을 주었고, 다른 영역들은 전쟁으로 인한 장애를 겪었습니다. 루돌프 슈타이너와 14년 동안 협회를 건설한 것을 고려하면, 이 글의 작가인 저는 이것이 인지학회의 지도부에서 사임한 계기이며, 그때부터 예술적인 일에 더욱 전념하게 되었다고 말할 수 있습니다. 이와 함께 루돌프 슈타이너는 작가로서 가졌던 협회 임원으로서 권한을 독일 주재 보르슈탄트로 이관했습니다. 이 협정은 그가 스위스 괴테아눔에서 보편인지학회라는 이름으로 새 협회를 설립하고 도르나흐에 보르슈탄트를 영입하면서 그 스스로 지도자로 취임한 1923년 크리스마스까지 계속되었습니다.

1930년 크리스마스에 네 번째 7년 주기가 끝났습니다. 루돌프 슈타이너는 그가 회장직을 맡은 1년 후, 기념비적인 재건 직후 이 지구를 떠났습니다. 그 후 위대한 시인이자 극작가인 알베르트 슈테펜은 인정받는 인지학회의 수장이 되었습니다. 루돌프 슈타이너가 맡긴 운동 정신을 이어가는 데 책임이 있는 사람들과 함께 알베르트 슈테펜은 명백한 조치들을 취하기 전에 비참한 내적 투쟁의 시기를 겪었습니다. 영적 필요성은 지상의 반영으로 나타나면서 의식의 힘으로 전환되기 위한 많은 시련을 만들어냈습니다. 그런 과정을 통해서만 우리가 개인화된 공동체 의식을 달성할 수 있고, 네 번째 7년 주기는 바로 그 목적을 위한 투쟁으로 특징지어졌습니다.

이제 우리는 인지학적 삶의 다섯 번째 시대로 접어들었습니다. 인류의 영성화를 위한 인지학 운동과 불가분의 관계에 있는 목적을 달성하기 위해, 넓은 자아의 힘으로 이 공동체 의식을 부여잡기를! 인지학은 인간의 영적 본성을 우주의 영적 본성으로 이끄는 인식의 한 방법입니다.

이것이 입문을 위한 현대의 과학적 방식입니다. 우리의 목표는 새로운 종교를 개척하는 것이 아니라, 인간에게 자아를 불러일으키는 힘을 불어넣는 십자군의 선봉 역할을 하는 것입니다. 모든 투쟁과 어려움에 직면하여 인지학자인 우리는 진리 안에서의 지혜를 위해 노력합니다.

여기에 출판된 인지학에 대한 이러한 강의는 일반적으로 사용되는 것보다 더 많이 축약된 형태로 재생산됩니다. 왜냐하면 속기 버전은 사용할 수 없었고 긴 노트만 있었기 때문입니다. 이러한 사실에도 불구하고 어떤 인지학자도 이러한 드러냄의 진가를 다 인식하지 못할 것입니다. 혼학과 영학의 두 순환은 속기 보고서에 정확하게 일치합니다. 시는 생략하는 문제가 발생했습니다. 그것들은 본문과 관련이 느슨하며 어떤 의미에서는 총회를 위해 요청된 것이었습니다. 그러나 이것은 텍스트와 조응이 있어야 했을 것이며, 이는 무엇보다도 피해야 할 사항이었습니다. 그러므로 원작의 성격은 그대로 유지되고 있습니다. 따라서 그것은 원형에 더하여 특정한 역사적 가치를 가지며, 또한 주석의 불가피한 부족에 대한 변명이 되기도 할 것입니다.

그러므로 우리는 이 책을 인류 지도자의 살아 있는 말의 표현으로 대중에게 제공합니다. 그의 적들에게는 거의 이해되지 않았고, 매우 두려운 존재였겠지만 그는 친절함과 지혜, 그리고 적극적인 힘의 화신이었고, 유럽의 영적 재생을 위한 조건을 창조해냈습니다.

인간, 혼, 영에 관한 지혜

1부

인간에 관한 지혜
인지학(Anthroposophy) 1909년

신지학과 인류학에 대한 인지학의 위상
1909년 10월 23일, 베를린

이곳 베를린을 비롯하여 우리의 모임이 펼쳐지는 곳에서는 소위 고차원의 투시적 의식으로부터 생겨난 신지학을 전반적으로 다루는 논의가 이어져 왔고, 우리의 영적 기운을 진지하고 적절하게 실체화하고자 하는 바람이 자연스럽게 생겨났습니다.

독일 지부 설립 7주년을 기념하는 총회를 통해 오늘 회원들이 한자리에 모일 수 있었기에, 이 총회는 대의의 기반을 다지는 좋은 기회가 될 것입니다. 이번 기회에 저는 인지학에 대한 네 번의 강의를 통해 이를 실천하려 합니다.

카셀에서의 요한복음 강의, 뒤셀도르프에서의 영적 세계의 위계에 대한 강의, 바젤에서의 누가복음 강의, 그리고 뮌헨에서의 동양 신지학에 대한 강의는 모두 수준 높은 영적 연구로 나아가고 잊고 있던 영적 진실을 상기하기 위한 목적이었습니다. 강의는 신지학으로 가득

찼고 적어도 어느 정도는 우리를 인간 의식의 고귀한 영적 정상으로 이끌었습니다.

점진적으로 갖게 된 느낌으로 볼 때, 세계적 사건들이 주기적으로 발생하는 현상에는 더 깊은 무언가가 있다는 것을 알 수 있습니다. 독일 지부가 설립되던 첫 번째 총회에서 저는 일부 신지학자들로만 이루어진 청중에게 강의했는데, 그 강의는 인지학의 역사적 장을 열었다고 볼 수 있습니다. 이제 이로부터 7년이라는 한 주기가 지난 지금, 인지학의 본질에 대해 더 많은 것을 말해야 할 때가 무르익은 것 같습니다.

먼저 저는 여러분이 인지학이라는 용어에 대해 명확히 이해할 수 있도록, 한 이야기에 비유해보겠습니다. 만약 우리가 들판, 초원, 숲, 마을, 길을 따라 펼쳐진 모든 것과 함께 나라의 한 지역을 관찰하고 싶다면 우리는 마을에서 마을로 이동하거나, 거리나 초원, 숲을 따라 걸을 때만 원하는 것을 관찰할 수 있습니다. 그러면 우리는 항상 전체의 작은 부분만을 시야에 담을 수 있을 것입니다. 또는 우리는 산 정상에 올라가 지역의 전경을 조망할 수도 있습니다. 그렇다면 일반적인 눈으로는 세세한 부분을 볼 수 없겠지만 전체에 대한 종합적인 시각을 가지게 될 것입니다.

이 이야기는 일반적으로 인간 인식 또는 인간학이라고 불리는 것과 신지학 사이의 관계를 비슷하게 보여주고 있습니다.

세상의 진리를 알기 위해 일반적으로 인간 지성에 관한 연구는 미시적으로 파고드는 반면에, 신지학은 높은 전망대에 올라 바라봅니다. 높은 곳에 오르면 시야의 지평이 확장되지만 아주 특별한 방법을 사용하지 않고는 무언가를 거의 볼 수 없게 됩니다. 저의 책『고차 세계의 인식과 획득』은 분명하게 보는 힘을 잃지 않으면서도 이상적인 고지에 오르는 방법에 초점을 맞추고 있습니다.

하지만 위에 묘사한 두 가지 관점 사이의 세 번째 방법도 존재합니다. 그것은 산을 반쯤만 올라서 중턱에 머무는 방법입니다. 평지에서는 전체를 볼 수 없습니다. 단지 세부적인 것들을 관찰하며 아래서 위로 올려다볼 뿐입니다. 정상에 서면 모든 것을 관망할 수 있지만, 머리 위로는 신성한 하늘만이 있습니다. 그러나 중턱에서는 위와 아래가 모두 있기에 두 관점을 비교해볼 수 있습니다.

모든 비유는 부족하기도 하고 딱 들어맞지 않기도 하지만, 저는 이 이야기를 통해 신지학과 인지학은 처음부터 다른 접근법을 사용한다는 것을 알려드리고 싶었습니다. 인지학은 산 중턱에 서 있는 방식이고, 신지학은 산 정상에 서 있는 방식입니다. 출발점이 다른 것이지요. 지금의 비유가 유용하긴 하지만 이다음에 올 내용들을 자세히 보여주기에는 적절치 않습니다.

신지학에 전념하기 위해서는 인간의 관점을 넘고 산 중턱을 넘어 자아에서 우주적 자아로 올라가야 하는데, 이는 우주적 자아의 감각으로 관찰하는 능력을 말합니다. 신지학을 통해 오른 정상은 인간 위에, 즉 일반적인 인간 인식 위에 있고, 그 밑의 중간 즈음에는 자연과 영적 세계 가운데에 인간 존재가 놓여 있습니다. 그리고 천상의 것은 인간에게 이르고 그 영은 인간에 스며듭니다. 세상을 순수하게 인간적 관점에서 생각해보면, 인간은 정상에서 출발하지는 않지만 사신 위에 있는 영을 볼 수가 있습니다. 그와 동시에 인간은 아래로부터 다가오는 자연을 볼 수도 있습니다. 이때 신지학에 관해 한 가지 위험한 점이 있습니다. 만약 앞서 언급한 방법들을 우주적 자아를 만나기 위함이 아니라 일반적 자아에 적용한다면, 당신은 인간적인 것들로부터 동떨어지거나 아래에 놓인 현실을 올바르게 인식하는 능력을 상실할 수 있습니다. 하지만 이러한 위험은 우주적 자아를 향하기만 한다면 자연스럽게 사라집니다. 그리고 우리는 인간 안의 신이 다음과 같이 말할 때 신지학의 빛을 발견할 수 있습니다. *"네 안에 있는 신이 말하게(speak) 하라. 그가 세상에 드러내는 것이 바로 신지학이다."*

신과 자연 사이에 서서 여러분 안의 인간 존재가 말하게 하십시오. 위에 존재하는 신뿐만 아니라 아래에 있는 자연에 귀를 기울일 때, 여러분은 인지학을 발견할 수 있습니다. 인지학은 바로 인간의 지혜를 담은 것입니다.

인간의 지혜는 신지학의 모든 부분을 여는 중요한 열쇠이자 버팀대가 될 것입니다. 신지학의 시대가 지난 뒤에는, 인지학을 통해 확고한 무게중심을 진지하게 찾는 것보다 더 유익한 것은 없을 것입니다.

지금까지 제가 말한 것들은 다양한 방식으로 역사 속에서 증명되었습니다. 예를 들면, 스스로 인류학이라 칭하는 분야가 있습니다. 인류학은 인간 존재만을 다루지 않습니다. 자연으로부터 얻을 수 있는 모든 것, 인간을 이해하기 위해 필연적으로 알아야 하는 것처럼 인간과 관련된 것들은 모두 포함하고 있습니다. 인류학은 작은 사물들을 관찰하고, 세세한 부분에 집중하며, 현미경으로 인간 존재를 관찰하는 학문입니다. 요약하자면 인류학은 여러 분야 중에서도 인간을 권위 있게 다루는 유일한 학문이지만, 인간의 지혜에는 미치지 못하는 관점을 가졌습니다. 인류학은 땅에 얽매여 있어 인간이 가진 모든 능력을 다루지 못합니다. 때문에 인류학은 인간 존재의 수수께끼도 풀 수가 없습니다.

이제, 이 모든 것을 신지학과 비교해봅시다. 신지학은 삶의 핵심적인 질문을 해결하기 위해 가장 희박한 영역을 탐구합니다. 그러나 신지학을 따라가지 못하면서 인류학적 관점을 가진 사람들은 신지학을 근거 없이 뜬구름 잡는 학문으로 여깁니다. 그들은 인간의 혼이 어떻게 땅에서부터 모든 것이 한눈에 보이는 정상에 한 걸음 한 걸음 오를 수 있는지 이해하지 못합니다. 그들은 상상적 인식(imagination), 영감적 인식(inspiration), 직관적 인식(intuition)의 세계로 들어설 수 없습니다.[1] 그들은 인류 진화의 궁극적 목표인 그 정상에 오를 수 없습니다.

그래서 인류학은 가장 낮은 층에, 신지학은 정상에 있다는 사실을 알 수 있습니다. 산 정상에 다다르고 싶지만 올바른 방법으로 올라갈 수 없는 처지라면, 신지학에는 무슨 일이 일어날까요? 우리는 1770년부터 1819년까지 살았던 독일 신지학자 솔거(Solger)에게서 ㄱ 답을 찾을 수 있습니다. 개념상으로는, 솔거는 신지학적 관점을 가진 사람이었습니다. 그러나 그가 정상에 오르기 위해 쓴 방법들은 어땠을까요? 오래전에 이미 말라빠지고 쇠약해진 철학적 개념들과 뇌과학적 개념들이었습니다! 그것은 마치 관측하러 산에 올라갔는데 망원경을 놓고 와서 저 밑에 뭐가 있는지 전혀 볼 수 없는 것과 같습니다.

이 경우 망원경이란 영적인 것으로 상상적 인식, 영감적 인식, 직관적 인식 능력을 의미합니다. 수 세기가 지나며 정상에 도달할 수 있는 인간의 능력은 점점 더 약해지고 있습니다. 그리고 이 사실은 이미 중세 시대 때도 분명하게 느끼고 인식할 수 있었습니다. 오늘날에 와서는 이 사실을 느낄 수 있지만, 인식하기는 어려워졌습니다. 여러분들께서 아시다시피 오래전에는 고차 세계로 오르는 능력이 조금이나마 존재했습니다. 이는 인간의 영안(靈眼)의 여명이 남은 상태여서 가능한 일이었습니다. 과거에는 이런 종류의 고대 신지학이 분명히 존재했습니다. 그러나 하늘로부터의 계시는 사라지고, 일반적인 인식으로는 정상에 오르는 방법에 도달할 수 없게 되었습니다.

  옛 신지학은 영적인 깨달음을 철 지난 것으로 여기며 신학이 되었기에, 신학과 인류학은 서로 평행선을 달리게 됐습니다. 신학은 높은 곳에 다다르기를 갈망했습니다. 그러나 신학은 이를 위해 언젠가 계시받아 후대에 전수했던, 그러나 지금은 딱딱하게 막혀버린 방법을 사용하고 있습니다. 이는 분투하는 혼에게 새로운 영적 깨달음을 끊임없이 줄 수 없는 방법이지요. 중세 시대부터 인류학과 신학은 서로를 부인하지는 않았지만 빈번하게 대립해왔고, 근래에는 더 날서게 대립하고 있습니다. 오늘날 신학은 인류학과 함께 과학적인 것으로 인정받지만 둘 사이를 잇는 다리는 찾아볼 수가 없습니다. 우리가 온갖 세세한 것에서 머물지 않고 산 중턱으로 올라온다면 신지학과 인지학은 서로 만날 수 있을 것입니다.

  현대인들은 영적인 삶을 살기 위해 인지학을 선택해 실천하고자 했습니다. 하지만 사람들은 또다시 신지학의 경우처럼 틀리고, 부적절하며, 해묵은 철학으로 인지학에 다가갔습니다. 철학자들은 더는 철학의 의미를 이해할 수 없었고, 오직 신지학자들만 이를 이해할 수 있었습니다. 이 의미는 오직 역사적으로 숙고할 때만 얻을 수 있습니다.[2] 예에서 보시는 것과 같이 철학은 그 기원을 숙고할 때만 이해할 수 있습니다. 옛날에 사람들이 고차원적인 영적 삶을 영위하던 때에, 소위 신비학파라 불리던 사람들은 특별한 방법을 통해 입문자를 영적 예지로 이끌었습니다. 그러한 신비학파 중 하나가 에페수스였는데, 에페수스의 입문자들은 다이아나(Diana of Ephesus)의 비밀을 전수받으며 영적 세계를 들여다보는 법을 수행했습니다. 이러한 신비학적 내용들은 속세에도 많이 알려지고 전해졌지만, 오직 일부만이 고차의 비밀을 깨달을 수 있었습니다. 그중 에페수스와 이러한 교류를 이룬 사람 중 한 명이 헤라클리투스였습니다. 그는 에페수스에 부분적으로 입문하여, 고차의 비밀을 대중들이 이해하기 쉬운 방법으로 세상에 널리 알렸습니다. 헤라클리투스의 교리 "디 옵스큐어(The Obscure)"를 읽다 보면 우리는 아직도 행간에 빛나는 고차 세계의 경험을, 그 생생한 경험을 느낄 수 있습니다. 그러나 그의 후계자들은 그 글이 직접적인 체험에서 비롯되었다는 사실을 더 이상 깨닫지 못했습니다. 그들은 더 이상 교리를 이해하지 못했기에 이를 개념적으로 고치기 시작했습니다. 교리를 인지적으로 추측하려 했고, 이 방법은 수 세대에 걸쳐 지속되었습니다. 고대 교리로부터 온갖 생명을 다 쥐어짜고 빼낸 뒤 개념이라는 백골만 남긴 것이 바로 오늘날 우리가 철학이라고 부르는 모든 것입니다. 그러나 철학자들은 이 뼈대가 인간의 사고로 만든 살아 있는 실체라고 생각하고 있습니다. 사실 고차 세계의 인식 없이 창의적으로 사고하는 철학자라는 것은 있을 수 없는데 말입니다.

19세기 철학자들이 당시 인지학이라 부를 만한 것들을 받아들이며 마주한 것은 오직 이 개념의 뼈대가 전부였습니다. 당시 인지학이라는 용어가 실제로 쓰이기는 했습니다. 로베르트 치머만은 소위 인지학에 대해 글을 썼지만, 그의 글은 황량하고 텅 빈 개념으로 가득했습니다. 참으로, 잘못된 방법으로 인류학을 초월하려 했던 것들은 전부 주체인 인간과 연결되지 못한 채 쪼그라든 거미줄 같은 개념으로 남았습니다.

철학과 마찬가지로 인지학도 신지학을 통해 깊이를 더해야 합니다. 신지학을 통해 영적 삶 속에서 실재를 인식하는 능력을 반드시 배워야 합니다. 인지학은 인간을 중간 지점에 두고 바라봅니다. 인지학은 인류학과는 다르게 인간을 인간 이하에 두지 않습니다. 반면에 솔거의 신지학은 영적인 관점을 가졌지만, 부풀린 개념을 사용했기에 정상에 도착해도 아무것도 보지 못합니다. 그것은 살아 있는 영적 관찰이 아니라, 베틀로 개념을 짜는 것과 같습니다.[3] 이는 우리가 목표하는 바가 아닙니다. 우리는 이 강연을 통해 인간 삶의 실재를 전체적으로 바라보고자 합니다. 우리는 위와 아래를 모두 바라보는 새로운 관점으로 지금 재조명되는 옛 대상들을 관찰하려 합니다.

인간 존재는 우리가 관찰하고자 하는 가장 중요한 대상입니다. 우리는 인간의 신체에 대해 명상하며 인간이 얼마나 복잡한 존재인지 깨달아야 합니다. 인지학의 목표를 뚜렷이 이해하기 위해 다음에 대해 숙고해봅시다. 우리가 오늘날 마주하는 복잡한 인간의 신체는 오랜 진화의 산물입니다. 인간 신체가 씨앗과 같은 잠재력을 가지기 시작한 것은 옛 토성기부터였습니다. 그리고 옛 태양기, 옛 달기, 그리고 지구기를 거쳐 진화해왔습니다. 태양기 때 에테르체가 더해졌고, 달기에는 아스트랄체가 더해졌습니다. 그렇게 인간 존재의 구성 요소들이 진화의 시기를 거쳐 변화해왔고, 오랜 진화의 결과로 오늘날 우리는 심장, 신장, 눈, 귀와 같은 기관으로 이루어진 복잡한 신체를 가지게 되었습니다. 이는 모두 옛 토성기 때의 단순한 씨앗 형태에서 비롯되었습니다. 그 씨앗은 수백만 년의 세월을 거쳐 변화했고, 오늘날의 완벽성을 얻기까지 변모해왔습니다. 우리가 심장이나 폐와 같은 신체의 기관이나 구성 요소를 이해하고자 소망한다면 이 진화 과정을 염두에 두어야만 합니다. 옛 토성기 때는 우리가 오늘날 부르는 심장이라는 것은 존재하지 않았습니다. 먼저 생겨난 부분에 차차 다른 부분들이 더해지며, 이러한 기관들은 점진적으로 현재의 형태를 갖게 되었습니다. 어떤 기관들은 태양 진화기에 처음 나타났기 때문에 '태양 기관'이라 부르고, 다른 기관들은 '달 기관' 등의 이름을 붙일 수 있습니다. 만약 현재의 인간 신체를 이해하고자 한다면, 우리는 우주 전체를 망라하는 개념들을 통합해서 접근해야만 합니다. 그리고 이것이 바로 신지학적으로 관찰하는 방법입니다.

인지학적으로 접근해본다면 어떨까요? 신지학은 최고도에 올라가 영적 정상에서 개별적인 현상들을 관찰합니다. 인류학은 땅에 머물며 세부적인 것들부터 관찰을 시작하는데, 이제는 그들 가까이에 있는 개별 세포들까지 관찰할 정도입니다. 모든 것을 기계적으로 나열하고 각 세포들을 개별적으로 관찰하지만, 이것이 그들의 상대적 나이까지 밝히지는 못합니다. 이때, 특정 세포들이 태양기에 생겼는지 혹은 달기에 생겼는지 아는 것은 매우 중요합니다. 이렇게 복잡한 조건들을 고려하는 순간 우리는 더 많은 것에 대해 이야기할 수 있습니다. 예를 들어 인간의 심장을 생각해봅시다. 사실 심장은 늦게 진화를 시작하여 지금의 모습을 갖추었습니다. 그러나 심장이 가진 씨앗으로서의 잠재력을 고려하면, 심장은 인간의 가장 오래된 기관 중 하나입니다. 옛 태양기 때, 심장은 당시를 주도하던 힘에 의존했습니다. 옛 달기에도 심장은 계속 진화했습니다. 이때 결합되어 있던 태양이 분리되었고, 그 이후로부터 태양의 힘은 심장의 외부에서 작용하기 시작했습니다. 이렇게 심장은 다른 식으로 진화했기 때문에 그때부터 태양의 요소와 달의 요소를 지니게 되었습니다. 그 이후 지구, 태양, 달은 다시 결합하여 심장에 작용했습니다. 프랄라야(pralaya) 이후 지구 진화가 뒤를 이었고, 그동안 태양은 먼저 다시 분리되었습니다. 태양이 분리되자 외부에서 작용하는 태양의 힘은 극대화되었습니다. 이후 달도 태양과 같이 분리된 뒤, 심장 외부로부터 심장에 작용했습니다. 따라서 심장은 가장 오래된 인간의 기관 중 하나로서 태양 요소, 달 요소, 지구 진화 중 두 번째 태양 요소와 두 번째 달 요소, 그리고 마침내 지구 분리 이후의 지구 요소를 모두 지니게 되었습니다. 이는 모두 우주적 진화와 상응하는 결과입니다.[4]

만약 심장을 이루는 요소들이 우주적 조화를 따른다면 심장은 건강해집니다. 그러나 이 중 한 요소라도 다른 것보다 우세하면 심장은 병들게 됩니다. 인간의 모든 질병은 신체 기관에 상응하는 우주적 요소들은 조화로운 반면, 그 기관의 요소들은 부조화 속에 있을 때 발생합니다. 치유란, 상황에 따라 약해진 요소를 강화하거나 과잉된 활동을 자제시켜 요소들 사이에 다시 조화를 찾는 일이 전부입니다. 그러나 조화만으로는 충분치 않습니다. 실제로 효과를 보기 위해서는 우주의 지혜를 꿰뚫어볼 줄 알아야 합니다. 즉, 각 신체 기관을 구성하는 요소들을 인식할 줄 알아야 한다는 뜻입니다. 그러면 온 우주 안에서 인간 존재 전체를 이해하고, 세부적인 부분을 영으로써 설명하는 정통 신비주의 생리학 및 해부학에 대해 새로운 생각이 떠오르게 될 것입니다.[5]

신비주의적 생리학은 심장, 후두, 뇌 등의 기관에 대해 태양 요소나 달 요소로 설명합니다. 그러나 이런 요소들은 모두 인간에게 직접 작용하기 때문에 오늘날 이 요소들은 인간 안에서 통합된 무언가가 되었습니다. 우리가 인간 존재 자체를 자세히 보거나 이런 요소들을 이해한다면 우리는 에테르체, 아스트랄체 등이나 감각혼, 오성혼, 의식혼이 오늘날의 인간을 구성하고 있다는 사실도 함께 이해하게 됩니다. 그것이 바로 인지학이며, 인지학 역시 가장 낮은 단계에서부터 시작해 점차 정상으로 올라가야만 합니다.[6]

인간을 구성하는 가장 낮은 단계는 신체로, 신체는 감각과 감정을 통해 지각되는 감각 세계와 연결됩니다. 우주로부터 시작하는 신지학적 관점은 우주적 맥락에서 인간을 바라봅니다. 감각-물질적 세계의 인지학에서는 인간이 감각적 존재인 한 인간에서부터 관찰을 시작합니다. 그래야만 우리는 에테르체, 아스트랄체, 자아체 등, 그리고 이것들로부터 배울 수 있는 것들을 적절히 다룰 수 있게 됩니다.

이러한 인지학적 관점으로 인간 존재를 관찰하다 보면 우리는 먼저 우리의 관심을 가장 끄는 것이 무엇인지 묻게 됩니다. 그것은 바로 인간의 감각이며, 인간은 감각을 통해 감각-물질적 세계를 인식한다는 사실입니다. 인간은 물질적 세계로부터 시작했기 때문에 인지학은 감각과 감각-물질적 세계 인식을 가장 먼저 다루어야 합니다. 그러니 첫 번째 장에서 인간 감각을 공부하도록 합시다. 그 뒤에 우리는 인간 본성이 가진 개별적인 영적 부분을 연구하며 위로 올라갈 것입니다.

인간 감각에 대한 연구를 시작하자마자 우리는 인지학이 인류학의 영역을 침범한다는 사실을 깨닫습니다. 왜냐하면 인지학은 언제나, 감각이 실재라고 알려주는 모든 것으로부터 출발하기 때문입니다. 그러나 인지학은 위에서 인간에게 영향을 미치는 영적인 부분도 놓치지 않습니다. 이러한 측면에서 인지학은 진정한 인류학이라고 할 수 있습니다. 일반적인 인류학은 인간 감각과 관련된 모든 것을 완전히 혼돈 속으로 몰아넣은 채 소위 땅에 있는 온갖 세세한 것들만 다루고 관찰합니다. 여기서 인간은 단순 사실들의 미로를 벗어나 빛으로 인도하는 아리아드네의 실을 갖지 않았기 때문에 중요한 문제들은 간과됩니다. 그 구원의 실은 영적 연구를 통해서만 얻을 수 있으므로 인류학

은 미로에서 빠져나오지 못하고 환상 속 미노타우로스의 희생자가 됩니다.[7]

인간 감각을 다룰 때도 인지학은 외부 관찰 이외의 것들을 이야기합니다. 그와 동시에 오늘날 과학이 물질적 정보로 인해 더 철저하고, 엄격하고, 조심스러워지는 것은 흥미로운 점입니다. 사람의 오감, 즉 촉각, 후각, 미각, 청각, 시각을 열거하는 것은 아주 시답잖은 일입니다. 우리는 이렇게 나열하는 것이 어떤 혼란을 퍼뜨리는지 보게 될 것입니다. 최근에 과학이 오감에 세 가지 감각을 더한 것은 사실이나, 아직은 그것들을 어찌할지 모르는 상태인 듯합니다. 우리는 인간 감각을 실제 중요도에 따라 나열할 것이고, 앞으로 감각에 대해 인지학적 원칙의 기반을 세우기 위해 노력할 것입니다.

첫 번째로 다룰 감각은 영학에서 생명 감각이라 부르는 것입니다. 이는 실재하는 감각이며 시각과 같이 감각으로 온전히 인정되어야 합니다. 생명 감각이란 무엇일까요? 생명 감각은 인간 안에 있으면서, 제대로 작동하면 인간이 인지하지 못하는 것입니다. 인간은 생명 감각이 오작동할 때만 이를 느낄 수 있습니다. 우리는 색채나 색조를 지각하는 것처럼 유기체 안에서 무기력함을 느끼거나, 배고픔이나 목마름, 혹은 기운이 나는 것을 느낍니다. 우리는 이 느낌을 내적 경험으로 의식합니다. 그러나 일반적으로 우리는 무언가 잘못됐을 때만 이 느낌을 의식할 수 있고, 그렇지 않으면 관찰하지 못합니다. 생명 감각은 인간이 최초로 자신을 지각할 수 있게 만들어주고, 내적 인간 전체가 자신의 신체를 의식할 수 있게 합니다. 이것이 바로 인간의 첫 번째 감각이자, 청각이나 후각과 동등하게 인정되어야 하는 감각입니다. 인간이 자신의 내적 존재를 느낄 수 있게 하는 생명 감각을 빼놓고는 누구도 인간 존재나 인간 감각을 이해할 수 없을 것입니다.

두 번째 감각은 우리가 팔을 드는 것처럼 사지를 움직일 때 만나는 감각입니다. 자신의 움직임을 인식하지 못한다면 인간이라 할 수 없을 것입니다. 기계는 자신의 움직임을 의식하지 못하지요. 이는 오로지 실재하는 감각을 가진 생명체에게만 가능한 일이기 때문입니다. 눈 깜빡임부터 걷기나 뛰기까지, 자신의 어떤 움직임이든 인식할 수 있는 감각을 바로 고유 운동 감각이라 부릅니다.

세 번째는 우리가 자신을 기준으로 위와 아래를 구별하면서 의식하게 되는 감각입니다. 인간이 만약 이 감각을 잃는다면, 비틀거리거나 넘어질 수 있으므로 위험합니다. 인간의 신체는 이 감각과 연결된 정교한 기관을 가지고 있습니다. 그것은 바로 귀 안에 있는 세반고리관입니다. 세반고리관이 손상되면, 우리는 균형 감각을 잃게 됩니다. 이러한 세 번째 감각은 평형 감각이자 균형 감각입니다.(동물계에도 유사한 것이 있습니다. 그것은 이석으로, 특정 위치에 놓여 있어야만 동물이 평형을 유지할 수 있는 작은 돌입니다.)

이들이 바로 인간이 자신 내면의 것들을 지각할 수 있게 하는 세 감각입니다. 즉, 인간은 감각을 통해 자신 내면의 것들을 느낍니다.

이제 인간 내면에서 빠져나와 외부 세계와의 접촉이 시작되는 곳으로 옮겨가 봅시다. 이러한 상호 관계는, 인간이 외부 물질과 동화되고 이로써 외부 물질을 지각할 때 처음으로 생겨납니다. 물질은 실제로 신체와 하나가 될 때만 지각할 수 있습니다. 이는 물질이 고체나 액체일 때는 불가능하고, 신체 성분에 침투할 수 있는 기체일 때만 가능합니다. 인간은 무언가 내뿜은 기체 물질이 코의 점막 기관에 침투할 때만 냄새를 인지할 수 있습니다. 그래서 인간의 네 번째 감각은 후각으로, 인간이 외부 세계와 상호 관계를 맺기 시작하는 최초의 감각입니다.

단지 물질을 인식하는 것에서 그치지 않고 물질 속으로 한 발 들어서는 순간, 우리는 다섯 번째 감각을 만납니다. 외부 물질들과 한층 더 깊은 관계를 맺을 때 말입니다. 이때 물질은 반드시 인간에게 제법 영향을 줄 만큼 활성을 가지고 있어야 합니다. 이 현상은 액체나 용해된 고체가 혀와 만나고, 이후 혀가 분비하는 물질과 융화될 때 일어납니다. 인간과 자연은 전보다 더 친밀한 상호 관계를 맺게 됩니다. 이로써 우리는 물질 그 자체가 무엇인지 알 뿐만 아니라, 물질이 무엇을 유발하는지도 알게 됩니다. 그것이 다섯 번째 감각, 미각입니다.

이제 여섯 번째 감각 차례입니다. 또다시, 상호작용은 더욱더 깊어집니다. 우리는 물질 안으로 더 깊이 침투하고, 물질은 자신의 본질을 더욱 드러냅니다. 하지만 이는 특별한 조건 속에서만 일어납니다. 후각과 미각 중에서 더 원시적인 감각은 후각입니다. 후각의 경우, 인간 신체는 외부 물질을 있는 그대로 받아들이며 물질에 침투하려고 하지 않습니다. 반면 미각은 인간과 물질이 더 친밀하게 결합하기에 훨씬 복잡합니다. 즉, 물질이 더욱 많은 것을 드러냅니다. 그다음 단계에서는 외부 세계에 이전보다 더 깊이 침투할 수 있을 것입니다. 외부 물질이 투명하거나 불투명한 이유 혹은 빛이 투과하는 방식에 따라 특정 색채를 띠는 현상 때문입니다. 녹색으로 빛나는 물체는 녹색만 반사하고 다른 색은 반사하지 않도록 내적으로 구성되어 있습니다. 물질의 가장 바깥 표면은 후각에 드러나고, 내적인 본성(nature)은 미각에, 내적인 본질(essence)은 시각에 드러납니다. 따라서 눈이 가진 복잡한 구조는 코나 혀보다도 인간을 더 깊은 사물의 본질로 이끕니다.[8] 이러한 여섯 번째 감각이 바로 시각입니다.

물질 안으로 더 깊이 침투해봅시다. 예를 들어 우리의 눈이 장미의 빨간색을 볼 때, 장미의 내적 본성은 표면을 통해 드러납니다. 우리는 오직 표면만 볼 수 있습니다. 그러나 이 표면은 내적 본성에 의해 결정된 것이므로 우리는 장미의 내적 본성까지도 어느 정도 알 수 있습니다. 만약 얼음 한 조각이나 뜨거운 금속을 만진다 해도 표면과 내적 본성이 함께 드러날 뿐만 아니라, 진정한 일관성도 엿볼 수 있습니다. 왜냐하면 겉으로 차갑거나 뜨거운 것은 그 속도 하나부터 열까지 차갑거나 뜨거운 것과 같기 때문입니다. 일곱 번째 감각인 열 감각은 우리를 물질의 근본 조건들로 더 가까이 데려갑니다.

이제, 물질의 본성에 일곱 번째 감각보다도 더 깊이 들어갈 수 있는지 스스로 물을 것입니다. 네, 가능합니다. 대상이 온도를 통해 내적 본성을 속속들이 보여줄 뿐만 아니라 소리와 함께 드러나는 내적인 본질을 보여줄 때, 이는 가능해집니다. 온도는 물질 전체에 균일합니다. 음은 물질의 내적 본성을 진동시키고, 음을 통해 우리는 물체의 내적 움직임을 인식합니다. 어떤 물질을 때리면 그것의 내적 본성이 음으로 드러나며 우리가 그 음을 듣고자 내면의 귀를 연다면 내적 본성과 내적 떨림으로 구분할 수 있습니다. 물질의 혼[9]이 음을 통해 우리 안의 혼에게 말을 거는 것입니다. 이것이 바로 여덟 번째 감각인 청각입니다.

"그 이상의 감각이 있는가?"라는 질문의 답을 찾고 싶다면, 신중하게 나아가야만 합니다. 다른 용어나 표현과 구분하여 무엇이 진짜 감각인지 혼동하지 않아야 합니다. 예를 들어, 일상생활 중에는 모방의 감각, 비밀의 감각 등 혼란스럽게 사용하는 표현을 듣습니다. 이것들은 감각이 아닙니다. 감각은 지각이 생기는 순간이자 정신적 활동이 시작되기 전에 활성화되는 것입니다. 우리는 추론이 작동하기 전에 일어나는 것을 두고 감각이라 부릅니다.[10] 색을 지각하려면 감각이 필요하지만, 두 색을 두고 판단할 때는 감각이 필요하지 않은 것이죠.

이것이 우리를 아홉 번째 감각으로 데려갑니다. 분명한 지각의 힘이 인간 안에 존재한다는 사실을 깨달을 때, 이 감각을 만날 수 있습니다. 이 힘은 추론에 기반을 두지 않지만 인간 안에 존재하며, 인지학을 입증하는 데 특히 중요한 의미가 있는 힘입니다. 이는 사람들이 말을 하며 서로를 이해할 때 지각하는 것입니다. 실재하는 한 감각은 말로써 전해지는 것을 지각하는 기초를 이룹니다. 이것이 아홉 번째 감각, 언어 감각입니다.

어린아이는 지각하기 전에 말을 먼저 배웁니다. 언어는 누구에게나 공통된 것이지만, 지각은 개인에 관한 것입니다. 감각은 개인의 정신 작용을 요구하지 않습니다. 소리의 의미를 지각하는 것은 단지 듣는 일과는 다릅니다. 그저 듣기만 하면 대상의 내적인 진동밖에 알지 못하기 때문입니다. 말의 의미를 이해하게 하는 특별한 감각이 있어야만 합니다. 이것이 어린아이들이 말하기를 배우거나, 최소한 말을 이해하는 법을 지각하기 전에 배우는 이유입니다. 사실, 추론하는 법도 말하기를 통해서만 배울 수 있습니다. 아이들의 첫 몇 년 동안은 청각, 시각과 마찬가지로 언어 감각이 교사와 같은 역할을 합니다. 우리는 감각이 지각하는 것을 바꿀 수 없고, 감각-지각과 연결된 무엇도 망가뜨릴 수 없습니다. 색을 지각하면 우리의 판단이 이를 바꾸거나 해칠 수 없는 거지요. 언어 감각에서 말소리 속 의미를 지각할 때도 마찬가지입니다. 그래서 언어 감각은 필수 불가결한 감각입니다. 이것이 아홉 번째 감각입니다.

마침내 우리는 일상생활 영역에서 가장 높은 감각인 열 번째 감각에 도달합니다. 이는 말로 표현되지 않는 개념들을 이해하게 만드는 개념 감각입니다. 추론하기 위해서는 개념이 있어야만 합니다. 마음이 활성화되려면 먼저 알고자 하는 개념을 지각해야 하는데, 이때 바로 미각이나 후각만큼 분명한 감각인 개념 감각이 필요합니다.

지금까지 제가 열 개의 감각을 나열했는데, 아직 촉각은 언급하지 않았습니다. 왜 그랬을까요? 영적 지혜 없이 관찰하는 방법은 모든 것을 혼란스럽게 만듭니다. 촉각은 보통 일곱 번째 감각인 열 감각으로 소개됩니다. 하지만 촉각을 열 감각으로 분류하는 것은 오직 표면적인 의미만 지닐 뿐입니다. 실제로 피부는 열 감각 기관이라 할 수 있고, 동시에 촉각 기관이 되기도 합니다. 그러나 우리가 사물의 표면을 더듬을 때만 촉각을 사용하는 것은 아닙니다. 눈이 무언가를 찾을 때도, 혀로 맛을 볼 때도, 코로 냄새를 맡을 때도 우리는 무언가와 접촉합니다. 이 모든 것이 촉각입니다.

열 감각까지는 촉각과 연관지어 이야기할 수 있습니다. 청각이 촉각의 성질을 아주 약간 가지고 있긴 하나, 청각부터는 더 이상 촉각으로 묘사할 수 없습니다. 언어 감각과 개념 감각은 촉각과 완전히 무관해집니다. 그래서 이 세 가지 감각을 두고 앎과 이해의 감각으로 칭합니다. 첫 세 가지 감각은 내적 인간과 관련된 것을 알려줍니다. 네 번째 감각은 내부와 외부의 경계에 이르러 우리를 외부 세계로 이끕니다. 그리고 나머지 세 감각으로 외부 세계에 더 깊이 침투하게 되지요. 촉각을 통해 외부 세계의 표면을 지각할 수 있고, 앎의 감각을 통해 사물들을 이해하고 사물들의 혼에 다가가는 방법을 배웁니다. 나중에는 이 감각을 초월하는 감각들을 다룰 것입니다.

후각 아래의 세 가지 감각은 우리 자신의 내적 인간 존재에 대해 말해줍니다. 후각은 우리를 외부 세계로 이끄는 최초의 감각이며, 그 뒤로 우리는 다른 감각들을 통해 외부 세계를 더 깊숙이 뚫고 들어가게 됩니다. 하지만 제가 오늘 묘사한 것들이 감각의 전부는 아닙니다. 오늘은 그저 전체에서 일부만 발췌한 것이며 열 개의 감각의 하위와 상위에 아직 소개 못한 것들이 남아 있습니다. 개념 감각에서 상위로 올라가면, 영적 세계로 들어가는 첫 번째 아스트랄 감각을 만날 수 있습니다. 그러면 열한 번째, 열두 번째와 열세 번째 감각도 만나게 됩니다. 세 가지 아스트랄 감각은 우리를 외부 대상의 근본에 깊이 들어가게 하는데, 개념으로 설명할 수 없는 깊이까지 우리를 이끕니다. 마치 후각이 내적 인간 이전에 그치는 것처럼 개념은 외부 세계 이전에서 그칩니다.

오늘 제가 여러분께 드린 이야기는 인간 존재에 있어 시급히 세워져야 했던 기초에서부터 인식을 쌓아나간 것이었습니다. 19세기의 무관심 때문에 철학이나 인식론에 관한 이야기라면 모두 끔찍하게 뒤죽박죽이 되어버렸습니다. 단순히 일반화해서 말하자면, 사람들은 인간이 개별 감각을 통해 무엇을 배울 수 있는지는 묻지만 듣기와 보기의 차이조차 설명하지 못합니다. 과학자들은 보기가 듣기만큼 깊이 파고들지 못한다는 것은 간과한 채 음파와 광파를 똑같은 방식으로 다룹니다. 우리는 듣기를 통해 사물의 혼적 본성으로 들어가고, 열한 번째, 열두 번째, 열세 번째 감각을 통해 사물의 영도 관통한다는 것도 알게 됩니다. 즉, 우리는 자연의 영으로 들어갑니다. 감각들은 저마다 다른 본성과 성격을 갖고 있습니다.

이 때문에 오늘날 특히 물리학에서 말하는 시각의 본성과 배경에 대한 설명 대다수는 감각의 참된 본성을 한 번도 생각해본 적 없는 이론이라고 주저 없이 말할 수 있습니다. 감각의 본성을 잘못 이해하고 있기에 오류는 셀 수 없이 생겨났습니다. 세상을 대표하는 유명한 이론들은 오늘 다룬 내용을 제대로 설명할 수 없기에, 이 말을 정말 강조하고 싶습니다. 여러분은 감각의 내적 본성에 대해 아무것도 눈치채지 못한 사람들이 쓴 글을 읽고 있습니다. 지금 이 시점에서 과학이 다른 관점을 가져야만 한다는 것을 아셔야 합니다. 과학은 필연적으로 잘못된 이론을 퍼뜨릴 수밖에 없는데, 이는 진화를 거치며 감각의 참된 본성을 잊었기 때문입니다.

이러한 감각의 참된 본성이 인지학 첫 번째 장의 내용입니다.

인간 감각 활동 안의 초감각적 과정들
1909년 10월 25일, 베를린

첫 번째 강의에서 우리는 인간 자체로부터 얻은 인간의 감각을 단순히 나열해보았습니다. 감각들의 관계를 모른 채 감각을 연구하는 일반적인 생리학은 필연적으로 이를 혼동하거나 뒤섞습니다. 그러나 우리는 감각을 인간의 본성에 조응하도록 차례대로 나열했기 때문에, 이를 혼동하거나 뒤섞지 않았습니다. 오늘 우리의 임무는 인간 감각의 영역을 더 자세히 관찰하는 것입니다. 인간 감각은 인간을 더 깊이 헤아리는 데 가장 중요하기 때문입니다.

우리는 감각에 있어 생명의 느낌, 활력의 감각을 의미하는 생명 감각부터 시작했습니다. 진정한 영적 관점에서 생명 감각은 무엇을 토대로 하고 있을까요? 그 원천을 그려보기 위해서는 우리의 잠재의식 내부와 인간 유기체의 근저를 깊이 파고 들어가야 합니다. 이렇게 영학적으로 연구하다 보면 먼저 물체와 에테르체의 기묘한 협력을 발견하게 됩니다. 인간의 가장 하위 요소인 물체와 그 바로 위의 에테르체는 특정한 상호 관계를 맺으며 에테르체 안에서 무언가 새로운 것을 만들어냅니다. 이 새로운 것은 에테르체에 스며들고 에테르체를 통해 흐르지만, 사실 요즘 사람들은 이 "새로운 것"이 무엇인지 조금도 의식하지 못합니다. 물이 스펀지를 적시듯 이것은 에테르체를 흠뻑 적십니다. 영학은 에테르체 안에서 작용하는 이것을 잘 설명할 수 있습니다. 이는 영인 또는 아트마로, 인류가 먼 미래에 발달시킬 수 있는 것에 상응합니다.[1] 현재로서는 인긴은 아트마를 자신의 것으로 가지지 못했습니다. 인간은 주변을 둘러싼 외부 영계로부터 아트마를 내려받았지만 인간 존재는 이에 관여할 수 없습니다. 먼 미래에는 인류는 자기 자신 안에서 아트마를 개발하게 될 것입니다. 그때 에테르체를 가득 채우는 것이 바로 영인이자 아트마이고, 현재 인류 진화 수준에서 이것은 초인간적 감각입니다.

초인간적 아트마 또는 영인은 에테르체를 수축시키고 경련시키며 자신을 드러냅니다. 감각 세계에 비유하자면, 서리가 몸을 수축시키고 경련시키는 현상과 비교할 수 있습니다. 인간은 인류가 가진 가장 귀중한 것을 얻기에는 아직 미숙합니다. 그렇기에 이 귀중한 것은 어떤 의미에서는 인간을 망가뜨립니다. 에테르체가 수축한 결과로, 아스트랄 요소는 눌려 나오고 짜내어집니다.[2] 에테르체가 눌리는 만큼 물체도 함께 긴장 상태가 되면서 아스트랄체가 자리할 공간이 생깁니다. 대략 스펀지에서 물을 짜는 모습을 상상해보시면 될 겁니다. 이제, 아스트랄체 내의 활동은 모두 쾌락, 혐오, 기쁨, 슬픔 등의 감정 경험들입니다. 그리고 이렇게 짜내어지는 과정은 생명 감각으로서의 감성을 불러옵니다. 이것이 아스트랄체 안에서 일어나는 과정입니다. 이는 자유로운 느낌, 기운이 넘치는 느낌, 무기력한 느낌 등으로 표현됩니다.

이제 조금 더 올라가 봅시다. 두 번째 감각으로는 고유 운동 감각이 있었습니다. 이 경우에도 외부의 원칙이 에테르체 안에서 작용하고, 이것 역시 아직은 인간 고유의 것이 되지 못했습니다. 인간은 자신이 노력하여 이를 획득하지 못했습니다. 이것은 영계에서 인간에게 흘러들어 오고 스펀지가 물을 머금듯 아트마와 함께 에테르체를 흠뻑 적십니다. 이는 바로 생명령 또는 붓디로, 지금은 세상의 생명령으로부터 받은 선물 정도로 남아 있지만 때가 되면 인간 안에 스며들 것이기도 합니다. 붓디는 아트마와 다르게 작용합니다. 물이 수평을 이루듯 붓디도 에테르체와 물체 안에서 균형과 평형을 이루기 때문에, 결과적으로 아스트랄체 안에서도 그렇습니다. 붓디는 균형이 깨졌을 때 저절로 균형을 다시 세웁니다. 예를 들어 우리가 팔 한쪽을 뻗으면 자세가 변하면서 균형이 깨지지만, 아스트랄체가 평형을 유지하고 있기 때문에 곧바로 균형을 되찾을 수 있습니다. 아스트랄체 기류는 팔을 뻗는 정도에 비례하여 반대 방향으로 흐르고 균형을 되찾습니다. 단순한 눈 깜빡임일지라도, 모든 신체적 움직임은 아스트랄체를 반대 방향으로 흐르게 만듭니다. 평형을 이루는 과정의 내적 경험 속에서 운동 감각은 피어납니다.

이제 인간 에테르체에 스며드는 세 번째 요소를 살펴봅시다. 이는 마나스 또는 영적 자아로, 이 또한 아직은 인간 의식에 거의 존재하지 않습니다. 그러나 지금 이때 마나스를 개발하는 것이 인간의 의무이자 지구기 인간의 과제인 점을 고려하면, 마나스는 먼 미래에 개발될 아트마나 붓디와는 다른 방식으로 에테르체에 작용합니다. 마나스는 생명 감각에서 등장했던 "서리"와는 정반대로 작용하며 에테르체를 확장하는 역할을 합니다. 온기를 공간으로 쏟아붓고 흐르게 하는 모습에 비유할 수 있고, 이 활동은 탄성 있는 에테르체를 팽창시킵니다. 이렇게 에테르체가 반의식적으로 팽창하면 온기의 흐름 같은 것이 생깁니다. 에테르체가 탄력적으로 팽창하고 나면 아스트랄체가 희박해지며 에테르체와 함께 팽창할 수 있게 됩니다. 아스트랄체는 쥐어짜질 필요가 없습니다. 팽창하는 에테르체 안에 남아 있을 공간이 더 많이 생기기 때문입니다. 생명 감각은 아스트랄체가 수축하면서 의식되는 반면, 안정적인 느낌은 에테르체가 팽창하며 아스트랄체를 위한 공간이 더 생길 때 그렇습니다. 비유하자면 아스트랄체의 질감은 희박하고, 덜 밀집된 느낌입니다. 에테르체와 아스트랄체가 듬성해지면서 물체도 역시 팽창하여 확장할 여지가 생깁니다.

물체는 아트마의 활동을 통해 수축하고, 붓디의 활동을 통해 평형을 이루고, 마나스의 활동으로 부담을 덜게 됩니다. 그 결과, 물체는 특정 순간에 미세한 입자들을 밀어내는데, 이는 세 개의 경이로운 기관인 내이의 반고리관에서 일어납니다. 물질을 바깥으로 퍼뜨리는 이 현상은 내부로부터 강제된 것이 아니라 특정 물질을 덜어냄으로써 외부로부터 받는 압력이 없어지거나 감소했기 때문에 일어납니다. 이로써 아스트랄체는 점점 더 확장될 수 있습니다. 아스트랄체는 외부 세계와 접촉하게 되고, 외부 세계와 평형을 이루어야만 합니다. 그렇지 못하면 우리는 바로 설 수 없어 넘어지기 때문입니다. 몸을 움직이려면 먼저 자신의 방위를 알아야 하고, 이를 위해서 세 개의 반고리관이 각각 수직을 이루며 3차원 공간에 놓여 있는 것입니다. 만약 반고리관이 손상된다면 우리는 균형 감각을 잃고, 어지러움을 느끼며, 기절할 것입니다.

동물계를 보면 모든 현상은 동물이 물질적 요소로 너무 일찍 내려왔기 때문이라는 것을 알 수 있습니다. 그 결과로 경직과 같은 현상이 일어납니다. 동물들에게서는 균형의 상태를 보여주는 소위 이석이라는 돌까지 찾아볼 수 있습니다.

앞선 세 감각에 대한 연구는 영학적 연구의 사실적 결과와 오늘날 외부에 의존하는 학자 집단혼의 부적절한 의견이 분명히 다르다는 것을 보여주었습니다. 지금까지 우리는 내부에서 외부로 나아가며 세 가지 감각을 다루었습니다. 그중 마지막 감각인 균형 감각은 우리가 외부 세계 속에서 자신을 정의 내리고자 할 때 내면에서 경험하는 것과 외면에서 반드시 경험되는 것 사이의 경계선에 근접해 있습니다. 우리는 사실과 학자 집단혼의 부적절한 생각을 분명히 구분해야 합니다. 예를 들자면 바로 지금, 후자는 우리가 생각해서는 안 되는 방향을 보여주었습니다. 아주 최근에 외부 과학은 특별한 사건으로 인해 이 세 가지 감각 영역을 인식할 필요성과 마침내 대면하게 되었지만, 그 렇게 하지 못했다는 것은 일반 과학이 올바른 안내 원칙 없이 극심하 게 방황하고 있다는 증거가 되었습니다. 어떤 식물들에서는 어느 정 도 인간의 반고리관과 비교할 수 있는 형태가 나타났기에 이들은 인 간의 감각기관을 의미하는 구조와 식물계의 특징 기관을 즉시 비교 했습니다. 올바른 판단을 요하는 바로 그 순간, 대체로 논리로부터 버 림받은 현대의 사고는 식물이 인간과 비슷한 외형적 구조를 가졌다 는 것만으로 식물도 균형 감각을 갖고 있다고 추론합니다. 이렇게 어 불성설로 논리를 펼치는 것은 어렵지 않습니다. 만약 어떤 식물이 의 도적으로 잎을 말아올린다는 것을 근거로 그 식물이 감각을 가졌다고 주장하거나 교묘한 재간으로 먹이를 유인하고 잡아챌 수 있는 감각을 가졌다고 주장한다면, 저는 쥐덫도 그러한 일을 모두 잘할 수 있다고 제안할 수 있습니다. 과학이 인간의 감각기관에 대해 앞세운 것은 식 물에 적용될 뿐만 아니라 논리적으로 쥐덫에도 적용됩니다. 같은 맥 락에서 말하자면 저울도 평형 감각을 갖고 있다고 말할 수 있습니다. 이런 종류의 정신적 탈선은 사물의 본성을 꿰뚫지 못하는 경직된 사 고에 기인합니다.

신지학의 빛으로 인간 유기체 전체를 조명하는 법을 배우지 못한다 면, 현대 과학은 언제까지나 이 세 가지 감각의 본성을 훤히 알 수 없을 것입니다. 신지학은 인간 유기체의 전체 구조를 인지학적으로 이해할 수 있게 만들어줍니다. 인간은 영학적으로 관찰하며 자신의 내적 본성을 통해 자신을 총체적으로 이해해야만 합니다.

이제 후각으로 나아갑시다. 과학이 촉각이라 부르는 것을 특별히 다루지 않는 이유는 이미 언급했습니다. 일반적으로 알려진 것처럼 그것은 단순한 상상의 산물이고 생리학이 만들어낸 것이므로 무시하도록 하겠습니다. 제가 이번에 네 번의 강의밖에 할 수 없으니, 어떤 문제들은 빠르게 넘어가고 많은 역설을 말할 수밖에 없겠습니다. 몇 가지 감각들을 다루면서 촉각에 대해 말할 수는 있겠지만, 현대 생리학이 말하는 특정 방식의 촉각에 대한 것은 아닙니다. 우리가 무언가를 만질 때 일어나는 일은 전부 "평형 감각"으로 이루어집니다. 만약 우리가 테이블을 누르고, 벨벳 표면을 쓰다듬고, 줄을 당기면, 접촉 과정으로 보이는 압력주기, 쓰다듬기, 잡아당기기의 모든 것은 사실 우리 안의 평형의 변화일 뿐입니다. 이 모든 것이 촉각 안에서 발견될 수 있지만, 고유한 촉각은 더 높은 평형 감각 안에서 찾아야만 합니다. 그래야 감각을 최대한으로 사용할 수 있기 때문입니다. 손상되지 않은 평형 감각은 촉각을 제공합니다. 과학자들의 가장 말도 안 되는 학설들이 바로 이 촉각에 관한 것입니다.

압력은 일반적인 사람이 관심 갖는 주제는 아닙니다. 사람들은 "압력"에 대해 말은 하지만, 그 현상의 본성을 더 깊이 알아보려고 하지는 않습니다. 그러나 영-과학적 관점에선 질문이 반드시 생겨납니다. 누르면 어떤 일이 일어나는가? 평형 감각 안에선 무엇이 일어나는가? 아스트랄체에 의해 어떤 보상이 생겨나는가? 압박의 감각과 연관된 잘못된 개념은 물리학에서 드러납니다. 물리학은 대기의 압력에 대해 말합니다. 어떤 똘똘한 소년이 교사에게 그가 어떻게 높은 대기압에 의해 눌려 죽지 않고 견딜 수 있는지 묻습니다. 아이는 압력과 반대 압력이 항상 같다는 답을 받습니다. 즉, 우리 내부는 공기로 가득차 있어서 외부의 압력이 무효화된다는 말입니다. 그러나 만약 소년이 총명하다면, 그는 물로 가득 찬 욕조 안에 자주 앉아 있었고 자신의 몸이 물로 가득 찬 것도 아니었지만 눌려 죽지 않았다고 말할 것입니다.

만약 상황이 물리학자들의 말대로라면 엄청난 대기압이 신체 표면에 가해지지만 반대 압력 때문에, 즉 우리가 공기로 가득 차 있어서 이를 의식하지 못하는 것이라고 물리학자들은 설명합니다. 이는 순전히 물질주의적 설명에 의해 생겨난 모순입니다. 이럴 것이 아니라, 우리가 여기서 다뤄야 하는 것은 대단히 영적인 과정입니다. 인간은 아주 강해서 아스트랄체를 좁은 부분으로 밀어낼 수 있고 그렇게 함으로써 평형을 되찾을 수 있습니다. 신체에 압력이 주어지면 항상 작은 덩어리라고 부를 만한 것이 생겨나는데, 아스트랄체 안에서 그 효과가 너무 커서 내부는 외부의 공기압을 이겨내게 됩니다. 이 영역에서 영은 말 그대로 실재합니다.

이 짧은 여담을 뒤로하고 이제 우리는 후각으로 돌아가겠습니다. 인간 유기체는 우리가 지금까지 다루었던 감각들과는 다른 것이자 인간 의식으로부터 덜 먼 곳에 있는 것을 다루고, 이것에 영향을 받아왔습니다. 다시 말하면 냄새를 맡는 과정에서 의식혼에 의해 무언가 일어나는 일을 말합니다. 우리는 왜 이러한 일들이 특별한 기관에 의해 일어나는지를 알아볼 것입니다. 의식혼은 유기체 안의 특정 부위의 확장이나 희박화에 영향을 줄 뿐 아니라, 아스트랄체가 유기체를 넘어서 확장되려는 충동을 일으킵니다. 기체 물질이 코의 점막을 침투하는 것에 상응하여 아스트랄 물질은 밖으로 짜내어져 유기체를 떠나고, 기체 물질에 침투하며, 그 안에서 뭔가를 경험합니다. 경험은 아스트랄체 안에서 일어나기도 하지만 그 기체 안에서도 일어납니다. 그것이 체험되면 우리는 이를 아로마, 좋은 향 또는 나쁜 향 등이라 부릅니다. 이것은 아스트랄체의 대리인을 통해 기체에 투사된 것이자 의식혼의 안테나입니다.

다섯 번째 감각인 미각 안에서는 오성혼이 활발해집니다. 오성혼은 아스트랄 기류를 미각 기관을 통해 밖으로 쏟아내고, 혀와 접촉하는 모든 물질을 만나기 위해 아스트랄 물질을 내보냅니다. 그 결과로 아스트랄체 안에서 일어나는 과정은 특별합니다. 먼저 후각을 회상하고 조사해봅시다. 냄새를 맡을 때 아스트랄체로부터 뿜어 나오는 기류의 본성은 무엇일까요? 그것은 바로 의지의 본성입니다. 당신 자신 안에서 느끼는 의지의 충동이 유입되는 물질을 만나기 위해 흘러나오는 것입니다. 냄새를 맡는 과정은 저항의 일종으로, 안으로 들어오는 물질을 막으려는 충동과 같습니다. 영학은 외부에서 흘러들어 오는 그 물질을 바로 마야, 즉 외부 의지라고 여러분에게 설명합니다. 당신의 내적 의지와 외적 의지는 서로를 공격하며 싸울 것입니다. 냄새 맡기는 의지적 힘들의 충돌입니다. 내적 의지와 외적 의지가 감각 활동에서 서로를 방해하고 막는다는 것을 알았던 쇼펜하우어는 이 사실을 바탕으로 의지의 철학을 세웠습니다. 하지만 그것은 오류가 있는 형이상학입니다. 왜냐하면 이 두 의지의 상호작용은 실제로는 냄새 맡기 안에서만 일어나기 때문입니다. 다른 경우에는 단순히 과정으로 해석됩니다.

이제 후각에 있어 밖으로 나가는 기류가 의지의 본성이라면, 맛있는 음식으로부터 발생하는 기류는 감정과 관련되어 있습니다. 음식으로서 우리에게 들어오는 것도 감정으로 체험되는 외부 이미지인 마야에 불과합니다. 맛보기의 과정 안에는 감정과 감정 사이의 상호작용이 있습니다. 그것이 맛보기의 실제 과정이며, 그 외는 단지 외부로 향한 이미지일 뿐입니다. 우리는 혀가 이에 상응하는 형태를 가졌다는 것을 알 수 있습니다. 이러한 이유에서 미각은 촉각(Gefühlssinn, 촉각과 감정을 동시에 의미하는 고차원적 단어)이자 받아들일 수 있음 또는 받아들일 수 없음, 역겨움과 같은 감정이기도 합니다. 그러나 요점은 감정 그 자체가 아니라 감정의 충돌과 그로 인한 상호작용에 있습니다.

여섯 번째 감각인 시각에서는 감각혼이 에테르체에 작용하며 에테르체 속으로 흘러들어 가는데, 기이하게도 이는 사고 본성의 효과를 가져옵니다. 시각은 마음의 원칙을 보여주며, 사고는 그 과정의 무의식적 요소를 구성합니다. 감각혼은 의식혼이 사고로써 의식화하는 것을 무의식으로 품습니다. 눈을 통해 흘러나오는 것은 감각혼 안에서의 사고입니다. 실재하는 사고의 물질이 감각혼의 눈으로부터 흘러나옵니다. 이 사고의 물질은 후각이나 미각이 활발할 때 흘러나오는 다른 물질들보다 훨씬 큰 탄력이 있습니다. 이는 사물에 훨씬 더 멀리 닿을 수 있습니다. 실제로, 인간의 아스트랄체는 인간으로부터 멀리 떨어져 있는 사물로 흘러가는데, 다른 아스트랄체가 저항을 주기 전까지는 계속 나아가게 됩니다.

과학에서는 인간이 눈으로 볼 때 에테르 파동이 눈에 들어오면 눈이 외부 이미지를 투사한다고 설명하는데, 이는 완전히 부적절한 사고입니다. 누군가 눈 안으로 들어가 투사하는 일을 해야만 하겠네요, 아닌가요? "무언가가 부지런히 투사한다!" 이 얼마나 끔찍하게 미신적인 생각입니까! 과학은 "자연주의"를 그토록 자랑스럽게 여기다가도, 곤경에 처할 때면 이제껏 경멸해온 "상상력"의 도움을 무시하지 않습니다.

아스트랄적인 사고 물질은 이제 사물을 향해 흘러갑니다. 아스트랄 요소는 몸을 떠나고, 사물을 향해 흘러가는데, 다른 아스트랄 요소에 의해 방해받지 않는 한 계속 나아갑니다. 이 두 아스트랄 요소 사이의 충돌은 우리가 사물에 적합한 것으로 느끼게 하는 색깔을 만들어냅니다. 실제로 색은, 인간에서 나온 아스트랄 요소가 사물의 아스트랄 요소와 부딪힐 때 사물의 경계에서 발생합니다. 색깔은 내적인 아스트랄 요소와 외적인 아스트랄 요소가 만날 때 생겨납니다.

여기서 영학은 우리를 이상한 현상으로 이끕니다. 우리는 일종의 사고가 감각혼 안에 실제로 존재한 것을 알게 되었습니다. 그런데 그 것이 오성혼에서 처음 모습을 보이고, 의식혼에 와서야 의식할 수 있 다는 것입니다. 사고는 감각혼 안에서 아직 의식되지 않습니다. 이제, 우리가 두 눈으로 사물을 볼 때마다, 처음에는 의식에 닿지 못하는 두 개의 상을 갖게 됩니다. 이들이 무의식적 사고 과정으로부터 비롯되 긴 하지만 말입니다. 우리는 두 개의 눈을 가지고 있기 때문에, 사고 하는 것도 반드시 두 가지 방법으로 노력해야 합니다. 그러나 만일 우 리가 이러한 사고의 노력을 의식하려면, 우리는 감각혼에서 오성혼 을 거쳐 의식혼에 도달해야만 합니다. 이 과정은 감각 세계로부터의 간단한 비유를 통해 금방 시각화할 수 있습니다. 우리는 두 개의 손을 갖고 있고 각각을 개별적으로 느낍니다. 그러나 만일 우리가 이 느낌 을 의식하기를 바란다면, 두 손을 서로 교차해서 만져야만 합니다. 사 고의 노력을 통해 감각혼에서 얻어진 상들이 우리의 의식에 나타나기 위해서는, 반드시 교차되어야 합니다. 여러분이 자신의 손을 느끼게 되는 방식과 마찬가지로, 여러분은 평소에 느끼지 못했던 것을 의식 하게 됩니다. 외부 물체를 만짐으로써 그 물체를 의식하게 되는 것처럼, 사물이 우리의 의식에 들어오기 위해서는 접촉이 있어야만 합니다. 이것이 뇌 안에 두 개의 시신경이 교차되어 있는 이유이기도 합니다. 시신경의 교차를 통해, 감각혼 안의 잠재의식적 노력은 의식혼으로 상승합니다. 서로를 통해 이 노력은 감지됩니다. 이것이 바로 인지학이 인간에 대해 가장 복잡한 해부학적 요소까지 알도록 가르쳐주는 하나의 예시입니다.

일곱 번째 감각은 열 감각으로, 인간은 열 감각을 전달하는 무언가를 또 가지고 있습니다. 이는 바로 아스트랄적 본성을 가진 감각체입니다. 감각체는 아스트랄 물질을 외부로 내보내며 열 감각을 전달합니다. 온기 또는 냉기를 경험하는 것은 인간이 실제로 자신의 아스트랄 물질을 외부로 방사할 수 있을 때, 그리고 다른 것이 이를 막지 않을 때 일어납니다. 예를 들면, 자신의 체온과 동일한 온도의 욕조에 앉아 있어 우리 자신과 주변이 평형을 이루고 있다면, 온기를 느낄 수 없습니다. 우리는 온기나 냉기가 우리로부터 나가거나, 우리에게로 들어올 때만 온도를 느낍니다. 만일 우리 몸보다 주변의 온도가 낮다면, 온기는 주변으로 흐릅니다. 반대로 우리 몸의 온도가 주변보다 낮으면 온기는 우리에게로 흘러들어 옵니다. 여기서 다시, 들어오는 흐름과 나가는 흐름이 생긴다는 것이 분명하고, 이는 항상 인간 감각체의 효과와 연관되어 있습니다. 만약 우리가 온도가 끊임없이 상승하고 있는 사물과 접촉한다면, 우리의 감각체는 한계에 도달할 때까지 점점 더 강하게 분출할 것입니다. 그 사물이 너무 뜨거워져서 이에 상응하는 것이 우리 몸에서 나올 수 없게 되면, 우리는 더 이상 그 열기를 참을 수 없어서 화상을 입게 됩니다. 감각체가 더 이상 방출될 수 없을 때, 열기를 견딜 수 없기에 데이는 것입니다. 외부에서 오는 열 에테르와 평형을 이루기에 우리의 아스트랄 물질이 충분하지 않거나, 대상이 우리의 감각체를 흡수할 수 없어 우리가 감각체를 더 이상 내보내지 못할 때, 이는 마치 극도로 차가운 물체를 만질 때 타는 느낌을 받는 것과 같습니다. 그리고 이는 실재하는 현상입니다. 우리는 아주 차가운 물체를 만지면 불에 타는 감각을 느끼고 물집이 생기기까지 합니다.

이제 우리는 여덟 번째 감각, 청각에 이릅니다. 듣기 과정 안에는 어떤 원리가 활발히 작동하고 있을까요? 그것은 인간의 에테르체입니다. 하지만 오늘날 인간을 구성하는 이 에테르체는, 감각체와는 다르게 영구적인 손실을 입지 않고는 우리에게 기여하지 못합니다. 아틀란티스 시기부터 줄곧 에테르체는 무언가를 내보낼 수 없게 구성되어 왔기 때문에, 열 감각이 아닌 다른 수단을 이용해 더욱 강력한 조치를 취해야 합니다. 이때 인간은 열 감각보다 더 높은 상위 감각을 스스로 개발할 수단을 갖지 못했기에, 인간은 아무것도 기여할 수 없습니다. 그러므로 이 시점에서 인간이 부족한 것을 갖게 되는 특별한 일이 생기지 않는 이상, 더 높은 감각은 인간 안에 존재할 수 없습니다. 인간에게 스며드는 고차의 존재인 천사는 그들의 아스트랄 물질을 인간에게 보냅니다. 천사들은 자신의 아스트랄체를 인간에게 맡기고, 인간이 내뿜을 수 없는 것을 제공합니다. 그러므로 인간을 파고드는 것은 본질적으로 외부의 아스트랄체이며, 이는 인간 안에서 활발하게 작용합니다. 인간은 그것을 적절하게 이용하여 외부로 내보냅니다. 이때 등장하는 천사들은 (영계에서) 인간을 출생하게 했던 그 존재들입니다. 천사들의 아스트랄체가 인간에 유입되면, 아스트랄체는 음이 가져다주는 것과 만나기 위해 청각을 향해 흘러갑니다. 우리는 천사들의 날개에 실려 사물의 가장 내적인 본성인 혼에 다가가고, 이로써 사물의 혼을 알게 됩니다. 바로 여기에 인간보다 고차원적 존재가 살아 있으며, 이들은 인간의 아스트랄체와 실로 동일한 본성을 갖고 있습니다.

이제 더 높은 아홉 번째 감각으로, 단어 감각이자 소리 감각과도 같은 언어 감각을 알아봅시다. 이번에도 인간은 언어 감각의 작용을 위해 이바지하거나 만들어낼 수 있는 것이 아무것도 없습니다. 인간은 아무것도 줄 것이 없기 때문에, 인간 에테르체 본성과 유사한 물질로 이루어진 존재가 인간 안으로 들어와 도와야만 합니다. 이 존재들은 인간에 상응하는 아스트랄 물질도 갖고 있습니다. 하지만 아스트랄 물질은 지금 다루는 과정 중에 외부 세계 속으로 밀려납니다. 그들은 에테르체를 통해 인간 안에 스며들어 인간이 자신 주변으로 에테르체를 쏟아낼 수 있게 하는 존재로, 바로 대천사입니다. 대천사들은 천사들보다 훨씬 더 중요한 일을 합니다. 그들은 인간이 소리를 들을 수 있게 합니다. 그들은 인간 안에 존재합니다. 그들은 인간이 예를 들어 솔이나 도# 같은 음 하나를 들게 할 뿐만 아니라, "아"를 인지하고 그 의미를 들을 수 있게 합니다. 그래서 우리는 들려오는 소리의 내적 본성을 느낄 수 있습니다. 이와 동시에 대천사들은 여러 민족들의 영이자, 집단혼의 영입니다.

청각의 경우, 천사는 공기를 매개로 자신들의 활동을 외부로 표현합니다. 그들은 귀 안에서 공기와 반응하고, 이는 공기의 외적인 움직임으로 이어집니다. 반면에 대천사들은, 액체 물질과 같은 림프액에서 활동을 시자합니다. 대천사들은 림프액을 특정 방향으로 순환시키는데, 이는 예를 들면 "아" 같은 소리를 완전한 의미에서 인지하게 합니다. 이것이 외적으로 드러나면 특정 인간 집단에 대한 특정 표현 방식을 만들어낸 민족적 외모 특징과 같습니다. 이 모든 것으로 미루어볼때 인간의 림프액은 다른 방식으로 흐르고, 이 집단의 대천사는 림프의 흐름을 통해 특정한 소리 감각을 주었기에 유기체 전체는 다른 인상을 주었다고 추론할 수 있습니다.

한 민족이 자아(ego)를 아담(Adam)이라는 단어로 부른다면(인간 자아에 관한 이론과는 무관하게), 민족 영은 연속된 음절에서 연이어 나오는 두 개의 'a'를 통해 드러납니다. 이렇게 일종의 기본적인 구조가 생겨납니다. 이 민족의 구성원들은 자아의 본성이 두 개의 "아(a)", 즉 "아담(Adam)"에 해당하는 것과 같다고 느낄 것입니다. 만약 자아를 "이히(Ich)"라는 단어로 표현하는 민족이 있다면, 결과는 달라집니다. 이 민족은 자아에 대해 분명히 다른 개념을 가지고 있을 것입니다. 두 개의 "아(a)" 대신에 "이(i)"와 "히(ch)" 소리가 연결될 때, 다른 느낌이

듭니다. "i"에는 고유한 뉘앙스, 고유한 색이 내재되어 있으며, 자아(ego)의 개념에 있어 민족 영이 개별 유기체에 불어넣는 것을 암시합니다.

아(a)-오(o) 소리를 통해 한 민족에게 다가오는 것은 이(i)-에(e)를 통한 것과는 다릅니다. 아모르(amor)와 리베(Liebe)는 아주 다른 성질의 단어입니다. 민족 영이 아모르(amor)라고 말하면 우리는 어떤 한 가지 느낌을 갖게 되고, 리베(Liebe)라고 말할 때는 이와는 꽤나 다른 느낌을 갖게 됩니다. 이제 우리는 민족 영이 작용하는 것을 보았고, 소리의 차이가 생기는 이유도 보았습니다. 예를 들어, 아담(Adam)이라는 단어는 고대 히브리어로 최초의 인간 형태를 나타내기 위해 사용되었지만, 고대 페르시아인들은 이 단어를 자아(ego)의 의미로 사용했습니다. 그러나 이것은 결코 중요치 않습니다. 이 사실은 각양각색의 감정들과 이 감정들에 대한 분명한 경향성이 이러한 방식으로 표현되었다는 것을 보여주고 있습니다.

여기서 우리는 말의 비밀에 대한 첫 번째 힌트, 또는 첫 번째 요소를 얻습니다. 이와 관련된 것은 대천사 집단 영의 활동입니다. 청각을 통해 인간에 들어오고, 인간 안의 액체로 된 물질들에서 전부 진동하는 대천사 말이죠. 높은 인식의 경지에 오른 인간에게 주어진 가장 위대한 경험 중 하나는, 대천사의 창조적 힘과 연결된 다양한 소리들 사이에 차이를 느끼기 시작하는 것입니다.

음(tone)의 힘은 자신의 뛰어난 활동성을 공기로써 드러내고, 소리 (sound)의 힘은 이를 오직 물의 요소 안에서만 드러냅니다.[3]

여기에 또 하나의 예가 있습니다. 당신이 어떤 존재를 에바(Eva)라 는 단어로 지정하고, 그 속에 영적인 것과 물질적인 것의 관계처럼, 그 단어와 관련한 뭔가를 더 표현하고자 할 때, 당신은 반사된 상인 아베 (Ave)를 생각해볼 수 있습니다. Virgin(성모)의 음절의 순서는 실제로 Eva라는 단어와 인간 유기체에 정반대의 영향을 미칩니다. 여기서 우 리는 E-v-a를 또 다르게 변형시킬 이유를 발견합니다. 아베(Ave) 앞 에 j를 놓아보세요. 그러면 야훼(Jave)가 됩니다. 소리의 비밀을 꿰뚫으 며 고차 인식으로 나아갈 때, 당신은 야훼(Jave)와 에바(Eva) 사이의 모 든 연결성을 알 수 있습니다. 당신은 대천사 집단의 고차 존재들이 인 간 안에 불어넣어 준 것이 무엇인지 알게 될 것입니다. 말의 본성과 관련된 진실은, 그것이 실재하는 감각, 소리 감각을 토대로 한다는 것 입니다.

말은 제멋대로 생겨나지 않았습니다. 말은 영적인 산물입니다. 우리 는 말을 영적으로 인식하기 위해서 소리 감각을 갖고 있기에, 감각들을 체계적으로 나열할 때 소리 감각 역시 다른 감각들과 동등하게 인정됩 니다. 아직도, 인간 감각들이 이러한 방식으로 나열되어야만 하는 더 깊은 이유들이 있습니다. 다음 강의에서 우리는 소우주를 인지학적으 로 이해하기 위해, 개념 감각과 더 높은 감각들로 올라갈 것입니다.

고차 감각들, 인간 유기체 내의 창조 법칙과 내적 힘들의 흐름
1909년 10월 26일, 베를린

지난 강의에서 우리는 언어 감각을 다루었고, 오늘은 개념 감각을 살펴볼 것입니다. 여기서 "개념"이란 용어는, 물론 순수한 개념이 아니라 일상적인 의미로 사용되고 있습니다. 그 말은, 어떤 단어를 들었을 때 그 의미를 상으로 그려본다는 뜻입니다. 그래서 이 감각은 시각화 감각이라고도 부를 수 있습니다. 이 감각이 어떻게 생겨났는지 이해하기 위해서, 우리는 "언어 감각을 갖는다."라는 말의 의미를 스스로 물으며 음의 감각 또는 청각, 그리고 언어 감각 또는 소리 감각을 되돌아보아야 합니다. 발화된 소리는 어떻게 인식하는 걸까요? 우리가 "아(a)" 또는 "이(i)" 같은 소리를 인식할 때 정확히 어떤 과정이 일어날까요? 이를 이해하기 위해서는 소리 인식 기관을 알아야 하는데, 후에 여러분이 이를 입증할 수 있도록 제가 몇 가지 암시를 드리겠습니다.

음악에서 우리는 한 개의 음, 선율, 그리고 화음을 구별합니다. 화음은 동시에 일어나는 음들을 인식하는 것을 포함하고, 선율을 위해서는 연속되는 음을 마음속으로 따라가야 합니다. 소리의 음의 요소와 소리 자체의 관계를 연구하면, 소리 인식 기제를 이해할 수 있습니다.

　소리를 인식하는 과정에서 우리가 잠재의식적으로 얻는 것을 의식으로 끌어올릴 수 있다고 해봅시다. 우리는 더 이상 단순히 감각 인식만을 다루지 않고, 개념의 형성과 판단을 다루게 될 겁니다. 우리가 선율을 들을 때, 만약 시간에 따른 개별 음들을 동시에 몰려오게 해서 과거와 미래가 공존하게 만들 수 있다면, 만약 선율의 중간에서 앞으로 다가올 것을 미리 또렷이 알아서 미래를 현재로 가져올 수 있다면, 그렇다면 우리는 선율을 화음으로 의식적으로 바꾸었을 것입니다. 사실 우리가 이렇게 할 수는 없지만, 소리 감각 안에서는 우리가 의식적으로 행하지 못하는 일들이 실제로 무의식적으로 일어나고 있습니다. 우리가 "아(a)" 또는 "이(i)" 또는 다른 소리를 들으면, 하나의 무의식적인 활동이 순간적으로 선율을 화음으로 전환합니다. 이것이 바로 소리의 비밀, 화음으로 전환된 선율입니다. 이 굉장한 잠재의식적 활동은, 사후에 의식할 수 있는 또 다른 과정이자 물리법칙에 의해 생기는 눈의 여러 굴절 현상과 거의 동일한 방식으로 진행됩니다.[1]

　하지만 선율을 일시에 화음으로 전환하는 이 잠재의식적 활동만으론 충분치 않습니다. 소리가 나오기 위해서는 무언가가 더 필요합니다. 음악(音樂)은 단순하지 않습니다. 음은 아무리 작은 소리일지라도 배음(overtones, 倍音)과 어울려야만 음악이 됩니다. 배음을 갖지 않는 소음과 달리 말입니다. 따라서 화음 안에는 개별 음뿐만 아니라, 각 음의 배음도 함께 들립니다. 이와 마찬가지로 만약 선율을 한데 몰아 화음으로 만들면, 우리는 동시에 뭉쳐진 선율의 각 음들뿐만 아니라, 각 음의 배음까지도 함께 들립니다. 이제 마지막 단계입니다. 혼은 이 잠재의식적 활동의 대리인을 통해 선율의 기본음으로부터 주의를 잃고 멀어져야만 합니다. 어떤 의미에서 이는 청각적으로 무시되므로, 배음(overtones)을 통해 만들어진 화음만이 귀에 들립니다. 선율이 화음으로 전환되고 기본음이 무시되면, 배음의 화음에만 주의가 기울여진 채로 소리가 귀에 들어오는 것입니다. 이렇게 해서 배음이 "아(a)"나 "이(i)" 등의 소리를 만들어냅니다. 이로써 우리는 눈으로 무언가를 보는 것과 동일한 과정으로서 소리의 인식을 다루었습니다.

다음 질문은 어렵지만, 중요합니다. 시각화의 인식은 어떻게 일어날까요? 우리가 어떤 단어를 듣고 그 단어 자체를 통해 의미를 이해하는 일이 어떻게 가능할까요? 같은 것을 두고 언어마다 다르게 명명한다는 사실을 통해 이 질문을 바라볼 필요가 있습니다. 비록 아모르(amor)와 리베(Liebe)처럼 우리가 듣는 소리는 각각의 언어마다 다르지만, 이는 한 가지의 동일한 기본 개념으로 향하고 있습니다. 아모르(amor)든 혹은 리베(Liebe)든, 이는 단어의 근저를 이루는 시각화 감각에 의지합니다. 근본이 되는 시각화 감각은, 소리 형성 과정의 모든 차이와 상관없이 항상 일정합니다. 자 그렇다면, 우리는 어떻게 이를 인식하는 걸까요?

시각화 혹은 개념 인식의 과정을 연구함에 있어서 우리가 염두에 두어야 할 것은, 개념이 소리를 통해 우리에게 다가온다는 것입니다. 개념이 생겨나려면 주의는 더더욱 분산되어 배음열(harmonic series, 倍音列) 전체가 무시되어야 합니다. 혼이 무의식적으로 배음으로부터 멀어지는 그 순간, 우리는 소리 안에 포함된 것, 개념 또는 시각화로서 소리와 관련된 것들을 인식하게 됩니다.[2] 이는 모든 소리와 언어에 스며 있는 인간 보편적인 표상이 소리를 통해 전달될 때, 옅은 색으로 희미하게 다가온다는 사실을 암시합니다.

이러한 배음열 안에 포함된 채로 다양한 언어들을 통해 음색, 강도, 다양한 소리를 창조하며, 인간 유기체 안으로 진동하는 것은 바로 민족 영입니다. 그들은 언어의 소리를 통해 자신을 드러냅니다. 언어란, 액체에 작용하는 신비한 움직임이자 배음을 통해 우리 몸 안으로 진동하는, 민족 영들의 신비한 속삭임입니다. 하지만 배음열의 기저에 있는 것은 우주적인 인간 요소로, 바로 지구 전체를 덮고 있는 보편적 인간 영입니다. 우리들 모두 각자의 고유한 위치에서 배음을 무시한 채로, 개념의 영역에 속한 것을 듣고, 들리지 않는 것을 들을 때에만 인간의 우주적 영을 인식할 수 있습니다.[3]

역사적 진화 과정을 돌아보면, 인류는 말하자면 소리의 그림자를 무시하는 법을 배우기 전까지는 인간 보편적인 것을 이해하는 능력을 가질 수 없었습니다. 오직 우리의 개념적 삶 안에서만, 그리스도의 영을 참된 존재로 파악하기 시작했습니다. 다양한 형태로 그리스도를 선언하는 임무를 맡은 영적 존재들, 즉 그리스도가 내려준 사명과 과업을 전하는 존재들은 바로 다양한 민족들이 가진 민족 영입니다. 이 내용은 괴테의 작품, 「비밀(Die Geheimnisse)」에 아주 아름답게 표현되어 있습니다.

이로써 우리는 시각화 감각이 무엇인지 상을 그릴 수 있고, 중요한 단계를 마주하게 됩니다. 지금까지 우리는 일반적으로 말하는 감각을 샅샅이 다루었고, 아스트랄체의 힘으로 의식에서 배음열까지도 밀어낼 수 있는 인간의 잠재의식에 마침내 도달하였습니다. 촉수마냥 배음열을 밀어 치울 수 있는 것은 바로 인간의 아스트랄체입니다. 만약 우리가 이러한 힘을 얻을 수 있다면, 배음을 무시할 수 있다면, 이는 우리의 아스트랄체가 강화됐다는 것을 의미합니다.

하지만 아직도 아스트랄체의 전부를 다루지는 못했습니다. 아스트랄체는 여전히 더 고차적인 능력이 많습니다. 지금까지 우리가 알아본 것들에 따르면, 표상은 외부의 저항을 극복하는 것을 전제로 출현하였습니다. 외부에 있는 무언가가 밀쳐졌을 때 말입니다. 이제 우리는 아스트랄체가 외부의 것을 밀쳐버릴 수 있을 뿐 아니라, 외부의 저항이 없을 때는 밖으로 뻗어나가 아스트랄 물질을 자신의 고유한 힘으로 확장하고 방출할 수 있다는 것을 발견합니다. 그때 우리는 아스트랄체가 아직도 더 많은 힘을 부여받았다는 것을 알게 됩니다. 만약 누군가 아스트랄 촉수를 저항받지 않은 채 뻗칠 수 있다면, 그러면 거기에는 영적 활동이라 불리는 것이 나타납니다. 소위 영적 인식 기관이 탄생하는 것입니다. 아스트랄 물질이 머리의 특정 부위에서 뻗어나가 두 개의 촉수 같은 것을 만들어내면, 인간은 꽃잎이 두 개인 연꽃(미간에 위치한 아즈나 차크라)을 갖게 됩니다. 그것이 열한 번째 감각인 상상력(imagination) 감각입니다.

자신의 아스트랄 촉수를 얼마나 뻗칠 수 있느냐에 따라, 인간의 다른 영적 기관들은 개발됩니다. 아스트랄 물질을 내밀 수 있는 수준이 높아지면, 인간은 후두 근처에 열여섯 개의 잎의 연꽃이 있는 두 번째 영적 기관을 형성합니다. 이것이 열두 번째 감각인 영감력(inspiration) 감각입니다. 세 번째 기관은 심장 주위에 발달하는데, 이는 열두 개의 꽃잎을 가진 연꽃으로, 열세 번째인 직관력(intuition) 감각입니다. 상상력, 감화력, 직관력, 이 세 가지 감각들은 물질적 감각보다 고차의 아스트랄 감각입니다. 이들 너머에 더 고차적이고 순수하게 영적인 감각들이 있으나, 오늘은 그저 언급 정도만 하겠습니다.

이제, 이 세 가지 아스트랄 감각들이 아주 높은 수준의, 투시력을 가진 사람들에게만 있는 것인지 또는 보통 사람들도 이 감각들의 산물이라 부를 만한 것을 가졌는지 궁금하실 것입니다. 그 답은 "누구나 이들을 갖고 있다."입니다. 그러나 차이가 존재합니다. 투시자들의 경우 감각이 촉수처럼 외부로 뻗어가지만, 보통 사람들 안에서는 감각이 내부로 작용합니다. 예를 들면, 머리 맨 위에 두 잎의 연꽃이 피어나는 바로 그 자리에, 내부를 향하며 뇌 안에서 교차하는 촉수들이 존재합니다. 다시 말해서 일반적인 의식은, 감각을 외부가 아닌 내부를 향하게 만듭니다. 우리는 온통 외부만을 보고, 내부를 보지 못합니다. 그 누구도 자신의 심장이나 뇌를 보지 못합니다. 그리고 이는 영적으로도 마찬가지입니다. 이런 기관들은 보이지 않을 뿐 아니라, 의식에 떠오르지도 않습니다. 이들은 의식적으로 사용되진 않지만, 그럼에도 불구하고 언제나 활발히 기능합니다. 여기서 의식은 현실에 대한 어떠한 결정도 내리지 않습니다.

아스트랄 감각들은 활발해집니다. 감각 활동은 내부로 향하고, 내부를 향한 충동이 인식됩니다. 상상력 감각이 내부로 쏟아져 들어오면, 우리가 일상적으로 외부 감각(outer sensation)이라 부르는, 외적으로 무언가를 지각하는 일이 생깁니다. 외부 인식은 상상력 감각에 관한 것들이 우리 내부를 향해 작동하기 때문에 가능해집니다. 우리는 상상력 감각을 통해 색을 "감지"할 수 있는데, 이는 색을 보는 것이나 음을 듣는 것과는 다릅니다. 예를 들어, 우리는 어떤 색을 보고 빨갛다고 말합니다. 하지만 상상력 감각을 통해 우리는 그 색과 연관된 감성을 느낄 수 있게 됩니다. 이는 그 색이 아름답다 혹은 추하다, 좋다 혹은 나쁘다 같은 감각입니다.

영감 감각 또한 내적으로 활발히 작용하여 더 복잡한 감각인 감성을 만들어냅니다. 내부로 흐르는 감화력 기관의 활동은 감성적 삶 전체를 이룹니다.

직관력 감각이 내부로 쏟아져 들어오면, 고유한 사고가 떠오르는데, 이는 사고가 형성됨을 의미합니다. 과정은 이러합니다. 우리가 무언가를 감각 지각하면, 이와 관련된 감성(feeling)이 떠오르고, 그러고는 이에 관해 사고하게 됩니다.

이렇게 우리는 감각의 삶에서부터 혼적 삶으로 올라왔습니다. 우리의 외부에서부터, 그리고 감각 세계로부터, 감각, 감성, 사고의 활동에 담긴 인간의 혼을 붙들고 올라왔습니다. 이제 더 이상 감각이라 부르기도 어렵지만, 그 밖의 연꽃들에 해당하는 더욱 고차원적인 감각들을 살피며 이 길을 걸어가고자 한다면, 혼의 고차적 삶 전체는 그들의 상호작용을 통해 우리에게 드러날 것입니다. 예를 들어, 꽃잎 8개 혹은 10개의 연꽃이 정신적 활동을 내부로 향하게 할 때, 훨씬 더 섬세한 혼의 작용이 생겨납니다. 그리고 궁극적으로는 우리가 순수한 논리적 사고라고 부를 수 있는 가장 정묘한 감각을 만나게 됩니다. 이 모든 것은 내적 인간이 품은 다양한 연꽃의 작용으로 생겨납니다. 이제, 내적 움직임이 외적 움직임으로 전환될 때, 즉 아스트랄 촉수들이 밖으로 뻗고 십자로 교차하며 연꽃처럼 자신의 활동을 외부로 보낼 때, 우리는 혼에서 영으로 상승하고 고차 활동은 새롭게 태어납니다.

의지, 감성, 사고와 같이 일반적으로 내적 삶으로 나타나는 것들이, 이제는 영적 존재들에 의해 외부 세계에 모습을 드러내게 됩니다.

우리는 감각에서 시작하여 혼을 지나, 인간 안에 더 이상 존재하지 않는 것까지, 외부로부터 작용하고 인간과 자연, 그리고 세계 전체에 동등하게 속하는 영까지 올라오며 인간 존재를 이해해보았습니다. 우리는 영성으로 상승해왔습니다. 지금까지를 돌아보면, 저는 인간을 자신의 혼으로 경험하고 영적으로 알아차리면서 세계를 지각하는 하나의 도구로 묘사했습니다. 저는 인간 안에서 이미 끝난 이야기보다, 현재 진행 중인 이야기로 인간을 표현했습니다. 감각, 혼, 영의 상호작용과 이들의 활동은 모두 현재 우리 앞에 놓인 지구상의 인간 존재를 만들어냅니다. 그것이 어떻게 일어날까요? 이에 대해, 간단하지만 모든 방면으로 입증된 짧은 암시를 드리겠습니다.

단순히 감각을 통해 인간을 관찰할 때 우리 앞에 보이는 것은, 실제로는 전혀 존재하지 않는 것들입니다. 그것은 시각적 환영일 뿐입니다. 영-과학적 관찰은 정말로 꽤 다르게 인식하게 합니다. 우리는 감각을 통해서는 우리 자신을 완전하게 인식할 수 없다는 사실을 기억하십시오. 우리는 표면 중에서도 일부만 볼 뿐, 우리의 등이나 머리 뒤편은 절대로 볼 수 없습니다. 하지만, 그럼에도 불구하고, 우리는 우리가 등이 있다는 것을 알고 있습니다. 균형 감각 또는 운동 감각 같은 다양한 감각을 통해 이 사실을 알고 있습니다. 외적으로 지각할 수 없는 부분일

지라도, 우리의 내적 의식은 이를 알려줍니다. 사실, 우리 안에는 적절한 기관으로 발달하지 못하면 지각할 수 없는 부분이 아주 많습니다.

나아가, 인간이 스스로 감각 지각할 수 있는 부분에 대해 생각해봅시다. 예를 들어, 눈을 이용했다고 해봅시다. 그리고 눈을 감아보세요. 이제, 그는 어떤 방법으로 지각해야 하나요? 사실, 우리가 눈으로 우리 자신을 보는 것은 모두 감각혼을 통해 지각됩니다. 감각체는 이를 지각할 수 없습니다. 이를 실제로 이해하는 것은 감각혼입니다. 인간이 자신의 눈으로 보게 되는 인간은, 즉 감각혼이 정면으로 마주하게 되는 그것은, 감각체의 상이자 감각체의 외적 환영에 불과합니다. 물론, 볼 수는 없지만 만질 수 있는 신체 부분들에 대해 이 개념을 좀 더 확장시킬 필요가 있지만, 이 경우도 역시 감각체의 상과 같습니다. 지각은 감각혼의 다른 활동을 통해 생겨납니다. 감각혼은 외부의 지각이 일어나는 모든 곳으로 확장되는데, 그때 지각하는 것은 감각혼이 아닌 감각체의 환영입니다. 우리가 이것을 인식할 수 있다면, 우리는 아스트랄적으로 다가오려고 애쓰지만, 밀쳐진 무언가를 볼 수 있습니다.[4]

감각체의 상은 다음과 같이 떠오릅니다. 감각혼과 감각체는 전후로 협력합니다. 두 기류가 만나면, 무언가 둑에 막히고, 그 때문에 어떤 것이 드러납니다. 아무런 기류도 보이지 않지만, 두 기류가 만들어낸 소용돌이 이후의 결과만 보인다고 상상해봅시다. 밖으로 뻗치려는 감각혼과 외부로부터 압력을 받은 감각체가 만들어낸 결과는, 눈이나 다른 외부 감각 기관이 지각할 수 있는 인간의 외면적 유체(有體)입니다. 실제로 우리는 감각혼과 감각체의 만남이 일어나는 피부의 위치를 밝힐 수 있습니다.[5] 우리는 혼이 어떻게 몸을 형성해내는지 보게 됩니다. 이렇게도 설명할 수 있습니다. 인간 안에는 뒤에서 앞으로 흐르는 기류와, 그 반대로 흐르는 기류가 함께 작용하고, 이는 감각혼과 감각체의 충돌로 이어집니다.

전후로 움직이는 두 기류 외에도, 좌우에서 발생하는 기류도 있습니다. 왼쪽으로부터는 물체와 관련된 기류가 흐르고, 오른쪽으로부터는 에테르체와 관련된 기류가 흐릅니다. 이들은 서로에게로 흘러들어 일정 부분 혼합되고, 감각으로 인식할 수 있는 인간, 즉 감각으로 인식 가능한 외면이 바로 이때 생겨납니다. 완벽한 환영이 만들어진 것입니다. 왼쪽에서는 물체의 기류가 흐르고, 오른쪽에서는 에테르체의 기류가 흐릅니다. 그리고 이 두 기류가 우리가 감각으로 인식할 수 있는 인간을 만들어냅니다.

같은 방식으로 우리는 위아래로 흐르는 기류도 갖고 있습니다. 아래에서 위로는 아스트랄체의 주 기류가 흐르고, 위에서 아래로는 자아(체)의 주 기류가 흐릅니다. 감각체가 앞쪽에 묶여 있다는 사실에 기반한 성격화는, 감각체가 아래에서 위로 흐르는 기류에서 작용하다가, 뒤에서 앞으로 흐르는 기류에 잡혀서 붙들려 있다는 의미로 받아들여야 합니다.

그러나 아스트랄체는 아래에서 위로 가는 기류나 뒤에서 앞으로 가는 기류만 가진 것이 아니라, 앞에서 뒤로 가는 또 다른 기류도 가지고 있습니다. 이로써 아스트랄체는 아래에서 위로 가는 기류와, 앞에서 뒤로 가는 기류 두 가지를 빠르게 타고 흐르게 됩니다, 이것이 인간 안에 네 개의 혼합 기류를 만들어냅니다.[6]

두 가지의 수직 기류는 무엇을 가져올까요? 아래에서 위로 흐르는 기류가 있는데, 만약 이것이 아무런 저항도 받지 않고 방출될 수 있다면 도표에 있는 것과 같을 것입니다. 그러나 그렇게 되지는 않습니다. 다른 기류들도 마찬가지입니다. 각각이 방해받고, 중심에서 서로에게 작용하기 때문에 신체의 상은 형성됩니다.

실제로, 이 기류들이 서로를 가로지르고 십자 모양으로 교차해서 3중 구조의 인간이 탄생하는데, 이로써 신체의 상이 형성됩니다. 따라서 우리가 스스로 볼 수 있는 낮은 부분[7]은 좁은 의미에서 감각체라고 불러야 합니다. 같은 맥락에서, 더 높은 곳에는 우리가 감각이라고 부를 수 있는 것들이 있습니다. 이 부분에서 우리는 더 이상 자신을 지각할 수 없습니다. 왜냐하면 감각 자체가 위치한 영역이기 때문입니다. 우리는 우리의 눈을 바라볼 수 없고, 눈 바깥의 세상을 바라볼 수 있을 뿐입니다. 여기에 감각혼, 또는 감각혼의 상이 활발히 움직입니다. 감각혼은 인간의 얼굴을 형성합니다. 하지만, 두 기류는 올바르게 구별되어야 합니다. 모든 방향에서 흘러오는 낮은 기류들은 위에서 아래로 눌립니다. 그리고 이 눌린 부분을 감각체라고 이름 붙일 수 있습니다. 아래쪽에서는 그 충동이 대부분 외부로부터 오는 반면, 위쪽에서는 주로 감각혼이 자신을 느끼게 만듭니다. 위로부터 자아의 기류가 흐릅니다. 그리고 그 기류가 가장 강한 지점이자, 다른 기류들에 의해 자아의 기류가 가장 덜 밀쳐지는 지점에서 오성혼이 자신의 기관을 만들어냅니다.

이제, 이 자아의 기류 외에도, 왼쪽에서 오른쪽으로, 오른쪽에서 왼쪽으로 흐르는 기류가 있습니다. 다시 한 번, 이 모든 기류는 움직이며 서로를 교차합니다. 게다가 몸의 세로축을 통해 흐르며 위쪽을 쪼개는 또 다른 기류가 존재합니다. 상한선에서 오성혼의 일부는 쪼개지고, 이것이 의식혼을 형성합니다. 이곳에서 의식혼은 내적 인간 안으로 자신의 형성력을 확장하며 활동합니다. 무엇보다도, 의식혼은 뇌의 회색질 속 주름을 만들어냅니다.

이 영적 존재의 본성 덕분에 인간 안에 형태로서 존재하는 것들을 이해할 수 있게 되었습니다. 그것이 영이 인간 신체의 형성을 위해 작용하는 방식입니다. 마치 예술가가 정으로 돌을 쪼아 조각하듯이, 영은 모든 기관을 유연하게 빚어냅니다. 뇌의 구조는 이 기류들이 인간 안에서 각각 어떻게 상호작용하는지를 알 때만 이해할 수 있습니다. 그 과정에서 우리는 함께 맞물려 돌아가고 있는 인간의 다양한 원칙들을 만날 수 있습니다.

이제 이러한 진실이 열매를 맺고, 참된 과학의 공동 재산으로 남으려면, 우리는 좀 더 세부적으로 살펴봐야 합니다. 우리는 아주 위쪽에 의식혼, 오성혼, 그리고 감각혼의 기관이 생겨났다는 것을 알았습니다. 자아는 위에서 아래로 작용하고, 아스트랄체의 주요 부분은 아래에서 위로 작용합니다. 그들은 서로 뒤엉켜서 막힌 선 전체를 따라 상호작용하고, 이는 몸의 세로축을 형성합니다. 그리고 이것의 영향은 축 위의 지점마다 다릅니다. 예를 들어, 의식적인 행동을 위해 자아가 요구될 때는, 감각혼, 오성혼, 의식혼이 그들의 기관을 만들어낸 지점에서만 그렇게 할 수 있습니다. 예를 들면, 오성혼을 통해 판단을 내리고, 그 판단은 머리 안에 자리하게 됩니다. 왜냐하면 그곳에서만 적절한 인간의 힘이 발현될 수 있기 때문입니다.

자, 어떤 기관 하나가 만들어진다고 가정해봅시다. 이 기관은 오성혼이 관여하지 않아서 사고가 일어나지 않고, 감각혼, 오성혼, 의식혼의 활동과는 독립적이며, 오직 물체, 에테르체, 아스트랄체, 자아만 관여한다고 해봅시다. 이 기관은 아스트랄체로부터 받은 인상이 사고 과정을 거치지 않고 자아의 반응을 불러옵니다. 인간의 4구성체, 즉 아스트랄체, 자아, 에테르체와 물체가 사고와 같은 섬세한 활동 없이 협력한다고 생각해봅시다. 4구성체의 기류가 함께 만들어낸 기관은 어떤 본성을 가질까요? 그것은 사고하지 않는 기관일 것입니다. 사고 과정이 없다면, 그 기관은 아스트랄체로부터 인상을 전달받자마자, 자아는 사고하지 않고 곧바로 반응할 것입니다. 그 말은 자아와 아스트랄체가 함께 행동한다는 뜻입니다. 하나의 자극이 아스트랄체로부터 자아로 이어지고, 자아는 아스트랄체에 반응합니다.

이것이 물질적인 기관이 되기 위해서는, 에테르체에 의해 만들어져야만 합니다.[8] 왼쪽에서는 물체의 기류가 오고, 오른쪽에서는 에테르체의 기류가 옵니다. 그 기류들은 중심에서 막혀서, 압축이 일어납니다.

또한, 위에서 오는 자아의 기류와 아래에서 오는 아스트랄체의 기류도 이와 같은 과정을 겪습니다.

만일 우리가 한 기관 내에서 물체와 에테르체의 기류가 자아와 아스트랄체의 기류에 맞서 막혀 있는 구조를 도식으로 그린다면, 이는 그야말로 네 개의 방을 가진 인간 심장의 모습과 똑같을 것입니다.

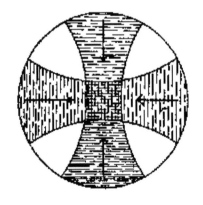

[그림 1]

이것이 바로 인간의 심장이 형성되는 방법입니다. 물체, 에테르체, 아스트랄체와 자아의 협력처럼 심장이 이루어낸 모든 것을 고려해보면, 영이 인간의 심장을 이렇게 만들 수밖에 없었다는 사실이 우리 안에 떠오를 것입니다.

또 다른 예를 들어보겠습니다. 시각 활동 안에는 잠재의식적 사고 활동이 실제로 존재한다는 것을 배웠습니다. 의식적인 사고 활동은 오직 뇌 안에서만 일어납니다. 그렇다면 의식적인 사고 활동이 가능하기 위해선 뇌가 어떻게 만들어져야 할까요? 뇌를 살펴보면 우선 외막이 있고, 혈관막 같은 것, 척수액, 그리고 마지막으로 엄밀한 의미의 뇌가 있습니다. 후자는 신경 물질로 가득합니다. 감각을 통해 뇌로 감각 인상들이 전달되면, 의식적인 사고 활동이 생겨납니다. 신경 물질은 의식적인 사고 활동의 외적인 표현입니다.

외부의 상에 대해 의식적이 아니라 잠재의식적으로 반응하는 기관을 창조하려면 유사한 방식으로 기관을 만들어야 합니다. 다시 말하자면 등쪽에 덮개와 혈관막 같은 것이 있어야 합니다. 척수액이 마르고, 뇌 전체가 뒤로 밀려야만 잠재의식적 사고 활동이 신경계에 의해 방해받지 않고 자리할 공간이 생깁니다. 만일 신경 물질들이 뒤로 밀리지 않으면, 사고하게 됩니다. 이들이 뒤로 밀렸다면, 사고할 수 없게 됩니다. 그렇게 외부로부터의 상은 처음엔 신경계에 의해 방해받지 않는 부분에서 잠재의식적 사고로 소화되고, 나중에서야 감성, 느낌,

의식적 사고의 수단으로 침투합니다.

이렇게 뇌를 소위 후방의 벽으로 몰아붙이면, 결과적으로 뇌가 눈이 됩니다. 눈이란 작은 뇌로서, 우리의 영은 고유한 신경 물질을 눈의 후방 벽으로 밀어내고 망막이 되게 만듭니다. 그것이 자연의 건축가가 일하는 방식입니다. 단 하나의 설계도가 정말 모든 감각기관을 짓는 데 사용되는데, 각 기관에 따라 필요할 때만 단순히 수정되는 정도입니다. 근본적으로는 모든 감각기관은 다른 방식으로 형성된 작은 뇌이며, 뇌는 고차적인 감각기관과 같습니다.

한 가지 더 다뤄야 할 주제가 있지만, 우선 이론적인 인지의 본성에 대해 몇 가지 설명하는 말을 덧붙이겠습니다. 이것이 결국 인지학의 관점을 분명하게 해줄 것이기 때문입니다.

인류학의 관점은 감각 세계의 미시적인 것들로 가득한 아래쪽에 존재하며, 신지학은 정상에 서 있고, 인지학은 이 둘 사이의 중간쯤에 있다고 말했습니다. 일반적으로는 누구나 자신의 감각을 통해 감각 세계의 존재를 믿게 되고, 자신의 마음을 통해 감각 세계를 지배하는 법칙을 이해하게 됩니다. 그러한 이유에서 사람들 대부분은 자신의 감각 경험과 유사한 것들을 주저하지 않고 믿습니다. 이를 확인해볼 수 있는데도요. 영학 연구자들이 영계의 존재에 대해 말하는 것과 프레드릭 대왕 같은 사람이 존재했다는 믿음 사이에 형식적인 차이는 없다는 것을 쉽게 찾아볼 수 있습니다. 형식적으로는 의지의 영이 있다는 믿음과 프레드릭 대왕이 존재했다는 믿음 사이에 아무런 차이가 없는 것입니다. 누군가 당신에게 외부에서 얻은 자료로 프레드릭 대왕의 삶에 대해 말해준다면, 당신은 그러한 성격 특성을 가진 사람이 존재했다고 믿을 것입니다. 인간은 자신이 듣는 것 중에서 자신이 직접 겪은 것과 유사한 것에 믿음을 줍니다. 영적 구도자는 그런 일을 처리할 수 있는 위치에 있지 않지만, 그리한 의사소통에 대해 가정하는 태도에 차이가 없는 것은 역시 사실입니다. 우리는 지금까지 인류학과 신지학의 관점을 설명해보았습니다. 우리의 관점은 그 사이에 있습니다. 진리에 대한 우리의 감각은 신지학의 메시지에 대한 확신과 믿음이 옳다는 것을 충분히 입증합니다. 신지학적 진리에 대해 근거 있는 수용을 하는 것같이 말입니다.

인류학과 신지학 사이에 놓인 제3의 관점에 서보면, 우리는 좋은 관찰 위치에서 "나는 그것을 볼 수 있기에 믿는다."와 같은 감각 지각과 "나는 영-과학자가 그것이 존재한다고 말했기 때문에 믿는다."라고 말하는 영적 지각 사이를 똑똑하게 구별할 수 있다는 사실을 알게 됩니다. 그러나 이때 제3의 가능성이 있습니다. 자, 여기 망치가 있습니다. 저는 손으로 망치를 잡고, 망치를 수평 방향에서 수직 방향으로 들어 올립니다. 그러면 우리는 내 의지로 망치를 옮기고 들었다고 말합니다. 누구도 이것을 보고 놀라지는 않을 것입니다. 우리는 망치를 들어 올리는 잠재된 의지가 인간 안에서 발현된 것을 볼 수 있기 때문입니다. 하지만 무형의 의지에 의해 건드려짐 없이, 망치가 스스로를 들어 올렸다고 가정해봅시다. 그런 경우에는 그 망치가 다른 망치들과 같다고 상상하는 것은 바보 같은 일일 것입니다. 우리는 그 망치에 뭔가 보이지 않는 힘이 작용했다고 결론지을 수밖에 없을 것입니다. 의지의 발현과 영적 힘, 우리는 둘 중 어떤 결론을 내려야 할까요? 외부 형태의 법칙에 대해 우리가 가진 지식에 어긋나는 무언가를 보게 되면, 이런 경우에 저는 하는 수 없이 망치에는 영이 존재하지 않는다는 결론을 내리게 됩니다. 그렇지만 영적 활동을 믿지 않는 건 완전히 멍청한 일이기에, 영에 대해 믿는 것은 합리적이라고 말해두겠습니다.

여러분이 투시자와 함께 걸어가다가 꼼짝도 하지 않고 누워 있는 사람 형태를 길에서 마주쳤다고 가정해봅시다. 일반적인 감각으로는 그것이 살아 있는 존재인지 아니면 판지로 만든 인형인지 절대 알 수 없을 것이지만, 투시자는 알 것입니다. 투시자는 에테르체와 아스트랄체를 볼 수 있고, 그것이 살아 있는 것인지 알 수 있습니다. 당신 스스로는 에테르체와 아스트랄체를 지각하지 못함에도 불구하고, 당신은 그를 믿게 될 것입니다. 그런데 이제 그 물체가 일어서면, 당신은 그 영-과학자가 맞았다는 것을 보게 됩니다. 이것이 바로 제3의 가능성입니다.

이제 저는 여러분이 일상생활에서 관찰하고 증명할 수 있는 사례 한 가지를 말해보겠습니다. 이는 어떤 면에서는 우리에게 가까운 것이지만, 다르게 생각하면 그렇지 않은 것입니다. 우리는 인간 안에 흐르는 다양한 기류들을 다루었고, 이들이 다음 순서로 작용한다는 것을 알아보았습니다.

물체가 왼쪽에서 오른쪽으로 흐릅니다.
에테르체가 오른쪽에서 왼쪽으로 흐릅니다.
감각체기 앞에서 뒤로 흐릅니다.
감각혼이 뒤에서 앞으로 흐릅니다.
자아가 위에서 아래로 흐릅니다.
아스트랄체가 아래에서 위로 흐릅니다.[9]

자아가 위에서 아래로 움직일 때, 이것의 물리적 기관은 어떻게 될까요? 자아의 물리적 기관은 순환하는 혈액과 같습니다. 그리고 자아는 인간 신체 내에서 자아와 같은 방향으로 작동하는 기관이 없다면 위에서 아래를 향해 기능할 수 없습니다. 만일 혈류의 주된 방향이 수직이 아니라 수평이라면, 자아 혹은 인간 내의 자아는 더 이상 존재하지 않을 것입니다. 자아가 피를 붙잡기 위해서 주된 혈류 방향은 인간을 수직으로 일으켜 세울 수밖에 없었습니다. 주된 혈류가 수직이 아닌 수평으로 흐르는 경우, 자아는 절대 개입할 수 없습니다. 동물들의 집단 자아의 경우에는 동물 내에서 기관을 찾아볼 수 없습니다. 동물들의 혈액은 주로 수평선으로 흐르기 때문입니다. 인간은 혈액의 흐름이 수직으로 섰고, 집단 자아는 개별적 자아가 되었습니다.[10]

인간과 동물의 이러한 차이는, 순전히 외부 현상으로부터 어떤 관계를 추론하는 것이 얼마나 잘못된 것인지 보여줍니다. 수평에서 수직으로 일어서는 행위는 역사적인 것이지만, 잠재된 의지와 영의 협력이 없었다면 망치가 혼자 일어날 수 없었던 것처럼 이 역시 불가능했을 것입니다. 의지와 영적 힘이 있어야만, 혈액은 수평선을 넘어 수직선을 따라 흐르고, 직립의 자세를 갖추고, 집단혼은 개인혼이 될 수 있습니다. 망치에서만 이러한 영적 힘을 인정하고 인간에서는 인정하지 않는다면 이는 논리적이지 않을 것입니다.

이것이 바로 제3의 가능성으로, 모든 신지학적 진실을 증명해낼 수 있는 소위 중도의 신념입니다. 이러한 문제들을 더 깊이 파고들수록, 중도로 확신에 이르는 길이 보편적으로 적용 가능하다는 사실은 더욱 분명해집니다. 그리고 이 중도의 길은 영학을 통해 일상적 체험을 비옥하게 만들어줄 것입니다. 제도권 연구는 영학에 의해 자극을 받게 될 것입니다. 참된 영학적 연구 결과와 외부 현상을 비교하다 보면, 영학의 경험을 편견 없이 포함시킬 때에만 비로소 외부 현상의 의미를 깨닫는다는 결론을 내리게 됩니다. 그렇게 세상을 편견 없이 관찰하는 것이 바로 인지학의 관점입니다. 인지학은 위에서는 신지학으로부터, 아래에서는 인류학으로부터 생생한 자극을 받습니다. 영계의 진실과 이 세상의 사물들을 관찰하고, 전자를 통해 후자를 설명합니다. 우리가 앞서 뇌가 눈으로 변환되는 과정이나 심장이 만들어지는 과정을 설명했던 것처럼, 각 기관의 생성을 영적 활동을 통해 설명해낼 수 있습니다.

영적 사실들과 지구적인 것들이 어떻게 엮여 있는지를 보여주고, 외부 현장 속에서 영적 진실이 어떻게 증명될 수 있는지를 보여줌으로써, 인지학은 영학이 가져다줄 고차의 진실을 무시해서는 안 된다는 신념으로 우리를 이끕니다.

동물과 인간 유기체 안의 초감각적 흐름들
1909년 10월 27일, 베를린

지금까지 우리는 인간 유기체를 형성하고 우리가 이해할 수 있는 방식으로 형태를 만드는 여러 힘의 기류에 대해 논하였습니다. 만약 우리가 이 형성력에 대해 정말로 알게 된다면, 우리의 심장이나 눈이 필연적으로 지금과 같이 만들어져야만 했으며 그렇지 않았다면 기능할 수 없었다는 사실을 인식하게 됩니다. 우리는 인간의 상에 대해 위에서 아래로, 오른쪽에서 왼쪽으로, 뒤에서 앞으로 등 여러 방향으로 흐르던 과거의 초감각적 기류들로 거슬러 올라가 보았습니다. 이 시점에서 누군가는 제가 그러한 기류들을 다룰 때 인간 유기체에서 중요한 현상 한 가지를 설명하지 못했다고 항의하며 문제를 제기할 수도 있습니다. 비대칭적인 기관들(심장, 간, 위 등) 이외에도 인간에게는 대칭적인 기관이 존재한다는 사실 말입니다. 만약 유기체 전체가 대칭 기관과 연결되지 않은 상태로 비대칭적으로 배치되어 있다면, 당신은 여차하면 제 설명을 받아들일 수도 있겠다고 말할 것입니다. 그러나 이와 같은 문제 제기는 다음에 올 내용으로 해결할 수 있습니다.

지금까지 우리는 인간이 대칭적으로 형성된 평면 위에서 물체와 에테르체는 각각 왼쪽에서 오른쪽으로, 오른쪽에서 왼쪽으로 흐른다는 것을 배웠습니다. 영학은 물체가 옛 토성기에서 유래한 고대의 독립체이며, 에테르체, 아스트랄체, 자아체의 씨앗은 각각 옛 태양기, 옛 달기, 그리고 지구기에 만들어졌음을 가르쳐줍니다. 토성기에 나타난 물체의 최초 모습은 오늘날 왼쪽에서 오른쪽으로 흐르는 기류에 상응하는 기류에 의해 비대칭적이었고, 최초의 에테르체 씨앗 역시 오른쪽에서 왼쪽으로 흐르는 기류에 의해 비대칭적이었습니다. 그런 다음 발달은 계속되었고, 물체는 옛 태양기, 옛 달기 등을 거쳐 자리를 잡아갔습니다. 그렇지 않았다면 물체는 한쪽으로 치우친 비대칭 상태로 남아 있었을 것입니다. 하지만 이 일은 분명히 일어났기에, 물체와 그 밖의 구성 요소들은 옛 달기와 지구기를 거치며 발달을 지속해갔습니다. 그 과정 중에 이전까지 발달해온 것 전체를 변화시키는 어떤 일이 있었고, 이는 기류를 역방향으로 전환시키는 계기가 되었습니다. 물체가 한쪽으로 치우치지 않고 대칭 구조를 이루기 위해서 왼쪽에서 오른쪽으로 흐르는 토성의 기류는 오른쪽에서 왼쪽으로 흐르는 기류에 의해 맞부딪히게 되었습니다. 어떻게 그런 일이 생겼을까요? 그것은 바로 옛 태양이 옛 달에서 분리됐기 때문입니다. 지금까지 물체 안에서 작용했던 태양의 힘은 이제 바깥에서, 즉 반대 방향으로 작용하기 시작하였습니다. 물체는 이제 옛 달기에 속하게 되었기에 태양에 의해 밖으로부터 영향을 받았습니다.

에테르체도 유사한 변화를 경험했습니다. 여러분은 밖으로부터 작용한 태양의 힘으로 생긴 다른 쪽의 물체가 먼저 만들어진 부분에 비해 충분히 성장하지 못해 훨씬 더 작지 않았는지 궁금할 것입니다. 그렇게 되지 않은 이유는, 달을 떠나 태양으로 옮겨 간 그 존재들에게 이 분리는 더 고차적인 발전을 의미했기에 새로운 활동 영역에서 이전보다 강한 영향력을 가질 수 있었기 때문입니다. 이 존재들은 토성기의 존재들보다 더 어려운 과제를 갖고 있었습니다. 그들은 지금까지 한 방향으로 발전해온 것을 역행해야 했습니다. 이러한 상황은 형성 과정 전체를 방해했기 때문에, 만약 과제를 수행하고자 한다면 더 강력해질 수밖에 없었습니다. 이는 결국 달기 동안에 태양 밖으로부터 작용을 필요로 했고, 그동안 이 존재들의 영향력은 극대화되었습니다. 이로써 오른쪽에서 왼쪽으로 흐르는 더 젊지만 더 강력한 기류는, 왼쪽에서 오른쪽으로 흐르는 더 약한 기류와 균형을 이루었습니다. 그리고 물체는 대칭적 구조를 갖게 되었습니다.

이제 우리는 감각체가 자신의 힘을 인간 유기체의 앞에서 뒤로 보내고 감각혼은 뒤에서 앞으로 방사한다는 것을 기억하며, 이 기류의 효과에 대해 좀 더 자세히 들여다보겠습니다. 물체와 에테르체, 그리고 전반적인 상황을 고려할 때, 우리는 이 힘들이 인간 유기체를 만들어내기 위해 어떤 과정을 거치는지 묻게 됩니다.

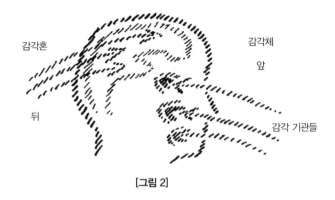

감각혼

감각체

앞

뒤

감각 기관들

[그림 2]

뒤로 흐르는 감각체 기류는 물체에 의해 막히고 서게 되는데, 이로 써 인간 유기체 안으로 뚫고 들어가 이미 존재하는 기관 안에 갖가지 다른 기관들을 만들게 됩니다. 그와 동시에 감각혼은 유기체 안에서 뒤에서 앞으로 작용합니다. 감각체의 기류가 물체에 의해 막히면 그 안으로 구멍을 뚫고 들어갑니다. 이처럼 물체에 의해 가로막히면, 이 기류들은 보시다시피 실제로 구멍을 뚫습니다. 앞쪽에서는 감각체의 기류가 구멍을 뚫고 들어옵니다. 그들은 감각기관을 형성합니다. 뒤쪽 에서는 형성력이 활발하여 그 위에 뇌를 만듭니다. 이를 통해 위 그림 에서 보시는 것과 같이 인간 머리를 그려볼 수 있습니다. 이 열려 있 는 것이 눈, 귀, 후각기관 등을 뜻하고, 뇌는 감각기관 위쪽이면서 뒤 쪽에 겹쳐져 있습니다. 만약 영학이 진리를 말하고 있다면, 인간의 머 리는 실제 모습과 비교했을 때 이 모습이 될 수밖에 없다는 것이 분명 해집니다. 언제든 인간의 머리가 생겨나야 하는 때라면 지금과 같은 모양을 할 수밖에 없을 것입니다. 인간의 머리는 정말 이런 모양이고, 이는 외부 현상 세계 자체가 제시하는 증거입니다.

이와 관련하여 또 한 가지 언급해야 하는 것이 있습니다. 감각체는 내부를 향해 작용하고, 감각혼은 외부를 향해 작용합니다. 혹은 적어도 그러한 경향을 갖고 있습니다. 사실 감각혼 기류는 드러나기 전에 한 번 막힙니다. 뇌의 물체 안에 남아 있다가, 이전에 감각체가 감각기관을 위해 소위 구멍을 뚫어놓은 곳에서만 나타나게 됩니다. 그러면 우리의 내적 삶 일부가 감각혼으로서 밖으로 흘러나가게 됩니다.

그런데 오성혼은 그렇게 할 수 없습니다. 오성혼은 완전히 가로막혀 있고, 반대 방향에서 어떤 기류도 오성혼을 만나러 오지 않습니다. 그것이 바로 인간 사고가 완전히 내면에서만 일어나는 이유입니다. 사물은 우리를 위해 사고하지 않습니다. 사물은 바깥으로부터 우리 안으로 사고의 내용을 보여주지도, 가져다주지도 않습니다. 그것이 인간의 사고와 외부 세계의 관계에 관한 엄청난 비밀입니다. 우리는 감각기관으로 외부 세상을 지각하고, 감각기관이 건강하다면 실수를 범하지 않습니다. 반면에 마음은, 사물에 직접적으로 접촉할 수 없고 실수를 범할 수 있는 첫 번째 내적 구성원입니다. 왜냐하면 마음은 온전히 뇌 안에서만 가로막혀 활동하고 바깥으로 방출되지 않기 때문입니다.[1] 이를 통해 우리 안에서 올바른 사고가 일어나기를 바라는 내적 경향이 없다면, 우리는 외부 세계에 대해 바르게 사고할 수 없다는 것을 알게 됩니다. 외부 세계는 올바른 감각 지각을 가져다줄 뿐, 올바른 사고를 가져다주지 않습니다. 생각은 실수에 취약하기에, 바른 사고의 힘은 우리가 스스로 내면에서 가져야 하는 것입니다.

사고하는 사람에게는 이 사실 하나만으로도 선사시대에 인간이 존재했음을 말해줍니다. 인간에게는 외부 세계의 지혜에 대해 바르게 사고하는 것이 의무지만, 인간의 사고는 드러나지 않고 자신이 지각한 것과 만나지 못합니다. 그렇지만 지혜는 인간 바깥뿐만 아니라 인간 내면에도 존재하기 때문에, 그를 감싸는 것들이 그러한 것처럼 인간 내면으로 스며들 것입니다. 그래서 이 두 기류는 지금은 나뉘어 있긴 하지만 함께 어울립니다.

어떤 시기에는 두 기류는 하나였습니다. 그것은 인간의 자아가 인간 안에 막혀버리기 전이며, 아직 세상의 지혜를 직접 받을 수 있는 때였습니다. 정신적 혼의 기류가 붙잡혀 있지 않고 흘러나갈 수 있었던 시대, 그때 인간은 세상의 지혜를 직접 볼 수 있었습니다. 지금은 우리가 뇌로 생각한다고 격하해서 부르는 것이 한때는 마치 감각 지각처럼 외부 세계와 접촉을 하였고 인간은 자신의 생각을 바라볼 수 있었습니다. 그것은 일종의 투시력이었는데 자아에 의해 의식에 떠오르는 것은 아니었습니다. 인간은 희미한 투시력을 가졌던 초기 단계를 거쳤음이 분명하고, 인간 신체 구조 자체가 지나간 옛날에는 인간이 다르게 구성되어 있었다는 것을 보여주고 있습니다.

앞서 언급한 것으로부터 실생활에 중요한 것이 뒤따릅니다. 감각 세계와 관련한 모든 경우에 대해 인간 존재는 외부 세계와 직접적으로 접촉할 수 있기에 환영이 아닌 감각 지각은 진실로 받아들일 수 있습니다. 그러나 그 모든 것이 인간 안에 있지만, 인간의 앎은 사고를 통해 얻는 것으로 제한됩니다. 이때 우리가 외부 대상에 대해 잘못 생각하게 만들며 인간의 오성혼과 공간 속의 사물 사이에 존재하는 분리는, 자아에는 적용되지 않습니다. 자아가 우리 내면으로 흘러들어 오면 그것은 그렇게 존재하고, 자연스럽게 자아의 활동 안에 목소리를 갖게 됩니다. 오성혼과 자아의 만남은 가장 순수한 사고를, 즉 온전히 내면을 향한 사고를 만들어냅니다. 자신을 객체로 두는 이러한 형태의 사고는, 외부 대상에 전념하고 관찰을 통해 판단 내리기 위해 노력하며 두리번거리는 경우와는 다르게 실수에 노출되지 않습니다. 그들이 갖게 되는 것은 오직 감각 지각뿐입니다. 우리가 해야 하는 것은 그들에게 거울상을 비추듯 개념으로 만나는 것입니다. 사고는 진리를 향한 경향성에 이끌릴 때만 실수로부터 자유롭습니다. 우리는 진리를 향한 바른 경향성을 통해 사물의 개념과 사물에 대한 사고가 내면에서 일어나게 해야만 합니다.

우선 우리는 감각을 통해 만난 외부 세계의 대상들에 대해서만 판단을 내릴 수 있습니다. 감각은 자신이 닿을 수 있는 곳 너머의 것들에 대해서는 판단할 수 없습니다. 물리적 공간 안에서 그러한 판단은 불가능한 것과 같습니다. 만약 오성혼이 그렇게 할 수 있다고 해도, 진리를 향한 내면의 경향으로 인도되지 않는다면 필연적으로 다양한 실수를 저지르게 됩니다.

이 상황을 명확히 해보기 위해 인간의 진화에 대한 다양한 학설들을 살펴봅시다. 여기서 우리는 두 종류의 선조들을 구별합니다. 여러분들은 신지학 연구로부터 나오는 선조에 익숙할 것입니다. 마치 레무리안 시기처럼 이전 세대들을 통해 거쳐온 다른 형태의 인간들에 대해 말하는 신지학 연구 말입니다. 이는 영학에 의해 밝혀졌습니다. 그러한 가르침을 우리 자신의 것으로 만들 때 감각으로 지각한 모든 것이 얼마나 훌륭하게 이해되는지 살펴보았고, 이 가르침은 잎으로 더 많은 것들을 드러내 보일 것입니다.

그에 반해 이제 물질주의적 연구, 진화에 대한 물질주의적 학설, 소위 생물 발생학 법칙을 살펴보겠습니다. 그 이론에 의하면 인간은 발달 초기 단계에 동물 단계를 상기시키는 모든 형태를 거쳤고, 그로써 동물계 전체가 지니는 다양한 형태를 거쳐왔다고 말합니다. 이 학설이 팽배했을 때 실제로 인간은 배아로부터 동물의 형태를 거쳐왔다고 결론 내렸습니다. 실제로 선사시대 때 인간은 그런 형태에서부터 발전해왔기 때문에 그 자체로는 문제가 없습니다. 그러나 물질주의적 학설에서 볼 수 있는 것처럼, 다행히도 영학이 이 관점을 올바로 고쳐주기 전까지는 이 사실에 대한 신들의 예지력은 비밀에 부쳐져 있었습니다. 인간을 물리적인 차원에서 외적으로 지각할 수 있기 전까지는 인간의 발달은 관찰될 수 없었습니다. 그것은 신에 의해 감춰지고 관찰되지 않았는데, 그렇지 않았다면 사람들은 지금 그들이 주장하는 것보다 훨씬 더 제멋대로인 학설들을 주장했을 것입니다. 진실은 항상 존재하지만 진리를 말하는 감각들이 이를 지각할 수 없기 때문에 빈번하게 잘못 해석됩니다. 그러나 추론을 할 때는 오성혼의 힘이 활성화되고, 오성혼은 감각으로 감지할 수 없는 것에 다가가지 못합니다. 실제로는 그 진실은 사람들이 그로부터 추론하려는 것과 정확히 반대의 것을 증명했습니다. 여기, 외부 물질을 순전히 마음으로만 접근했을 때 판단의 힘이 실수의 바다에 빠지는 아주 인상적인 예시가 있습니다.

어떤 면에서 인간이 물고기를 닮았다고 볼 수 있을까요? 분명히 인간이 물고기였던 적은 절대 없습니다. 사실 인간은 물고기의 본성이 필요치 않아서 인간 존재에 들어서기 전에 그것을 버린 것입니다. 그것이 어떤 방식으로든 인간과 관련이 없었기 때문입니다. 인간은 모든 형태의 동물에 대해 이와 같은 일을 차례로 거쳤습니다. 왜냐하면 그것들이 자신의 본성이 아니었기 때문입니다. 만일 인간이 그러한 동물들의 형태들 중 하나의 모습으로 지구에 등장했다면 인간은 인간이 될 수 없었을 것입니다. 인간은 인간이 되기 위해 동물의 본성들을 버려야 했습니다. 인간이 배아일 때 물고기를 닮았었다는 사실 자체가 인간이 진화하는 과정에서 물고기나 다른 어떤 동물의 형태를 가진 적이 없다는 증거입니다. 다른 동물들의 형태는 부적절했기에 인간은 그 형태를 모두 버려버렸고, 따라서 그것들을 절대로 닮을 수 없습니다. 인간은 그러한 형태를 벗어버리고, 방출했습니다. 그것들은 인간이 절대로 닮을 수 없는 형상입니다. 배아 상태의 삶이 보여주는 모든 형태는 인간이 한번도 품지 않았던 형태를 보여줍니다. 그러므로 우리는 발생학을 통해 선사시대 인간이 절대로 보이지 않았던 모습이 무엇인지 정확히 알 수 있습니다. 인간은 자신이 버린 것으로부터 진화할 수 없습니다. 인간이 동물의 형태들을 거쳐왔다고 추론하는 것은 아버지가 아들로부터 태어났다고 말하는 것과 같습니다. 아버지는 아들의 후손이 될 수 없고 아들도 자신에게서 태어날 수 없지만, 분명한 건 아들은 아버지로부터 니왔다는 사실입니다.

이것이 인간 마음이 현실의 사실에 대해 끝까지 사고할 수 없다는 것을 완전히 증명하는 하나의 사례입니다. 이것은 진화의 순서를 정확하게 뒤집었습니다. 물론 이러한 먼 과거의 상들은 인간이 전혀 갖지 않는 모습을 보여주기 때문에 특별히 중요합니다. 하지만 그것은 다른 방법을 통해 더 쉽게 알 수 있는 것입니다. 말하자면 감각 세계에 열려 있으며 우리에게 숨겨져 있지 않은 영역을 통해서 알 수 있습니다. 그곳에는 물고기 혹은 그 밖의 모든 형태가 펼쳐져 있고, 일반적으로 사용하는 인간 관찰 방법으로 이들을 제대로 연구할 수 있습니다. 인류가 외부 대상을 감각으로 관찰하는 것에서 그치고 감각 지각으로 인해 숨겨진 것들로 자신의 마음을 채우려 하지 않았을 때, 인류는 잘못된 결론에 도달하는 것을 피할 수 있었습니다. 진리에 대한 타고난 감에 의해 올바르게 인도된 것입니다. 예를 들어, 사람들은 원숭이를 보면 일반적인 사람이라면 누구나 가지는 기묘한 느낌, 일종의 쑥스러움 같은 것을 체험합니다. 감정을 통해 표현된 이 판단은, 원숭이가 실제로 지체된 존재라는 것, 즉 인간 진화 과정의 저편에 버려진 것임을 뜻합니다. 이 감정은 잘못된 마음이 나중에 판단 내리는 것보다 진실에 더 가깝습니다. 왜냐하면 인간이 인간으로 거듭나기 위해서는 원숭이와 분리되어야만 했고, 원숭이는 인간 기류로부터 떨어져 나간 존재라는 깨달음이 있기 때문입니다. 우리의 실수하기 쉬운 마음은 이 사실을 접하는 순간, 이를 뒤집어놓습니다. 원숭이가 인간 진화의 기류로부터 제거되었다는 것을 알아차리는 대신, 원숭이가 인간 진화의 출발점이라는 결론을 내립니다.

바로 이렇게 오류가 생겨납니다. 감각을 통해 접근할 수 있는 외부 대상을 판단할 때 우리는 그것들이 영적 기류의 전달자를 통해 내면으로부터 만들어진 것이란 사실을 절대로 잊어서는 안 됩니다. 우리가 지각으로써 가장 잘 접근할 수 있는 인간의 어떤 부분을 관찰하고 있거나, 혹은 얼굴처럼 다른 사람에 대해 눈으로 볼 수 있는 부분을 관찰하고 있다고 가정해봅시다. 그 얼굴을 관찰할 때 우리는 그것이 밖으로부터 만들어졌다고 상상하면 안 됩니다. 그와는 반대로, 서로를 향해 흘러가는 두 개의 기류들, 즉 앞에서 뒤로 흐르는 감각체 기류와 뒤에서 앞으로 흐르는 감각혼 기류를 구분할 필요가 있다는 사실을 깨달아야 합니다. 우리가 감각을 통해 인간의 얼굴을 인식하는 한, 그 감각 인상은 진실입니다. 그것은 감각 지각에 의해 주어진 것으로 우리는 그 안에서 길을 잃지 않습니다. 그러나 여기에 인간의 마음이 끼어들면, 처음엔 잠재의식적이지만 나중에는 순식간에 길을 잃습니다.

마음은 인간 얼굴이 단순히 외부로부터 빚어진 어떤 것이라고 여기는데, 실제로는 얼굴은 감각혼의 전달자를 통해 내부로부터 만들어진 것입니다. 여러분이 보는 것은 실제 몸의 외부가 아닙니다. 그것은 감각혼의 바깥으로 드러난 이미지입니다.

인간 얼굴이 몸의 외부일 것이라 생각했던 여러분의 마음을 바로잡아 주십시오. 그러면 여러분은 얼굴이 혼의 이미지였다는 사실을 알게 될 것입니다. 얼굴은 감각혼이 밖으로 드러난 외부 이미지라는 얼굴의 참된 본성을 무시함으로써 근본적으로 틀린 해석이 생겨납니다. 오직 물리적 힘만을 토대로 인간 얼굴을 설명하려는 것은 모두 틀립니다. 그것은 혼 자체를 통해 설명해야만 하며, 보이지 않는 것을 통해 보이는 것이 설명돼야만 합니다. 여러분이 신지학에 더 깊이 파고들수록, 사고하는 법을 배울 수 있는 위대한 학교를 만나게 될 것입니다. 오늘날 모든 분야, 특히 과학을 지배하는 혼란스러운 생각은 삶을 올바르게 해석할 수 있는 신지학에서 쉼터를 찾지 못합니다. 현상을 올바르게 해석하는 이 능력은 연구 과정에 있어 개인적인 인지학의 영역에서 나아가 인류 전체를 위한 인지학의 영역으로 확장될 때 우리에게 크게 도움이 될 것입니다.

청각과 시각화 감각으로 다시 한 번 돌아가서, 이들 중에 어떤 감각이 인간 발달 과정에서 먼저 생겨났을지 자신에게 물어봅시다. 인간이 단어의 이해를 먼저 했을까요? 아니면 자신에게 주어진 개념을 지각하고 이해하는 것을 먼저 했을까요? 이 질문에 대한 답은 말하기를 배우고 나서야 생각을 인식하는 어린이를 관찰해보면 알 수 있습니다. 말은 사고 인식보다 앞섭니다. 왜냐하면 청각이 시각화 감각보다 앞서기 때문입니다. 어린이는 소리를 들을 수 있고 청각이 지각하는 것을 들을 수 있기 때문에 말할 수 있습니다. 말 자체는 처음에는 단순한 모방에 불과한데, 어린이는 시각화에 대한 개념을 갖기 훨씬 전부터 말을 모방합니다. 제일 먼저 청각이 발달하고, 그것에 의해 시각화 감각이 발달합니다. 청각은 음을 인식하는 수단일 뿐만 아니라 우리가 소리라고 부르는 것 또한 인식할 수 있도록 돕습니다.

그러면 인간 진화 과정에서 어떻게 인간은 소리를 지각하는 능력을 얻고, 또 그 결과로 인해 말을 하는 능력까지 얻을 수 있었는지가 질문으로 떠오릅니다. 인간은 어떻게 말을 부여받았을까요? 인간이 단순히 듣는 것만이 아니라 말하기를 배우고자 한다면, 외부에 대한 지각이 침투해야 할 뿐만 아니라 인간 내의 특정 기류가 뒤에서 앞으로 흐르는 감각혼 기류와 같은 방향으로 흘러가야만 했습니다. 동일한 방향으로 작용하는 무언가여야만 했습니다. 그것이 바로 말이 비롯된 방법이며, 이는 단어 자체가 가진 개념을 감지해낼 수 있는 감각을 의미하는 시각화 감각보다 먼저 나타나야만 했습니다. 인류는 먼저 소리를 입 밖에 내는 것을 배웠고 그 소리를 개념과 합치기 전까지 소리의 의식 안에서 살았습니다. 그들이 발화한 소리에 처음 스며들었던 것은 감성이었습니다.

이러한 발달은 이미 순환계가 전위된 다음에 일어났습니다. 그래서 동물들은 말하지 못하는 것이지요. 자아는 수직으로 배열된 혈관계의 위에서 아래로 작용하였습니다. 하지만 인간은 아직 시각화 감각을 갖고 있지 않았기에 결과적으로 시각화할 수 없었습니다. 인간은 자신의 자아 전달자를 통해 말을 획득할 수 없었고, 오히려 동물의 집단 자아와 비교할 수 있는 다른 자아로부터 말을 받았습니다. 이러한 관점에서 말은 신의 선물입니다. 말은 자아가 스스로 그것을 개발할 수 있기 전에 자아 속에 불어넣어졌습니다. 인간의 자아는 아직 말을 불러일으킬 원동력이 있는 기관을 갖지 못했지만, 집단 자아는 위에서 물체, 에테르체, 아스트랄체에 안으로 작용했습니다. 이것이 역기류와 만나면 그 지점에 일종의 소용돌이가 생겨났습니다. 후두의 중심을 따라 나 있는 직선은 말을 부여한 영에 의해 생긴 기류의 방향을 보여주며, 후두 자체는 두 기류의 만남으로 생겨난 둑으로, 물리적 결과를 의미합니다. 그것이 인간 후두가 기묘한 모양을 가진 이유입니다.

이처럼 인간이 말을 개발시키는 데는 집단혼의 영향이 있었습니다. 그런데 어떤 방식으로 그 집단혼은 지구에 작용하는 걸까요? 동물의 경우 집단혼의 기류는 척추를 통해 수평하게 흐르며, 그 기류의 힘은 끊임없이 움직입니다. 위에서 아래로 흐르는 그 힘의 기류는 옛 달기에 그랬던 것처럼 지구 주위를 끊임없이 돌고 있습니다. 그들은 한곳에 머물지 않고 지구 주위를 돌면서 수직 방향으로의 흐름을 유지합니다. 인류는 집단혼의 영향 아래서 말하기를 배웠기에, 한곳에 머물지 않고 옮겨 다녀야 했습니다. 그들은 집단혼을 향해서 이동해야 했습니다. 만일 그들이 한곳에 머물러 있었다면 결코 말하기를 배우지 못했을 것입니다.

그러면 말하기를 배우기 위해서 인간은 어떤 방향으로 이동해야 했을까요? 우리는 에테르체 기류가 오른쪽에서 왼쪽으로 흐른다는 것과 물체의 기류는 왼쪽에서 오른쪽으로 흐른다는 것을 알고 있습니다. 그리고 그것은 인간뿐만 아니라 지구에 대해서도 마찬가지입니다. 자, 그럼 인간에게 말을 준 집단혼은 어디 있을까요? 지구의 기묘한 발달을 다시 살펴봅시다. 인류는 신체 외부 구조가 이미 완성되었을 때 말을 하게 되었습니다. 그리고 먼저 후두는 지금의 후두와 전혀 닮지 않은 부드러운 물질에서 변화해야 했기 때문에 강력한 기류가 필요했습니다. 이는 지구에 특별한 조건을 필요로 했습니다. 우리가 동쪽을 향해 서 있다고 가정해봅시다. 물체의 형성과 관련이 있고 우리 안에서 왼쪽에서 오른쪽으로 흐르는 기류가 존재합니다. 그 기류는 인간 외부에도 존재하며, 지구가 만들어질 때도 존재했습니다. 이 강력한 기류는 북쪽에서 남쪽으로 흐르며 물리적인 고체 물질을 만들어냈습니다. 반면에 남쪽으로부터는 지구를 딱딱하게 만드는 경향이 적은 에테르 기류가 흘렀습니다. 이것이 지구의 비대칭성을 설명해줍니다. 북반구에는 위대한 대륙들이, 남반구에는 드넓은 대양이 있는 지구는 비대칭적 경향을 띕니다.

남쪽에서 온 기류는 인간의 오른쪽에서 왼쪽으로 작용하는 기류와 같은 성질을 지니고 작용하고, 뒤에서 앞으로의 기류는 바깥으로 흘러갔지만 앞에서 뒤로의 흐름은 감각체에서 유래하여 감각혼으로 흘러들어 갔습니다. 이 모든 것을 보면 우리는 인간이 말하는 능력을 얻기 위해 왜 내부에서 외부로 흐르는 기류가 필요했는지 이해할 수 있습니다. 그 기류는 인간 유기체 안에서 두 기류가 만나 상호작용할 수 있도록 집단혼의 기류를 만나야만 했습니다. 인간은 자신의 아스트랄 요소에 작용하는 기류를 향해 이동해야 했습니다. 그래서 인간은 북쪽으로도 남쪽으로도 갈 수 없었고, 결국 그들과 90도를 이루는 쪽으로 방향을 틀었습니다. 인간은 말을 획득하기 위해 지구의 위도를 따라 움직여야 했는데, 그것은 동쪽에서 서쪽으로의 이동이었습니다. 당시 인류는 고대 레무리아에 살고 있었는데, 그곳은 오늘날 아시아와 아프리카 사이의 바다가 있는 곳입니다. 거기서 인간은 말을 하는 능력을 얻기 위해, 인간에게 말을 불어넣어 줄 집단혼을 만나기 위해 옛 아틀란티스를 향해 서쪽으로 이주했습니다. 그곳에서 인류는 말하기를 위해 적절한 기관을 발달시켜야 했고, 그렇게 옛 아틀란티스 시기에 인류는 말하기를 배울 수 있었습니다.

다음 단계는 인간이 획득한 말하기를 통해 시각화 감각을 발달시키는 것이었는데, 이를 위해서는 같은 방향으로 계속 갈 수 없었습니다. 인류는 동일한 기류가 반대 방향으로부터 작용할 수 있는 방향으로 나아가야 했습니다. 여기서 잠시 지난 강의에서 다룬 소리와 시각화의 기원에 대해 언급한 내용을 상기해봅시다. 소리는 우리가 잠재의식적으로 선율을 화음으로 변환할 때, 기초음을 무시하고 화성에 의해 생긴 화음만을 정신적으로 들을 때 생겨난다고 말했습니다. 그리고 시각화는 이 화성의 화음마저 밀쳐버리고 무시할 때 생겨난다고 하였습니다. 따라서 시각화의 감각을 개발하려면 한편으로 우리가 구축한 것을 한편으로는 파괴해야만 합니다. 반대 방향을 향해 나아가야 합니다. 시각화의 개발을 원한다면, 말의 요소 한 가지는 억제될 것이고 화성은 밀려날 것입니다. 옛 아틀란티스인도 동쪽을 향해 이주해야 했습니다. 그렇게 함으로써 그들은 효과적으로 시각화 감각을 개발할 수 있었습니다. 그들이 서쪽으로 계속 갔다면 이는 불가능했을 것입니다. 잘못된 방향으로 이주하는 것은 미국 원주민들의 비극적인 운명이었습니다. 그들은 자신들의 땅을 지킬 수 없었고, 제대로 이주해온 사람들에게 양보했다가 나중에야 다시 돌아올 수 있었습니다.

이로써 많은 것들이 분명해집니다. 인간과 지구를 빚어낸 이 기류들의 비밀을 알면, 지구의 구조를, 대양과 대륙의 분포를, 그리고 인간의 이주에 대해 이해할 수 있게 됩니다. 우리는 인지학을 통해 세상을 투명하고 종합적으로 만나게 됩니다.

진화는 계속됩니다. 인류는 시각화에서 멈추지 않고 개념의 획득까지 나아갑니다. 이를 얻기 위해서 인류는 단순한 시각화에서 혼의 영역으로 상승해야 했습니다. 시각화 감각을 얻은 이후에 개념 감각이 개발되어야 했고, 그래서 인류는 또다시 다른 방향을 선택해야만 했습니다. 인류는 시각화의 삶을 얻기 위해서 동쪽으로 이주해야 했지만, 순수 개념을 얻기 위해서는 서쪽을 향해 가야만 했습니다. 인지학적 관점에서 네 번의 후기 아틀란티스 시기의 인류의 이주를 제시한다면, 당신은 인간의 전체 형성과 지구의 형성 과정에 작용하는 영적인 힘의 놀라운 상호작용을 보게 될 것입니다.

하지만 그것이 끝이 아닙니다. 우리는 위에서 아래로, 뒤에서 앞으로 등 여러 방향으로 흐르는 기류에 대해 다루었습니다. 하지만 어떤 의미에서는 이제 막다른 골목에 다다른 것처럼 보입니다. 그러나 영학은 시각화와 개념 형성 이상의 것들, 즉 상상력, 감화력, 직관력 감각을 지배하고 있는 고차적 힘들을 밝혀냅니다. 우리는 이 힘들이 대개 내부를 향해 흐르지만, 투시자들에게는 외부를 향해 흐른다는 것을 배웠습니다. 이 모든 기류도 작용할 수 있는 적절한 기관들이 개발되어야 합니다. 그러면 우리는 이렇게 묻습니다. 고차적 힘은 어떻게 그걸 하나요? 고차적 힘은 물리적 인간 안에서 어떻게 살며 작동하는 것일까요?

이 질문에 답하기 위해서 우리는 먼저 동물에게는 없고 인간에게만 있는 힘을 고려해봅니다. 그것은 기억에 관한 내면적 혼의 힘입니다. 동물의 기억은 과학자들의 순수한 상상력의 산물입니다. 동물은 기억이 없습니다. 동물은 단지 인간의 기억과 같은 원리로 설명되는 증상을 나타낼 뿐입니다. 인간의 기억을 만들어내기 위해서는 동물들의 주 자세가 수직으로 바뀌어 자아가 흘러들어 갈 수 있어야만 합니다. 동물들의 주 자세는 수평적이기 때문에 자아를 가질 수 없습니다. 하지만 특정 동물들은 몸의 앞부분이 인간과 같은 자세를 갖고 있어 비록 지능에 자아가 스며들어 있지는 않지만 지적인 행동이 가능합니다.

이것이 바로 광범위한 오해의 시작입니다. 동물이 기억과 유사한 능력을 보이고 지적인 모습을 보이는 것은, 존재 자체가 지적이지 않아도 지능으로 인도될 수 있다는 사실을 말해줄 뿐입니다. 기억과 유사한 현상이 동물계에서 발견될 수는 있지만, 그것이 기억 그 자체는 아닙니다.

기억 안에서 우리는 무언가 특별한 것을 봅니다. 시각화처럼 단순한 지적 사고에서 얻을 수 있는 것과는 아주 다른 무언가가 있습니다. 기억의 본질 안에는 우리가 지금까지 지니고 있는 시각화가 존재합니다. 그것은 지각 활동이 지난 뒤에도 여전히 남아 있습니다. 이전에 했던 일을 반복하는 것은 기억이 아닙니다. 그렇다면 어제 했던 일을 오늘도 정확히 해내는 시계도 기억이 있다고 말해야 할 겁니다. 기억이 생겨나기 위해서는 자아가 개념을 붙들어서 유지시켜야만 합니다.

자아가 그렇게 개념을 붙들려면 기억을 위한 기관이 만들어져야 하는데, 그것은 다음과 같이 이루어집니다. 자아는 본질적으로 특별한 기류를 만들어내고 이것을 자아 없이 이미 활동하고 있는 다양한 수평적 기류에 쏟아붓고 관통시킵니다. 자아는 이 기류들을 극복해야만 합니다. 외부에서 내부를 향한 어떤 기류가 나타나면, 자아는 자신 안에 역기류를 만들어낼 수 있어야만 합니다.

자아는 본래 위와 같이 행할 수 없다는 것을 말의 기원에 대해 다룰 때 배웠습니다. 그래서 집단 자아가 함께 작용해야만 합니다. 하지만 혼의 삶이 제대로 시작되어 시각화를 넘은 기억과 같은 고차의 능력이 개발될 때라면, 자아는 이미 그곳에 있는 다른 기류를 통과하는 새로운 기류를 독립적으로 활성화시켜야만 합니다. 자아는 이 과정을 분명히 인식하고 있습니다. 시각화를 포함한 감각들까지를 개발함에 있어서는 그러한 자아의 활동은 요구되지 않습니다. 그러나 더 고차적인 활동이 일어나야 할 때는 자아가 이미 기능하고 있는 기류에 역작용을 더해야만 합니다. 이것은 공간에서 서로 직각을 이루는 세 가지 기류에 네 번째 현상을 더하는 것으로 명백해집니다. 자아의 침투는 시간의 의식 속에서 감지되는데, 이것이 바로 기억이 시간적 개념과 연관되는 이유입니다. 우리는 시간을 공간적 방향으로 쫓지 않고 과거 속으로 쫓아갑니다. 과거로의 방향은 공간의 방향 속으로 침투합니다. 그것이 자아가 스스로 발전하면서 생겨나는 일입니다. 우리는 심지어 자아가 기억을 발달시킬 때 어떤 기류가 활동하기 시작하는지 영학을 통해 나타낼 수도 있습니다. 그것은 왼쪽에서 오른쪽으로 흐르며, 자아에 의해 습관이 생겨날 때도 기류는 왼쪽에서 오른쪽으로 흐릅니다. 자아는 자아 없이 형성된 반대편의 기류 속으로 침투합니다. 이는 혼의 고차적 활동은 항상 다음 하위 활동의 흐름과 반대 방향으로 흐르는 기류가 있다는 법칙의 예시가 됩니다.

자아와 내적 접촉을 하기 위해서 오성혼은 자아의 영역까지 발달해야 했습니다. 이제 우리는 의식혼으로 나아갑니다. 의식혼의 기류가 의식적으로 기능하면, 이는 아직 잠재의식적으로 기능할 수 있는 오성혼의 방향과 반대로 흐릅니다. 특정한 지구적 조건 아래서 다음과 같은 인류 진화에 대한 법칙이 증명될 수 있습니다. 읽기를 배우는 것은 지적 활동이지만 꼭 의식혼으로부터 생겨나야 하는 것은 아닙니다. 인간은 의식혼이 개발되기 전에도 읽기와 쓰기를 배우는 것에 대한 인상을 가지고 있었습니다. 오성혼을 통한 읽기는 그리스-라틴 (Greco-Latin) 시기에 시작되었습니다. 그러자 의식혼으로의 상승이 일어났고, 기류의 방향은 반대가 되었습니다. 산수는 의식혼으로만 함께 개발될 수 있었습니다. 유럽인들은 왼쪽에서 오른쪽으로 읽고 쓰지만, 계산할 때는 오른쪽에서 왼쪽으로 합니다. 이를 통해 오성혼의 기류와 의식혼의 기류가 어떻게 겹치는지 알 수 있고, 이에 대한 연구를 통해 유럽인들의 본성을 실제로 이해할 수 있게 됩니다.

그러나 다른 과제를 가진 다른 사람들도 있었습니다. 말하자면 그들은 선봉대였고, 그들의 과제는 문화적 발전을 미루던 유럽인들이 의식혼이 활성화될 때까지 진화하지 않은 지적 혼의 특징을 발전시키거나 최소한 준비하는 것이었습니다. 그들은 오른쪽에서 왼쪽으로 글씨를 쓰는 셈어를 사용하는 사람들이었습니다. 그들은 나중에 생겨난 의식혼의 시대를 앞서서 준비하던 사람들이었습니다.

이러한 고찰을 통해 우리는 지구의 모든 문화적 현상을 이해할 수 있게 됩니다. 우리는 다양한 언어의 문자 구조에 이르기까지 그러한 종류의 모든 것을 알도록 배울 것입니다. 사람들이 글을 위에서 아래로, 오른쪽에서 왼쪽으로, 혹은 왼쪽에서 오른쪽으로 쓰는 이유는 그 기저에 있는 영적 사실들을 이해해야만 알 수 있습니다. 인간 마음속 여명의 빛을 발견하고, 모호한 것을 분명하게 만드는 것이 바로 영학의 사명입니다.

혼적 삶의 요소들
1910년 11월 1일, 베를린

(강의에 앞서 괴테가 젊었을 때 쓴 시, 「방황하는 유대인」이 낭송되었다.)

작년 총회에서 여러분은 인지학에 대한 강의를 들었습니다. 올해 저는 유사한 관점에서 혼학(Psychosophy)[1]에 관한 일련의 강의를 할 것이며, 추후 세 번째 과정은 필연적으로 영학(Pneumatosophy)에 관한 강의가 될 것입니다. 이로써 3주기의 강의는 통합되어 우리가 사는 세 개의 세상을 잇는 다리가 될 것입니다. 그리고 이는 하나의 원이 되어 우리가 출발점으로 되돌아올 수 있도록 만들 것입니다.

혼학이란 물질세계부터 더욱 고차적인 세계까지 인간의 혼이 경험할 수 있는 것에 대해 다루는 학문입니다. 혼학은 물질세계 안에서 만나고 관찰해온 것들이 신지학의 빛이 감도는 고차적인 혼의 삶까지 이를 수 있음을 보여줍니다. 우리는 혼학 강의를 통해 다양한 사안을 고려해볼 것입니다. 아주 간단한 사실에서 시작하여 우리가 주의,

기억, 열정, 감정이라 부르는 혼의 현상들을 숙고하는 수준으로 올라가 볼 것입니다. 우리는 진실됨, 선함, 아름다움의 영역도 고려할 것입니다. 그런 다음 인간 삶에 이로운 혹은 해로운 영향을 미치는 현상을 살펴볼 것인데, 이는 질병의 실제 원인을 발생시켜 현재 혼의 삶에 개입하고 영향을 미치게 됩니다. 이를 통해 우리는 심리적 요소가 인간의 신체적 삶과 일상에 진입하는 지점을 관찰할 수 있습니다. 우리는 신체적 기쁨과 슬픔의 상호작용을 공부하고, 혼의 삶의 여러 형태를 공부할 것입니다. 이러한 관찰은 우리를 인간 사회의 높은 이상으로 이끌 것이며, 우리의 일상적 삶의 현상을 숙고하게 만들 것입니다. 예를 들면 시초에 사람들은 어떻게 시간을 때웠는지, 이것이 혼의 삶에 어떻게 영향을 주었는지, 그리고 이것이 여러 연속적 차원에서 어떻게 드러나는지를 살펴봅니다. 그다음 권태나 그 밖의 많은 것의 흥미로운 효과와 더불어 기억력 저하, 힘찬 사고력의 부족 등에 대한 치료법이 제시될 것입니다.

여러분이 혼의 삶을 자세히 알기 위해서는 인접한 영역들을 고려해야만 한다는 사실을 금세 알아챌 것입니다. 물론 신지학은 혼의 삶과 인간의 다른 영역들을 연결하는 정신적 상을 제공해왔습니다. 여러분은 인간의 본성을 몸, 혼, 영으로 구분하는 것이 익숙하기에, 이를 통해 혼의 삶은 한쪽으로는 몸의 삶과 맞닿아 있고 다른 한쪽으로는 영의 삶과 맞닿아 있다고 자연스럽게 추론할 수 있습니다. 이는 인지학에서 혼학으로 이어지는 길과 머지않은 미래에 혼학에서 영학으로 나아갈 길을 보여줍니다.

우리가 혼학을 인지학과 영학의 경계 안에서 공부하고자 한다면, 먼저 혼학이 무엇인지 알아야 합니다. 우리가 평상시에 외부 세계라고 부르는 모든 것, 혹은 동물, 식물, 광물, 구름, 강처럼 물리적 차원에서 우리가 만나고 주변에서 보는 것은 모두 아무리 인간의 인식 속에 상으로 존재한다 해도 혼의 삶에 포함되지 않습니다.

물질세계에서 만난 장미 한 송이는 우리 혼의 일부가 아닙니다. 하지만 장미가 우리에게 즐거움을 주거나 혼 안에서 만족감 같은 것을 자극하면, 그때 이는 우리의 혼과 관계를 맺게 됩니다. 어떤 한 사람을 만나서 그의 머릿결이나 그의 표정 등에 대해 개념을 형성하는 것은 혼의 기능이 아닙니다. 그러나 그 사람에게 관심을 갖기 시작하고 그를 좋아하거나 반감이 들기 시작한다면 그것은 혼의 경험입니다. 우리는 이와 같은 방식으로 혼을 성격화(characterize)해야 합니다.[2]

이제 조금 다른 영역으로 들어가 보겠습니다. 우리가 어떤 사람의 행동을 보고서 선하고 도덕적으로 훌륭한 느낌이 들었다고 해봅시다. 이러한 종류의 심리적 체험은 더 많은 것을 내포하고 있습니다. 여기서는 그 행위가 어떻게 시작되었는지 묻는 것이 아니고, 혹은 그 행위를 평가할 때 호불호의 느낌이 작용했는지를 묻는 것도 아닙니다. 우리는 여기서 지금까지 성격화한 내용을 초월하는 무언가를 발견합니다. 어떤 행동의 선악을 판단하는 순간, 더 고차적인 이해관계가 작용합니다. 우리가 어떤 행위가 선하다고 말할 때, 우리는 그 행동의 질이 우리의 판단(verdict)에 달려 있으면 안 된다는 것을 알고 있습니다. 어떤 행위의 선악을 말할 때 우리는 우리의 개인적 특성들을 이로부터 분리해야 합니다. 물론 우리는 판단을 내려야만 하지만, 그 판단은 우리 자신으로부터 독립적이어야 합니다. 바깥의 그 어떤 것도 어떤 행위가 선하다고 말해줄 수 없으며, 우리는 우리의 좋고 싫음에 영향받지 않으면서 내면으로부터 판단을 이끌어내야만 합니다. 내적 마음의 틀과는 별개로 의미를 지니는 이러한 내적 경험은 우리가 판단을 거치는지 아닌지가 중요하지 않습니다. 왜냐하면 이때 인간 혼에 영이 작용하기 때문입니다. 이로써 우리는 외부 세계의 세 가지 경우를 정확하게 검토하면서 혼과 외부 세계와의 관계를 성격화해보았습니다.

요약하자면, 먼저 우리는 외부 세계와 관련된 무언가를 관찰합니다: 장미. 다음으로 우리는 그것과 연관된 무언가를 경험합니다: 즐거움. 세 번째로 우리 안에서 우리와는 독립적인 무언가가 일어납니다: 선악의 판단. 외부 세계는 몸을 통해 자신을 혼에 드러냅니다. 혼의 체험은 온전히 우리 내면에서 일어나며, 영은 혼 안에서 자신을 천명합니다. 혼은 언제나 내면의 사실 속에서 피고 진다는 사실을 굳게 명심해야 합니다.

이제 우리 내면에서 혼의 삶의 특성을 의식으로 전달하는 무언가를 찾아야 합니다. 지금까지는 외부로부터 규정된 혼의 삶에 대해 논의했습니다. 이제 우리는 주변 것들에 개의치 않고 순수한 혼의 본질이 무엇인지 개념으로 분명하게 표현하면서 혼을 내면으로부터 성격화할 것입니다. 우리는 물리적 세계의 일부인 혼의 본성에 대해 상을 가져야만 합니다.

순수한 혼, 그리고 순수한 심리적 체험의 기본 특성은 두 가지 방식으로 묘사할 수 있습니다. 세속적인 측면을 고려하고 혼의 테두리 안에서 일어나는 혼의 삶의 내적 현상들을 고려하여 정확하게 말하자면, 오로지 인간의 순수한 혼적 경험에만 적용할 수 있는 두 가지 개념이 존재합니다. 내적 동요와 같은 혼의 삶의 내적 현상들은 혼의 경계를 분명히 나타내고 경계의 속성을 보여줍니다. 그래서 다음 과제는 혼의 삶의 내적 현상을 성격화하는 것인데, 이는 앞서 말씀드린 것처럼 두 가지 방식으로 달성할 수 있습니다. 오늘 강의에서는 개념을 모으는 일을 할 터인데 걱정은 마십시오. 이 일은 우리에게 밀접하게 영향을 미치는 현상을 이해하는 데 큰 도움을 줄 것입니다. 건강한 일이든 병든 일이든 간에, 혼의 삶에 대해 굉장히 진귀한 힌트를 수집하는 일이 될 것입니다.

순수한 혼의 작용을 성격화할 수 있는 개념 중 하나는 추론(reasoning)입니다. 추론은 혼의 활동 중 하나로, 추론 이외의 심리적 경험은 모두 호불호(love and hate)의 내적 체험으로 요약할 수 있습니다.[3]

제대로 이해했다면 추론과 호불호라는 두 개념은 내면적 혼의 삶의 전부를 구성한다는 사실을 알 수 있습니다. 그 밖의 것은 몸을 통해 외부로부터 얻어지거나, 영을 통해 내부에서 생겨납니다. 우리는 두 가지 심리적 활동에 대한 세심한 연구가 얼마나 유익한지 알게 될 것입니다. 그러면 순수한 혼의 활동의 기저에는 추론과 호불호라는 두 개념만이 남고, 혼과 관련된 모든 것은 이 둘의 작용 중 하나에 속하게 됩니다. 한쪽에는 추론이, 다른 한쪽에는 호불호가 존재합니다. 이들이 바로 혼과 전적으로 관계를 맺고서 혼의 삶을 이끄는 힘입니다.

우리가 이 두 가지 기본적인 힘을 제대로 이해하고자 하면, 우선 혼의 삶 안에서 추론의 중요성을 분명하게 시각화하고, 그다음 호불호에 의해 펼쳐지는 혼의 삶이 어떤 역할을 하고 있는지 마땅히 알아보아야 합니다. 제가 추론이라고 할 때 이는 논리의 관점에서 말하는 것이 아니라, 내적 혼을 구성하는 활동으로서 추론을 뜻합니다. 판단이 아닌 추론 활동을 말합니다.

만일 여러분이 그 장미가 빨갛다고 인정했다면 여러분은 추론한 것입니다. 즉, 추론 활동이 수반되었습니다. 만일 여러분이 내적인 힘에 의해 "그 장미는 빨갛고, 저 사람은 선하고, 시스티나 성모상이 아름답고, 저 첨탑은 높다."라고 말할 수밖에 없다면, 여러분은 우리가 추론이라고 부르는 내면적 혼의 활동을 하고 있는 것입니다.

그렇다면 호불호는 어떻습니까? 조금만 숙고해보면 우리의 혼은 다양한 외부 현상에 의해 건드려지지 않고는 외부 세계를 그냥 지나칠 수 없다는 사실을 알 수 있습니다. 풍경을 보며 지나가다가 구름이 걸린 산봉우리를 보게 되면, 여러분의 혼은 기쁨을 느낍니다. 이 예시는 여러분이 풍경을 통해 경험하는 것에 호감(love)을 느낀다는 것을 시사합니다. 경험을 통해 느끼는 모든 기쁨 혹은 공포는 호 또는 불호의 체험입니다. 만일 호불호의 체험이 여러 혼의 경험 속에 감춰져 있다면, 그 이유는 단지 호와 불호가 온종일 쉬지 않고 우리와 함께하기 때문입니다. 어떤 사람이 악행을 저지르는 것을 보고 혐오감을 느꼈다면 여러분은 불호의 숨겨진 체험을 한 것이고, 그것은 악취가 나는 꽃으로부터 고개를 돌리는 것과 완벽히 같은 이치입니다. 호불호는 추론과 마찬가지로 우리와 늘 함께합니다.

이제 추론에 수반되는 중요한 것들을 관찰해보면 내적 혼의 현상을 더 잘 이해할 수 있습니다. 모든 추론 활동은 혼의 삶에 영향을 주고, 이는 혼의 삶의 핵심이 됩니다. 여러분은 "그 장미는 빨갛다.", "저 사람은 선하다."라는 식의 판단을 내림으로써 여러분의 혼 안에 하나의 결과를 간직합니다. 판단을 하고 나면 "빨간 장미", "좋은 사람"과 같은 개념이 추론됩니다. "그 장미는 빨갛다."라는 판단이 "빨간 장미"라는 개념으로 변환되었습니다. 혼을 갖고 태어난 존재인 여러분은 그 개념과 함께 살아갑니다. 모든 판단은 개념들의 융합(confluence)입니다. 이때 한편에는 장미가, 또 다른 한편에는 빨강이 있습니다. 이들은 서로를 향해 흘러가서 여러분이 이후에 혼 속에 지니고 다니게 될 "빨간 장미"라는 개념으로 합쳐집니다.

이러한 설명이 딱딱하게 들릴 수도 있겠지만, 이는 혼의 삶을 이해하는 데 필수적인 내용입니다. 판단이 모여 심상(visualization)을 이룬다는 사실을 알지 못하면 혼의 삶도, 혼의 삶과 고차 영역과의 관계도 분명하게 이해할 수 없습니다.

한편으로 호불호 경험에 대해서는 그들이 어떻게 모이는가를 묻기보다 그들이 어디에서 생겨나는지를 묻는 것이 중요합니다. 추론의 경우, 중요한 것은 추론이 어디를 향하는지 묻는 것입니다. 그리고 그 답은 "개념을 향하여"입니다. 하지만 호불호 경험에 있어서는 그들이 어디에서 비롯되었는지에 대해 질문을 던지게 됩니다. 우리는 항상 혼의 경험 그 자체가 호불호 느낌을 불러오는 것을 보기도 하고, 또 다른 영역으로부터 온 자극이 혼의 삶 속으로 침투하는 것을 보기도 합니다. 호불호 경험은 모두 기원을 찾아 거슬러 올라가다 보면, 우리가 혼의 삶 속에서 욕망(desire)이라 부르는 것을 만나게 됩니다. 또 다른 방향에서 바라보면 호불호 경험이 혼에서 드러날 때, 우리는 혼의 삶에 항상 욕망이 흘러들어 온다는 것을 발견할 수 있습니다. 한편으로는 욕망이 호불호를 느낌으로써 자신을 드러내며 흐릅니다. 그리고 다른 한편으로는 추론이 심상으로 이어집니다.

욕망은 내적 혼의 삶에서 자연스럽게 발생하므로 쉽게 인식할 수 있습니다. 욕망의 외부 원인은 전혀 모를 수 있지만, 욕망이 여러분의 내적 혼의 삶에 나타난다는 사실은 알 수 있습니다. 그리고 이때 호불호 느낌이 예외 없이 생겨난다는 사실도 알 수 있습니다. 이처럼 여러분은 "그 장미는 빨갛다."라는 판단이 혼에서 생겨난다는 것을 깨닫습니다. 그러나 이 판단이 모여 심상에 이르면, 이는 반드시 외적 타당성을 가져야 합니다. 추론은 혼 안에서 일어나고 내면적 삶을 통해 생겨납니다. 우리는 그것을 이렇게 말할 수 있습니다: 본래 욕망은 오늘날 우리가 알 수 없는 이유로 인해 자신을 혼 안에서 드러내고 호불호 느낌 안에서 자신을 표현합니다. 그러나 또한 알 수 없는 이유로 혼은 자기 존재의 원천으로부터 판단을 허용하고, 정해진 방식대로 판단이 내려졌다면 이때 심상이 외부 세계에 대해 타당해집니다.

제가 아주 기본적인 혼의 삶의 개념에 대해 매우 장황하게 설명하는 것이 이상하게 보일 것입니다. 여러분은 '이 부분은 더 빨리 건너뛸 수 있지 않나?'라고 생각할지 모릅니다. 사실 그럴 수도 있습니다. 하지만 이 개념 간의 관계는 과학 분야에서 대부분 무시되고 있으며, 그들은 계속해서 실수를 저지르고 있습니다. 제가 오늘날 흔히 볼 수 있는 주요한 실수 하나를 말씀드리겠습니다. 이 실수에 책임이 있는 자들은 지대한 영향을 미치는 결론을 내리고 잘못된 개념 안에 말려들어 꼼짝도 하지 못하고 있습니다. 그들은 완전히 잘못된 명제에서 출발했습니다. 여러분은 많은 생리학 서적에서 손이나 발을 들어 올릴 때 두 종류의 신경이 관여한다고 설명하는 것을 볼 수 있을 것입니다. 감각 기관으로부터 나와 뇌나 척추로 들어가서 뇌로 메시지를 전달하는 감각 신경 혹은 지각 신경이 있고, 또 이와는 대조되는 운동 신경이 있다고 말합니다. 이 학설에 의하면, 어떤 사물을 보았을 때 먼저 감각 기관의 메시지가 뇌로 보내지면 주어진 자극이 근육으로 이어지는 신경을 통해 나오는데, 그 뒤에 도달한 자극이 운동을 일으킨다고 설명합니다. 그러나 영-과학에 의하면 그것은 틀렸습니다. 사실 운동 신경이라고 불리는 것은 물리적 단위로 존재하지만 그 자체가 운동을 일으키지는 못합니다. 운동 신경은 단지 우리가 스스로의 움직임을 감지하고 확인할 수 있게 하고, 움직임을 의식하게 할 뿐입니다. 감각 신경은 시신경처럼 외부 사건을 감지할 수 있게 해주는 것입니다. 그래서 손으로 이어지는 근육 신경 또한 감각 신경이며, 감각 신경은 우리 손의 움직임을 놓치지 않고 따라가는 기능을 합니다. 이 잘못된 과학적 사고의 사례는 모든 생리학과 심리학을 병들게 한 중요한 실수입니다.

우리의 과제는 추론과 호불호라는 혼의 두 가지 요소의 역할을 분명하게 이해하는 것입니다. 혼의 삶 전체가 이 두 요소의 다양한 조합으로 펼쳐지기에, 추론과 호불호는 거대한 역할을 맡고 있습니다. 그러나 경계를 넘어 끊임없이 들어오는 외부의 힘을 허용하지 않는다면, 우리는 혼의 삶의 의미를 잘못 해석하게 됩니다. 대부분의 혼의 삶이 형성되는 일상생활에서 언제나 만나게 되는 한 가지 예는 감각 경험에 관한 것입니다. 감각 경험이란 귀, 눈, 혀, 코 등에 의해 생기는 다양한 경험을 말합니다. 우리는 감각 기관을 통해 경험하는 것을 우리의 혼 안으로 가져오며, 그들은 혼 안에서 살아갑니다. 이를 염두에 두면 우리는 혼이 실제로 감각 기관의 경계에까지 다다를 수 있다고 말할 수 있습니다. 우리는 혼의 삶의 경계에 보초들을 세워두었고, 우리는 보초들이 외부 세계에 대해 보고한 바를 혼의 삶으로 받아들이고 더 깊이 가져갑니다.

우리는 이제 혼의 영역에서 감각 기관을 통해 경험한 인상에 대해 알아볼 것입니다. 귀를 통해 음으로 경험하고, 눈을 통해 색으로 경험하고, 코를 통해 냄새로 경험하여 혼의 삶에 드러나는 것은 무엇일까요? 감각 경험에 대한 연구는 대개 한쪽으로 치우친 경향이 있습니다. 현대 과학은 혼의 삶 경계에서 일어나는 두 가지 요소로 구성된 일련의 과정을 진실되게 받아들이지 못했습니다. 한 가지 요소는 지각(perception)으로 외부 세계에 대한 즉각적인 경험을 말합니다. 여러분은 음, 색, 냄새 등을 지니게 되는데, 이는 그것들에 대한 인상(impression)을 뜻하고 여러분이 외부 자극과 접하고 있을 때만 경험됩니다. 인상이란, 내적과 외적 요소들의 상호작용이며, 돌아서는 순간, 눈을 감는 순간, 멈추는 것입니다.

이 사실로 무엇을 알 수 있나요? 여러분이 즉각적으로 지각한 것에 대해 숙고할 때, 나중에 음이나 색 등의 정보를 알게 된다는 사실을 함께 고려해봅시다. 이는 외부 세계로부터의 경험이 멈췄는데도 불구하고 여러분이 그 경험 안의 무언가를 유지한다는 것을 증명합니다. 이것이 무엇을 뜻할까요? 그 무언가가 여러분의 혼으로 완전히 들어왔다는 것을 의미합니다. 혼의 삶의 일부가 된 그것은 여러분이 항상 지니고 다니게 되므로, 필연적으로 어떤 과정을 거치게 됩니다. 만일 그것이 외부 세계의 일부라면 여러분은 그것을 가지고 다닐 수 없을 것입니다. 여러분이 색의 인상을 계속해서 가지고 있을 수 있는 것은, 즉 색 인상의 지각을 지닐 수 있는 이유는 이것이 여러분 혼 안에 남겨졌기 때문입니다.

일반적인 감각 지각, 우리 혼 안에 계속 지니게 되는 것, 그리고 우리가 외부 세계에서 분리한 것을 서로 구별할 수 있어야 합니다. 여러분이 사물로부터 가져오는 경험을 지각이라 부르고, 여러분의 혼 안에 계속 가져가는 것을 느낌(sensation)이라 부르겠습니다. 그리고 후속 설명을 위한 기초로서 말씀드리자면, 감각 지각과 느낌으로 남는 것 사이에 분명한 구분이 있다는 것을 염두에 두길 바랍니다. 여러분이 돌아서는 순간 색에 대한 지각은 멈추지만 느낌은 남습니다. 일반적으로 이렇게 정교하게 구분할 필요는 없지만, 이번 네 번의 혼학 강의에서는 그래야만 합니다.

그렇게 우리는 혼 안에 느낌을 지닌 채 계속해서 길을 나아갑니다. 외부 대상으로부터 얻어진 이 느낌은 우리가 독립적 요소라고 칭했던 추론이나 호불호에 반한다고 할 수 있습니다. 그러면 느낌은 혼의 삶의 또 다른 요소가 될 수 있을까요? 만약 그렇다면 저는 내적 경험을 구성하는 무언가를 명명하기를 생략하는 실수를 저지른 셈인데, 그것은 이름하여 감성(sentience)입니다. 하지만 실상은 그렇지는 않습니다. 감성은 혼의 삶 안에서 독립된 요소가 아닙니다.

여러분이 빨간색을 감지했다면, 그 빨간색은 내적 혼의 체험이 아닙니다. 이는 그저 사물이 빨간색이기 때문입니다. 만일 "빨강"이 내적 혼의 체험이라면, 빨간색을 인지하는 색 인지 체계는 여러분에게 아무것도 알려주지 않을 것입니다. "빨강"이라는 성질은 여러분의 혼에서 비롯되지 않았습니다. 여러분이 빨강으로부터 무언가를 가져가기 위해 한 행동이 바로 혼에서 일어난 일입니다. 장미를 마주하여 여러분이 한 일, 그것이 바로 내적인 혼의 삶인 것입니다. 이와 같은 일상적인 내적 혼의 활동은 제가 앞서 언급한 두 가지 혼의 요소의 융합일 뿐입니다.

하지만 우리는 다음과 같은 사실을 고려해야 합니다. 제가 두 가지 요소에 대해 말씀드렸던 것, 즉 호불호는 욕망에서 비롯되고, 추론은 심상으로 이어진다는 것이 사실이라면, 감성이라고 성격화된 것도 감각 경험처럼 이 두 가지 요소와 연관되어 있을 것입니다. 감각 경험은 호불호와 추론을 반드시 동반합니다. 색의 감각 경험을 상상해보면서 어떤 일이 일어나는지 유심히 살펴보시길 바랍니다.

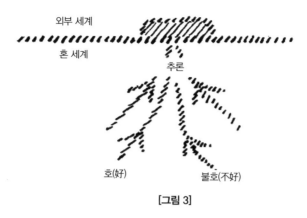

외부 세계

혼 세계

추론

호(好)　　　　불호(不好)

[그림 3]

욕망과 추론이 외부 세계의 경계를 향해 흐르고, 물질적 대상에 대한 심상이 됩니다.

두꺼운 선을 중심으로 위에는 외부 세계가 있고, 아래는 혼의 세계가 있습니다. 선이 경계가 됩니다. 경계에서 어떤 대상은 감각 기관을 토대로 인상을 만들어내고, 체험을 유도합니다. 예를 들어, 색의 경우이 체험은 호불호의 결과이자 혼에서 추론을 통해 심상으로 드러납니다. 이들 이외에는 어떤 것도 혼으로부터 흘러나올 수 없습니다.

하지만 욕망과 추론의 다양한 종류를 구별할 줄 아는 것은 중요합니다. 예를 들어, 여러분이 기차를 기다리는 동안 공상을 하고 있는데, 불편한 과거 기억이 혼의 삶에서 심상으로 떠올랐다고 가정해봅시다. 그리고 또 다른 나쁜 기억이 계속해서 꼬리를 물고 나타나서 그 경험으로 인한 모든 나쁜 기억이 심상에 떠올랐다고 해봅시다. 그러면 여러분은 어떻게 그 괴로운 사건에 대한 두 심상이 결합하여 더 강렬한 심상을 만들어내는지 느낄 수 있을 것입니다. 이 과정은 어떤 것도 외부 세계에서 일어나지 않았습니다. 어떤 판단이 내려졌고, 이는 온전히 심리적 경험 안에 남게 되었습니다. 그럼에도 불구하고 호불호 경험은 혼의 삶에 나타나고, 이들은 심상과 하나가 됩니다. 여러분이 공상하는 동안 여러분의 주변 환경은 아무것도 보여줄 필요가 없고, 주변에서 일어나는 일도 이와 아무 상관이 없습니다. 하지만 어떤 일이 일어나기는 합니다. 심상은 외부의 자극 없이 오직 호불호와 추론을 통해서 생깁니다.

이것이 감각 경험을 대면하는 것과 아주 다른 점입니다. 판단이 서고 호불호를 불러일으키는 것 같은 내적 행위를 하면, 우리는 혼의 바다에 남겨집니다. 반면에 감각 경험이 일어나면 우리는 외부 세계와의 경계로 나아가게 되는데, 바로 그곳에서 외부 세계에 의해 혼의 삶의 기류가 막히게 됩니다.

감각 경험이 일어날 때마다 우리는 외부 세계로 인해 가로막힙니다. 욕망, 호불호가 경계를 향해 나아가고, 판단의 힘도 이와 함께 흘러갑니다. 그리고 이 둘은 모두 경계에서 막히게 됩니다. 그 결과로 추론과 욕망이 감지됩니다. 추론과 욕망은 경계에 있지만, 혼은 이를 지각하지 못합니다. 혼은 경계를 향해 흘러가다가 멈춰지는데, 이때 감정(sense sensation, 感情)이 생겨납니다. 이 감정은 다른 게 아니라, 그저 호불호, 그리고 추론이 외부로부터 차단되고 고정된 채로 무의식에 남은 것입니다.

우리는 다음과 같이 말할 수 있습니다: 호불호와 추론은 혼의 바다에서 밀물과 썰물이라 말할 수 있습니다. 이 밀물과 썰물은 다양한 방법으로 자신을 드러냅니다. 혼 안에서 어떤 판단이 일어날 때, 혼은 추론 활동을 심상으로써 의식합니다. 혼이 이 활동을 외부 세계를 항해 보내면, 이는 경계에서 멈추고 외부 세계를 지각합니다. 이를 지각(perception)이라 합니다. 만약 혼이 이 활동을 외부 세계로 보낸 뒤 경계에 닿기 전에 멈춘다면, 감정(sensation)이 일어납니다. 느낌이란 혼의 삶 안에서 욕망과 추론이 융합된 것입니다.

혼의 삶이 일반적으로 무엇으로 이루어져 있는지 고민해보면, 이는 실제로 우리가 감각 경험으로부터 얻어서 지니게 된 것들로 이루어져 있다는 사실을 발견하게 됩니다. 약간만 성찰해보면 수긍할 수 있을 것입니다. 만일 여러분이 자신에 대해 좀 더 고차적으로 시각화하고 싶다면, 여러분의 내적 혼이 감각과는 상관없는 것을 실체화하고, 이를 그림으로 상상해보고, 이를 색이나 음의 느낌이 거의 없는 옷으로 만들어 입었다고 상상할 때 굉장한 도움이 될 것입니다. 말은 혼이 더 고차적인 것들을 표현하고자 하고, 이로써 그들을 감각 느낌으로 상징화하려는 욕구가 매우 크다는 것을 보여줍니다. 보통 상징은 어디에서나 쓰이고 있지만, 정작 사람들은 말에 대한 이 사실을 조금도 눈치채지 못하고 있습니다. 왜냐하면 상징 속 유사성이 어슴푸레하고 흐릿하기 때문입니다.

잠시 상징의 도움 없이 어떤 것을 떠올려 보시길 바랍니다. 예를 들어, 색 또는 어떠한 감각 느낌도 없이 삼각형 하나를 상상해보세요. 일단 해보면 상징이 없는 삼각형을 심상에 떠올리는 것, 즉 감각적 상과 연결하지 않은 채 심상에 떠올리는 것이 얼마나 어려운지 알게 될 것입니다. 대부분은 이를 해내지 못합니다. 상징은 고차적인 시각화가 일어날 가능성을 제공합니다. 언어조차 상징의 도움을 받고 있습니다. 우리가 얼마나 매 순간 말을 상징화하도록 강요받고 있는지 관찰해보십시오. 제가 삼각형을 심상화할 때 상징은 연결되어야(verknüpft) 한다고 말했습니다. knüpfen 말입니다! 이 얼마나 거친 개념입니까. [역자 주: Knüpfen은 문자그대로 함께 묶는다라는 뜻이다.] 단어조차 상징이 만연함을 보여주기에, 우리는 혼의 삶이 느낌의 산물로 얼마나 많이 구성되어 있는지 알 수 있습니다.

여기에, 계속 내적 혼의 경험으로 발생하여 외부 감각 경험과 연결지을 수밖에 없는데도, 외부 감각 경험으로 바로 분류되지 못하는 개념이 하나 있습니다. 이것이 바로 자아의 개념입니다.[4] 만일 우리가 순수하게 심리적인 상태의 일을 겪는다면, 우리는 인간이 대부분 감각 느낌의 세상 속에서 살고 있다고 말할 수밖에 없을 것입니다. 이와 같은 세상에서 자아의 개념은 불쑥 나타났다가 사라지곤 합니다. 그러나 이러한 자아가 항상 개념으로만 존재하는 것은 아닙니다. 자아 개념이 지속해서 혹은 장기적으로 존재한다고 가정하는 것은 바보 같은 일입니다. 여러분이 자신에게 끊임없이 "나, 나, 나…!"를 시각화하라고 말하는 것을 상상해보세요. 여러분은 그렇게 하지 못합니다. 대신에 여러분은 빨간색, 파란색, 음정, 큰 것, 작은 것 등의 개념을 떠올렸을 것입니다. 그럼에도 불구하고 여러분은 자아 안에서 심상이 일어나고, 감각 경험이 일어날 때마다 그 자아가 관여한다는 것을 알고 있습니다. 어떤 의미에서는 우리가 혼의 경험이라고 부르는 것이 자아 경험이기도 한 것입니다. 여러분은 욕망이나 추론 같은 혼의 경험이 항상 자아에 의해 가로막힌다는 것을 알고 있습니다. 그러나 아무리 외부 세계에 의해 심상이 활성화된다고 해도, 자아 개념은 절대로 외부 세계만으로는 창조될 수 없습니다. 자아 개념은 외부로부터 들어오지 않습니다. 자아 느낌과 자아 개념이 언제나 외부에서 시작되는 감각 개념을 동반하는 것은 사실입니다. 그러나 그렇다고 해서 자아 개념이 외부에서 발생하는 것은 아닙니다. 자아 개념은 혼의 바다에서 떠오르며, 심상으로 나타나 다른 심상들과 만납니다.

혼의 바다에서 다른 감각 경험들도 떠오르지만, 이는 오로지 외부 요인이 존재할 때만 그렇습니다. 이는 자아 느낌과 감각 지각의 결과로 발생하는 느낌 간의 거의 유일한 차이일 것입니다. 이로써 우리는 중요한 현상 하나를 마주하게 됩니다. 우리의 혼의 삶이 이어지는 가운데, 한 개념이 외부로부터 온 다른 개념들과 합쳐지는 일이 일어납니다. 이를 어떻게 설명해야 할까요?

　현대의 철학자와 심리학자 중에는 심지어 인지학계에 속하지 않더라도 이러한 지아 개념의 중요성을 강조하는 학자들이 있습니다. 하지만 희한하게도 이 심리학자들은 아무리 좋은 의도를 가졌더라도 결국 도가 지나쳐 목표물을 넘어가고 맙니다. 프랑스 철학자 베르그송은 자아 개념의 중요성과 독특한 성격을 강조했습니다. 이로부터 철학자들은 자아 개념의 영속성 혹은 이것이 적어도 무언가 영속적인 것을 암시한다고 추론하고, 다음과 같이 견해를 입증합니다. 자아는 다른 모든 감각 경험이나 혼의 경험과는 다른데, 말하자면 자아는 '에르고(ergo)'라는 참된 형태를 부여하면서 다른 경험과 개념에 관여합니다. 그래서 자아 개념은 영속적인 본성을 가질 수밖에 없습니다.

　그러나 여기에는 아주 중대한 오류가 존재합니다. 베르그송의 주장에 반론을 제기하면 그의 추론이 굉장히 치명적인 결함이 있다는 것이 밝혀집니다. 자아 개념이 혼으로만 구성된 어떤 것을 만들어냈다고 가정해봅시다. 그러면 밤에 잠을 자는 동안 어떤 일이 생기는지 필연적으로 묻게 될 것입니다. 물론 자아 개념은 자는 동안에는 완전히 멈춥니다.

　자아가 심상에 관여하는 것과 관련된 모든 개념은 오직 깨어 있을 때만 적용됩니다. 그들은 매일 아침 새롭게 나타날 뿐입니다. 만약 자아 개념이 자아의 영속성과 관련된 것을 입증할 수 있다면, 자아 개념이 잠자는 동안에도 유지되어야 합니다. 밤에는 자아 개념이 부재한다는 사실로부터 사후에도 자아 개념이 꼭 존재할 필요는 없다는 것을 알 수 있습니다. 따라서 자아의 영속성과 불멸성에 대한 증거는 존재하지 않습니다. 자아가 매일 사라지기 때문에 부족할 수는 있겠지만요.

그러니 한편으로는 외부의 자극 없이 자아 개념이 존재한다는 사실이 중요하다는 점을 염두에 두고, 다른 한편으로는 자아 개념은 잠자는 동안 사라져 버리므로 자아 개념의 존재가 자아의 영속성을 증명하는 것은 아니라는 것도 염두에 두어야 합니다. 이로써 오늘 우리는 하나의 추론에 이르렀고, 앞으로 이를 발전시켜나갈 것입니다.

지금까지 우리는 출렁이는 혼의 바다에서 떠오르는 두 가지 요소를 만났습니다. 그것은 심상으로 이어지는 추론 활동, 그리고 욕망으로부터 발생하는 호불호입니다. 혼의 삶의 경계에서는 우리가 의식하지 못하는 수준에서 욕망과 추론의 융합이 일어납니다. 자아 개념은 외부의 자극 없이 생겨나지만, 혼의 삶 속의 다른 심상과 운명을 공유합니다. 음정, 색채 등이 오고 가듯, 자아 개념도 나타났다가 사라집니다.

다음 강의에서는 혼의 중심인 자아 개념과 혼 삶의 느낌, 욕망, 추론, 호불호와 같은 다른 개념 간의 관계를 검토해보겠습니다.

인간 혼적 힘들의 작용과 상호작용
1910년 11월 2일, 베를린

어제 우리는 물결처럼 밀려오는 혼의 삶이 추론과 호불호 내적 경험으로 요약된다는 사실을 분명히 했고, 이로써 혼학적인 관찰을 마무리했습니다. 그리고 우리는 혼이 우리에게 제공하는 느낌(sensation)에 대해, 마치 끊임없이 오르내리는 바다의 파도같이 혼을 채우는 이 느낌에 대해 논하였습니다. 끝으로 우리는 쉬지 않는 혼의 바다 안에서, 외부 세계로부터 겪는 일상 경험들과는 극명하게 다른 어떤 느낌하나를 보았습니다. 우리는 외부 세계와 접해 있을 때 우리의 느낌을 경험하고, 이는 우리와 살아갈 수 있도록 우리 안에서 변형됩니다. 감각이 보낸 메시지로 시작된 이 과정을 통해 어떤 지각은 다른 모든 지각과 완전히 다른 모습을 갖게 됩니다. 다른 지각은 외부 감각 자극에 의해 생겨나고, 이후 안에서 작업을 좀 더 거쳐 느낌이 됩니다. 그들은 지각으로 시작하여 지각 안에서 느낌이 되고, 결국에는 우리 안에 남아 있는 느낌 속에 살아갑니다. 그러나 자아 지각은 완전히 다른 문제입니다. 자아 지각은 앞선 것과는 다른 활동 중에 생겨납니다. 자아 지각은 외부로부터 발생할 수 없기에, 이는 어디에나 존재하며 다른 모든 느낌과는 구별되는 지각입니다. 이 때문에 혼의 삶 안에서 자아 느낌과 자아가 아닌 다른 모든 느낌이 대비됩니다.

이러한 대비 속에 숨겨진 비밀이 이 강의를 통해 밝혀질 것이지만, 여러분이 대비를 분명하게 관찰하면 그들에 대한 느낌을 더 일찍 갖게 될지도 모릅니다. 다소 추상적으로 생각했을지라도 자아 지각을 나른 모든 경험 속으로 불어넣어 보면, 혼 안에서 일어나는 것은 모두 두 방향에서 온다는 것을 알 수 있습니다. 우리가 해야 하는 일은 인간 혼의 대조되는 요소들을 혼 안에서 느낄 수 있을 때까지 이를 추상적이면서 세부적으로, 또 구체적이면서 종합적으로 그려보는 것입니다.

사실 인간의 혼은 단순한 독립체가 아닙니다. 혼은 대비되는 힘들이 난무하는 극적인 전쟁터와 같습니다. 인간 정신의 삶을 기억하는 정교하게 조율된 감정은 이러한 혼의 극적인 성격을 잊지 않을 것입니다. 우리는 혼 안에서 투쟁하는 힘들을 대면할 때 일종의 무력감을 느끼는데, 이 무력감은 삶의 갈등적 요소들에 대한 굴복과 같습니다. 우리 중 가장 초라한 사람뿐만 아니라 가장 천재적인 사람도 이러한 혼의 이중적 본성에서 벗어날 수는 없습니다.

최고의 천재들조차 이러한 갈등적 요소의 지배를 받고 있다는 느낌을 불러일으키기 위해 어제 강의의 도입부에 괴테의 시가 낭송된 것입니다. 여러분 중에 괴테의 시를 다시 읽어보신 분이 있다면, 그분은 분명히 이상한 느낌을 경험하셨을 겁니다. 그 느낌이 바로 이번 강의 시리즈의 기저가 되는 것입니다. 일부러 추상적으로 설명하려는 것이 아닙니다. 말하자면 오히려 지금까지 혼에 대해 묘사한 바에 생명을 불어넣으려는 것입니다. 우리는 살아 있는 혼 안으로 들어가 볼 것입니다.

여러분이 어제 낭송된 시 「방황하는 유대인(Der Ewige Jude)」을 들었고 나중에 집에 돌아가서 시를 다시 읽어보았다면, 여러분은 두 경험 간의 차이로 인해 굉장히 놀랐을 것입니다. 사실 과학에서는 소위 만행이라고 부를 만한 일이 있었습니다. 그 시는 낭송을 위해 특별히 준비된 것이었습니다. 어떤 부분은 생략하거나 수정했고, 완전히 다른 상을 제시하기 위해 모든 것이 바뀌었습니다. 언어학자는 이를 듣고 얼굴을 찌푸리겠지요. 그렇지만 이는 인간 혼에 대해 더 폭넓은 관점을 제시하려는 특별한 목적이 있었기에 정당한 과정이었습니다.

시는 다음과 같은 이유로 수정되었습니다. 괴테는 그 시를 아주 어린 시절에 썼습니다. 그러나 어제 강의에서 낭송한 시는 성숙한 괴테의 혼이라도 인정할 만한 내용을 갖추고 있었습니다. 그렇지만 괴테는 생략된 부분에 대해서는 창피해하며 이를 지워버렸을 것입니다. 제가 괴테에 대해 느끼는 것처럼 깊은 존경심으로 그에게 다가가는 사람만이 그의 시에 대해 말할 자격이 있습니다. 마치 내가 오늘 「방황하는 유대인」에 대해 말했던 것처럼 말입니다.

이 시는 괴테의 유년기 작품입니다. 어린이는 자신을 어린이답게 표현합니다. 당시 괴테는 그리 특별하지 않은 평범한 아이였습니다. 하지만 그렇다고 해서 그의 작품에 대해서도 그렇게 말할 수 있을까요? 그가 이 시를 적을 때 맞춤법조차 제대로 지키지 못했다는 것은 주저 없이 사실이라고 말할 수 있습니다. 그러니 별 볼 일 없는 구질들은 제외하는 것도 허용될 만합니다. 오늘날에는 위인의 초기 작품을 가능한 한 원래의 형태 그대로 발굴하려는 경향이 강합니다. 이제, 어린 괴테의 혼이 자신에게 속하지 않는 무언가를 품습니다. 온전히 그를 둘러싼 환경으로부터 얻어진 개념들은 그곳에서 요동칩니다. 확실히 이 환경의 본성은 우리와는 별로 관련이 없고 오로지 괴테와만 관련이 있습니다. 이 환경으로부터 괴테의 혼 안에서 무언가가 결합합니다. 그것은 한편으로 혼 안에서 온전하게 심리적인 것으로 구성되고, 다른 한편은 그것의 영원한 영적 요소로 구성되어 있습니다.

이 과정으로 영원한 무언가가 생겼고, 이는 이제 우리와 관련을 맺게 됩니다. 괴테와만 연관된 측면과 우리를 포함한 괴테 이외의 사람들과 연관된 측면, 이처럼 젊은 괴테의 두 가지 혼은 어제 낭송을 통해 둘로 분리되었습니다. 젊은 괴테의 마음을 흔들고 그가 늙을 때까지 남아 있던 것들은 모두 보존되었습니다. 괴테가 젊을 때만 존재했던 것은 모두 소멸했습니다. 이를 통해 두 종류의 힘이 뛰어난 인재에게 어떻게 영향을 주는지 볼 수 있습니다. 그의 환경으로부터 온 힘과 미래를 향해 스스로 만들어나가는 힘, 이것이 바로 두 종류의 힘입니다.

어린 괴테의 혼에 대해 숙고하다 보면, 이는 마치 전장에서 괴테의 일생을 함께한 작품과 그렇지 않은 작품 사이에 전투가 이어지는 것처럼 보입니다. 그리고 괴테가 후자를 이겨내고자 투쟁하는 모습이 눈앞에 그려집니다. 괴테는 이 노력 없이는 지금의 괴테가 될 수 없었을 것입니다. 이 대립은 점점 명백해집니다. 만일 혼이 통합된 존재였다면, 혼은 진보하지 못하고 제자리에 그대로 머물러만 있을 것입니다. 그렇기에 이 대립은 인류의 진화에 필수불가결한 것입니다.

따라서 이러한 양극성, 즉 혼의 삶 안에서 대비되는 요소들이 투쟁하는 것에 대한 느낌을 갖는 것은 중요합니다. 우리는 이 느낌 없이는 혼의 삶에 대해 이해할 수 없을 것입니다. 괴테와 같이 전형적으로 장엄한 혼의 삶을 고찰할 때, 우리는 항상 그 삶을 한 편의 드라마처럼 여기고 소박한 공경의 마음으로 다가가게 됩니다. 왜냐하면 혼의 삶으로 펼쳐지는 그 투쟁은 단 한 번의 현현만으로도 혼의 운명을 전부 드러내기 때문입니다.

여기서 혼의 드라마와 연결되는 또 한 가지 지점이 떠오릅니다. 어제 낭송을 통해 괴테의 혼에서 대비되는 것들을 다시 떠올려 봅시다. 그리고 또 무엇을 추론할 수 있는지 생각해봅시다. 괴테는 시간이 흐른 뒤에 우리가 어제 변화 주었던 것 중 하나를 따랐다는 사실을 알 수 있습니다. 그는 시간적 요소로부터 독립적인 것을 자신의 혼으로 받아들였고, 나중에는 더 이상 시간적 요소에 얽매이지도 않았습니다. 모든 사람과 마찬가지로 괴테도 일생 동안 자신의 의지와는 상관없이 혼의 두 가지 힘으로부터 영향을 받았습니다.

인간이라면 누구나 혼을 가지기에 어떤 이도 자기 자신의 완전한 주인이 될 수는 없습니다. 또한 인간은 자기 자신을 지배하는 내적 영향을 받기에 인간은 태어난 즉시 이를 넘어설 수는 없습니다. 괴테가 어린 나이에 혼 안에 살아 있는 모든 것을 알 수 있었다면, 그는 실제와는 다르게 언제나 시를 완벽하게 써왔겠지요. 인간은 혼의 삶의 신하입니다. 인간 안에서 무언가가 지배하고 작용하여, 외부 세계의 혼의 삶으로 자신을 드러냅니다.

빨간 장미는 우리에게 빨강을 보게 만들고 우리가 빨간색을 기억으로 가져가게 되는 것처럼, 특정한 방식으로 혼의 내적 드라마를 충족시키게 만드는 무언가가 우리 내면에 존재합니다. 모든 감각 지각의 경우에는 외부 세계가 우리를 지배합니다. 이와 유사하게, 혼의 삶은 날이 갈수록, 해가 지날수록, 시대를 거듭할수록 진보하고, 내적 힘에 의해 앞으로 나아가며 풍성해집니다. 이를 관찰하고자 한다면 우리는 내적 지배자를 혼의 삶 속에서 인식해야만 합니다. 간단하고 명확한 한 가지 사례만으로도 우리는 다음을 알 수 있습니다. 우리는 혼의 삶 안에서 감각 지각으로 이끄는 외부의 주인을 인식함과 동시에, 내적 주인 역시 인식해야만 합니다. 내적 주인을 알아차리지 못한다면 우리는 환영에 빠지게 될 것입니다.

우리가 공간 속에 존재하는 한, 우리는 외부 세계의 지배하에 있습니다. 그리고 우리가 혼의 삶 안에서 발전하는 한, 우리는 내면에서 일어나는 극적인 대비를 관찰할 의무가 있습니다. 이를 통해 우리의 내면에도 주인이 존재함을 알게 되지요. 이 내면의 주인은 우리의 혼의 삶이 7세 때, 21세 때, 35세 때, 그리고 더 나이를 먹었을 때도 각기 다르게 펼쳐질 수 있게 해줍니다.

지난 시간에 분석했던 것처럼 혼의 드라마는 추론(reasoning)과 호불호(love and hate)의 경험으로 구성되어 있습니다. 그리고 이는 괴테의 사례를 통해 구체적으로 드러났습니다. 추론은 심상으로 이어지고, 호불호는 욕망으로부터 생겨난다고 정리했습니다. 여러분은 "추론은 심상으로 이어진다."라는 명제가 심상이 외부 세계의 감각 지각(sense sensation)으로부터 생겨난다는 단순한 사실과 모순된다고 항의할지도 모릅니다. 왜냐하면 장미 한 송이를 보았을 때 "빨강"의 심상은 추론 과정 없이 일어나기 때문입니다. 따라서 적어도 이 경우에 추론은 심상으로 이어지지 않습니다. 오히려 심상이 먼저 있고 그 뒤에 추론 과정이 수반되는 정반대의 일이 일어난 것이죠. 그러나 이는 모순처럼 보일 뿐입니다. 결코 헤아리기 쉽지 않은 내용이니 굳게 명심하시길 바랍니다. 모순처럼 보이는 비밀을 풀기 위해서는 다양한 것을 고려해야만 합니다. 먼저, 심상은 인간 혼의 삶 안에서 자신만의 고유한 삶을 이끌고 있다는 사실에 주의를 기울이십시오. 이 문장의 의미를 온전하게 이해하시기를 부탁드립니다. 심상은 기생충처럼 내적 혼 속에 살며 자신만의 존재를 이끌어나갑니다.[1]

다른 한편에서 욕망 역시 혼의 삶 안에서 자신의 존재를 이끌어나갑니다. 사실 이 존재는 독립적인 심상과 염원(longing), 욕망의 지배 아래 있습니다. 심상을 다시 떠올리는 일이 언제나 내 마음대로 되지 않는다는 것을 떠올려 보시면, 심상이 독립적이라는 것을 쉽게 납득하실 것입니다. 심상은 종종 생각에 떠오르기를 거부하는데 우리는 이를 두고 잊어버렸다고 말하게 됩니다. 이렇게 잊을 수 있다는 것은 심상을 재현하는 힘과 이에 대비되는 새로운 힘이 존재한다는 사실을 증명합니다. 때로는 굉장히 노력해도 어제 느꼈던 것조차 잘 기억나지 않는 경우가 있습니다. 이는 심상과 현시대의 혼 속에 존재하는 다른 무언가 사이에서 일어나는 투쟁이라고 할 수 있습니다.

심상이 영원히 사라져서 그런 것은 아닙니다. 외부 세계에서 아무 일도 일어나지 않았는데 언젠가 다시 돌아와서 재현될 수도 있습니다. 단순히 심상은 일시적으로 혼에 드러나기를 거부했던 것입니다. 이때 심상이 떠오르기를 막아서는 상대는 여러 방식으로 작용하며 다양한 결과를 낳습니다. 우리 혼의 고유한 힘과 심상 사이의 갈등은 사람마다 정도의 차이가 큰데, 너무 커서 무시무시할 정도입니다.

예를 들어 저장해둔 개념이나 지식을 절대 잊지 않고 떠올리는 사람이 있는가 하면, 어떤 사람은 건망증이 너무 심해 일반적이고 건강한 것의 경계를 넘어서고 삶에 지장이 있을 정도입니다. 진정한 심리학자는 무언가를 기억하고 개념으로 생각해낼 수 있는 정도를 굉장히 중요하게 여기는데, 왜냐하면 이것이 인간 혼의 심연에 있는 것을 나타내기 때문입니다. 어떤 이의 내면이 건강하거나 병든 정도는 심상이 얼마나 근접한지 혹은 멀리 떨어져 있는지로 표현됩니다. 모든 인간은 이 세부적인 내용으로부터 미묘하게 드러나는 인간의 구조에 대해 알 수 있습니다. 심리학자는 어떤 사람이 심상의 저항과 싸워야 하는 정도를 토대로 그의 질병을 진단할 수 있습니다. 그 심리학자의 시선은 인간 혼을 꿰뚫어 보고, 혼의 삶 너머에 있는 것들을 관찰합니다.

더불어 이 개념들이 내면에서 고유한 삶을 영위하는 과정을 다른 각도에서 바라보고자 한다면 다음을 고려해야 합니다. 전체적으로 심상은 나이와 관계없이 우리가 온전히 제어할 수 있는 것이 아니라, 우리가 복종해야 하는 대상입니다.[2] 예를 들어 여러분에게 말하고 있는 상대방을 이해하는 것은 우리의 혼에 달려 있다는 사실을 통해 이를 깨달을 수 있습니다. 여러분은 제가 강의 중에 하는 말을 이해하고 있습니다. 하지만 여러분이 이 주제에 익숙하지 않은 사람을 데려왔다면, 그 사람이 아무리 고학력자일지라도 전혀 알아듣지 못할 것입니다. 왜 그럴까요? 이는 그 사람이 오랜 세월 동안 다른 개념들에 익숙해졌기 때문입니다. 이는 보다 최신의 개념을 이해하는 데 장애물이 됩니다. 결과적으로 우리는 다가오는 새로운 개념들을 막고 있는 것은 바로 오래된 개념이라는 사실을 발견하게 됩니다. 이해를 가능하게 하는 개념을 내면에 저장할 수 없다면, 무엇인가를 이해하고자 하는 노력은 아무 소용 없게 됩니다. 개념은 개념에 의해 가로막힙니다. 혼의 삶을 자세히 살펴보다 보면 개념이 충돌하는 과정에서 자아가 그리 중요하지 않다는 사실을 발견할 것입니다.

흥미를 끄는 무언가를 보거나 들을 때가 바로 자아를 잊기 가장 좋은 기회입니다. 그리고 우리가 더 깊이 몰입하면 할수록 자아는 더욱더 잊혀집니다. 그러한 순간들을 회상해보면 자아가 거의 관여하지 않는 곳에는 무언가가 존재한다는 것을 깨닫게 됩니다. 이는 마치 자아를 잊은 것과 같고, 자신을 잊고 넋이 나간 상태와 같습니다. 바로 이것이 우리가 대상을 특별히 잘 이해했을 때 항상 일어나는 일입니다. 그렇다면 대상을 이해하지 못했을 때는 무슨 일이 일어날까요? 우리는 현재까지 저장해둔 개념을 새로운 개념과 대립시킵니다. 그러면 혼 안에서는 극적인 싸움과 같은 일이 일어납니다. 개념은 개념과 전투를 벌이고, 우리의 혼은 두 부대의 전쟁터가 됩니다.

무언가를 이해할 때 필수적인 개념을 가질 수 있는지 없는지는 혼의 삶에서 중요한 무언가를 결정짓습니다. 만약 우리가 배경지식 없이 어떤 설명을 듣는다고 하면, 진기한 현상 하나가 드러날 것입니다. 우리가 이해하지 못한 그 순간, 마치 악마 같은 것이 뒤에서 다가옵니다. 우리가 이해심을 가지고 주의 깊게 듣는다면 이러한 일은 일어나지 않습니다. 이 악마의 정체는 무엇일까요? 이는 바로 혼 속을 이리저리 누비다가 뒤에서 공격하는 우리의 자아입니다. 우리가 대상을 이해하고 그에 몰입해 있는 한 자아는 모습을 드러내지 않습니다. 자아는 오직 우리가 이해하지 못했을 때만 모습을 드러냅니다.

이해하지 못한다는 것은 어떤 본성을 갖고 있을까요? 혼 속을 누비고 내면에 불편한 감정을 낳는 '그것'이라고 의심할 여지 없이 말할 수 있습니다. 이때 혼은 스스로 불안한 느낌을 갖게 되는데, 이는 이미 있던 개념이 새롭게 다가오는 개념에 무관심하지 않다는 혼의 본성을 말해줍니다. 새로운 개념은 옛 개념에 편안한 느낌 혹은 불안한 느낌을 전합니다. 이 불안은 폭력적인 것만은 아니지만 혼의 더 깊은 곳을 공격하며 혼의 삶 안에서 계속 작용하는 것은 틀림없습니다.

이해에 실패해서 생기는 불안은 신체에도 해로운 영향을 미칠 수 있습니다. 혼과 연관되어서 질병이나 건강에 대해 더 섬세하게 진단을 내릴 때, 환자가 이해하지 못하는 상황에 자주 처하는지 혹은 자신이 다루는 모든 것을 쉽게 이해하는지 확인하는 것은 대단히 중요합니다. 이에 대한 숙고는 우리가 일반적으로 생각하는 것보다 훨씬 더 중요합니다.

우리는 심상이 자신만의 삶을 이끌고 있고, 심상은 내면에서 독립된 존재와 같다고 말했습니다. 이제, 외부 세계가 여러분에게 아무것도 주지 않았을 때 여러분의 혼의 삶은 어떠했는지 떠올려 보십시오. 외부로부터 자극받고자 했는데도 여러분을 지나쳐서 어떠한 인상도 남기지 않았던 순간을 기억해보십시오. 이것이 여러분이 혼 안에서 무언가를 느낄 수 있는 또 다른 상황입니다. 우리는 일상생활에서 이를 권태라 일컫습니다. 일상에서 권태란 혼이 인상을 받기 위해 갈망하는 상황을 뜻하며, 권태는 충족되지 않고 남아 있는 욕망을 심화시킵니다.

권태는 어떻게 생겨날까요? 주의가 깊은 분은 평소 잘 인식되지 않는 무언가를 알아차릴 수도 있을 것입니다. 이는 오직 인간만이 권태를 느끼고 동물은 느낄 수 없다는 사실입니다. 동물도 지루할 수 있다고 말하는 분이 있다면, 그분은 본성을 꿰뚫어 보는 능력이 부족한 사람입니다. 반면에 인간은 얼마나 권태로운가에 따라 분명하게 나눌 수 있습니다. 단순한 혼의 삶을 영위하는 사람은 소위 고학력자보다 권태를 훨씬 덜 느낍니다. 보통 시골에 사는 사람은 도시에 사는 사람보다 권태를 훨씬 덜 느낍니다. 이때 이를 증명하기 위해서는 시골에 잠깐 머무르는 도시 사람이 아니라 진짜 시골 사람을 관찰해야만 합니다. 잘 교육받은 계층이나 집단의 사람들은 혼이 너무 복잡해서 지루함을 느끼기가 더 쉽습니다. 여기서 우리는 집단 간의 차이도 발견하게 됩니다.

권태는 결코 혼의 삶 안에서 저절로 단순하게 발생하지 않습니다. 권태는 우리의 개념이 이끌어온 독립적인 삶의 결과로 발생합니다. 이는 새로운 개념과 새로운 인상을 바라는 오래된 개념입니다. 옛 개념은 결실을 갈망(crave)하고, 새로운 자극을 바랍니다. 이 때문에 우리는 권태를 통제하지 못합니다. 내면에서 욕망이 충족되지 않은 채 갈망(longing)이 될 때, 권태란 이 욕망을 품은 개념과 연관됩니다. 이것이 바로 덜 개발되고 둔하며, 개념을 많이 갖지 않은 사람이 덜 지루해하는 이유입니다. 이런 사람은 무언가를 갈망(longing)하기에는 심상을 거의 갖고 있지 않습니다. 그렇다고 해서 지루해서 계속 하품을 하는 사람이 자아를 가장 고차원적으로 발전시킨 사람이라는 것은 아닙니다. 이 말은 혹시나 가장 지루해하는 사람이 가장 높은 수준에 도달한 사람이라고 유추하지 않도록 덧붙였습니다. 권태에는 일종의 치료제가 존재합니다. 그리고 아주 고차적인 단계에 올라서면, 권태는 다시 존재하지 못하게 됩니다. 자세한 내용은 추후 다루겠습니다.

동물이 지루해하지 않는 데는 분명한 이유가 있습니다. 동물은 눈을 뜨면 외부로부터 끊임없이 인상을 받습니다. 외부 세계의 과정으로서 어떤 사건이 전개될 때, 동물의 내면은 이 사건의 시간적 흐름에 따라 흘러갑니다. 그래서 동물은 다음 인상이 찾아올 때까지는 하나의 인상만을 가집니다. 외부의 사건과 내면의 경험이 동시에 발생합니다. 반면에 외부의 사건 전개와 혼의 사건을 다르게 가져가고, 내면의 혼으로부터 한 박자 멈춰 설 수 있는 능력은 인간만이 가진 특권입니다. 결과적으로 인간은 과거에 반복적으로 인상을 준 자극에 대해 마음을 닫을 수 있는 능력을 가졌습니다. 즉, 인간은 시간 속에 흘러가는 외부 세계로부터 자신을 차단할 수 있습니다. 물론 인간의 내면에서도 시간은 흐릅니다. 그러나 외부로부터 어떤 인상도 오지 않기 때문에 시간은 쓸 일이 없어지고, 이로써 빈 곳은 오래된 개념들로 채워집니다.

이제 다음과 같은 일이 일어납니다. 동물 혼의 과정을 관찰해보세요. 동물의 혼은 시간에 따라 흐르는 외부 사건과 평행을 이룹니다. 동물의 내적 혼의 삶은 외부 시간의 흐름에 종속되거나, 자신의 생명이나 몸을 지각하는 것에 종속되는 방식으로 전개됩니다. 그렇기에 동물들은 바로 그런 것에 굉장한 흥미를 느끼게 되는 것입니다. 동물은 외부 시간의 흐름으로부터 끊임없이 내적 자극을 받고, 삶의 모든 순간을 흥미로워합니다. 동물이 외부 지각하기를 멈춘다면, 시간의 흐름 역시 멈춥니다.

그러나 인간의 경우는 이와 다릅니다. 인간은 외부 대상을 너무 자주 봤을 때 흥미가 떨어집니다. 그러면 우리는 그 대상을 더 이상 혼의 세계로 들이지 않지만, 외부의 시간 흐름은 그대로 계속됩니다. 내적 혼의 삶은 멈추고, 시간은 혼과 함께 흘러갑니다. 이때 시간의 공허에는 어떤 것이 작용할까요? 미래를 갈망하는 오래된 개념들의 욕망이 그곳에 자리합니다. 여기에서 혼의 오래된 개념으로부터 새로운 인상과 새로운 내용을 위한 욕망이 발산됩니다. 이것이 바로 권태입니다. 인간과 자신 안에 있던 개념이 미래를 향해 자신을 개발하며 살아 있다는 점에서 동물과 차이를 보입니다. 즉, 인간은 미래를 향해 움직이는 혼의 삶을 지녔다는 뜻입니다.

동물이 외부로부터 끊임없이 자극받는 동안, 인간은 오래된 개념이 새 인상을 갈망하기에 혼의 욕망에 끊임없이 귀를 기울입니다. 나중에 이와 관련해 있을 법한 환영에 대해서 다루어보겠습니다.

앞서 언급한 것처럼 권태에는 치료법이 있습니다. 오래된 개념이 단순히 욕구를 자극하는 것으로서 지속되지 않고, 그 개념이 자신만의 내용을 가지면 됩니다. 이로써 자신의 고유한 동기를 통해 외부로부터 채워지지 않은 시간에 무언가를 채워 넣게 됩니다. 개념 그 자체가 우리를 흥미롭게 만드는 무언가를 지닌 채 미래로 나아갈 때, 우리는 고차적인 혼을 개발할 수 있습니다. 한 사람이 발달하는 데 이 힘이 역할을 했는지, 그리고 그의 개념이 그를 흥미롭게 하는 것을 품고 있었는지는 그 사람을 만족시키고, 의미 있는 차이를 만들어냅니다.

초기 단계나 발달의 특정 단계에서 지루해질 수 있습니다. 하지만 우리는 미래의 혼도 만족할 만한 개념을 스스로 채워가며 자신의 지루함을 치료할 수 있습니다. 이것이 지루한 사람과 지루하지 않은 사람의 차이입니다. 지루함의 문제로 치유될 수 있는 사람이 있고, 그렇게 할 수 없는 사람들이 있습니다. 그리고 이는 개념으로부터 얻어지는 독자적 삶, 우리가 제어할 수 없고 종속되어 있는 그 삶을 암시합니다. 개념이 고유한 내용을 가졌는지 확인하지 않으면 필연적으로 지루함을 느끼겠지만, 우리는 개념에 내용을 직접 주어서[3] 지루함으로부터 자신을 지킬 수 있습니다.

이것 역시 심리학자에게는 대단히 중요한데, 왜냐하면 일상적 삶은 혼의 욕구 충족과 외부의 삶 사이에 균형을 요구하기 때문입니다. 만약 균형이 깨지면 권태가 생깁니다. 어찌 됐든 시간 속에 살게 될 운명인 혼은 공허하고 권태를 느끼면 신체에 독이 됩니다. 과한 지루함은 실제로 질병의 원인이 됩니다. "지루해 죽겠다."라는 말은 진정한 느낌에서 비롯된 것입니다. 물론 사람이 지루하기만 해서 죽진 않겠지만, 지루함은 진실로 독으로서 작용합니다. 이런 종류의 것들은 혼의 삶을 훨씬 더 초월하는 영향을 미칩니다.

지금 당장에는 이러한 설명이 현학적으로 들릴지 모르겠으나, 이는 나중에 인간 혼의 신비에 경이로운 빛을 비출 수 있게 해줄 것입니다. 우리가 자아라는 영웅을 중심으로 펼치는 경이로운 혼의 드라마에 친숙해지기 위해서는 세밀하게 구분할 필요가 있습니다. 우리의 혼 안에는 우리 자신보다 실로 무한히 현명한 누군가가 숨어 있습니다. 사실, 그렇지 않다면 인간의 미래는 없는 존재입니다.

일상생활에서 사람들은 몸, 혼, 영의 본성과 관련된 가장 흥미로운 개념들에 빠져 있습니다. 이 개념들은 상상을 초월할 만큼 뒤죽박죽 되어 있습니다. 과거에 전해 내려오던 투시적인 관찰법은 점차 잊히고 뿌리 뽑혀 버려졌습니다. 그 당시에 사람들은 삶을 올바르게 분석했고, 자신의 존재 안에서 몸, 혼, 영적 요소를 각각 구분할 수 있었습니다. 그러다가 869년에 콘스탄티노플에서 열린 세계 공의회는 영성을 지워버리고 인간이 오직 몸과 혼만 가진 존재라는 도그마를 내세울 필요를 느꼈습니다.[4] 기독교의 독단주의에 대한 연구를 본다면 영성을 지워버리는 결정이 얼마나 지대한 결과를 가져왔는지 찾을 수 있을 것입니다. 누구라도 영성을 인정하면 그 즉시 교회에 의해 터무니없는 이단자로 몰렸습니다.

영에 대한 혐오감은 몸, 혼, 영 간의 절대적 타당성에 대한 잘못된 해석에 뿌리를 두고 있습니다. 몸, 혼, 영에 대해 생각하기를 멈추자마자 모든 것이 혼란스러워집니다. 하지만 그것이 사람들이 변해온 방식이었습니다. 사람들은 모든 것을 혼동하고 있습니다. 그 결과로 영적 삶에 대한 분명한 관점이 사라져버렸습니다.

비록 요즘도 사람들은 습관적으로 부적절하게 구분하는 실수를 범하지만, 선한 영은 진리에 대해 희미하게나마 느낌을 간직한 사람들을 지켜보고 있습니다. 그것은 인간을 둘러싼 환경에 언어의 영[5]과 같은 것이 살아 있다는 사실에 의해 드러납니다. 실로 말은 인간에 비해 더 지혜롭습니다. 사람들이 말을 통제하고 왜곡하면서 오용하는 것도 사실이지만, 그것으로 말이 완전히 망가지지는 않습니다. 말은 인간 그 자체보다 훨씬 똑똑하기에, 말이 주는 자극은 우리에게 옳은 영향을 선사합니다. 반면에 우리가 우리 자신의 혼을 품으면 우리는 실수를 하게 됩니다. 우리가 말을 할 때, 즉 말의 혼에 우리 자신을 맡길 때 옳은 느낌을 갖게 된다는 것을 보여드리겠습니다.

나무 한 그루, 종 하나, 그리고 사람 한 명이 있는 곳에 있다고 상상해보십시오. 여러분은 외부 세계로부터 즉각적인 감각 인상을 받아 이를 통해 추론하려 할 것입니다. 추론이란 당연히 혼 안에서 일어나는 일이기 때문에, 다르게 말하면 여러분은 혼을 움직이도록 만든 것입니다. 나무를 바라봅니다. '나무는 초록색이다.' 여러분의 판단 안에 표현된 '나무는 초록색이다.'라는 추론은 말의 천재성을 통해 표현됩니다. 이제 종과 관련된 것, 특히 감각 인상을 통해 판단된 것도 표현한다고 해봅시다. '종이 울린다.' 종이 울리는 그 순간, 여러분은 지각한 것을 판단에 드러낼 것입니다. 이제 사람으로 넘어갈 텐데 그동안의 모든 것을 기억해두십시오. '이 사람은 말한다.' 여러분은 이 사람의 말소리를 지각하고, '이 사람은 말한다.' 속 단어들을 통해 외부 지각을 표현합니다. 세 가지 판단, 즉 '나무는 초록색이다.', '종이 울린다.', '이 사람은 말한다.'를 기억하십시오. 세 경우 모두 감각 인상과 관련 있었습니다. 하지만 이를 말의 판단과 비교하자면, 여러분은 꽤 다른 무언가가 드러나는 것을 느낄 것입니다. 제가 '나무는 초록색이다.'라고 말할 때, 저는 공간에 의해 조건화된 무언가를 표현하게 됩니다. 판단을 품은 그 형태는 다음을 내포하고 있습니다. 저는 지금도 참이고, 3시간 뒤에도 참이고, 시간이 더 지나도 참인, 즉 영원한 어떤 것을 표현했습니다.

다음 판단으로 넘어갑시다. '종이 울린다.' 이것이 공간적인 표현인가요? 아니요, 공간 안에 존재하지 않습니다. 이것은 시간 속에서 진행되고, 유동적인 상태에 있으며, 변화의 과정 안에 있습니다. 말의 천재성은 너무나 고차적이어서 공간 안에 고정된 것에 대해 말할 때, 이는 시간의 진행 속에 있는 것과 동일한 방식으로 다룰 수 없습니다. 이 판단을 더 자세히 숙고해보면 공간적 말하기에서는 항상 직접 동사가 아닌 조동사만 허용된다는 점을 발견할 것입니다. 말하기에 있어 조동사는 여러분이 시간에 따라 살 수 있도록 도와줍니다. 물론 마음 안에 떠오르는 다른 동사를 적용할 수도 있습니다. 조동사의 도움 없이 "나무는 초록해진다."라고 말할 수 있습니다.[역자 주: 영어로는 조금 말이 안 되거나, 또는 시적인 표현이나, 독일어에는 상당히 흔한 형태이다]. 그러나 이렇게 말하면 우리는 순수하게 공간적인 것에서부터 시간 안에서 움직이는 것으로 변해가게 됩니다. 시간 안에서 움직이는 것은 변화하는 것이며, 시간에 따라 아주 녹색이었다가 혹은 녹색이 사라지기도 하는 것을 뜻합니다. 아무리 인간이 말을 망가뜨렸다고 해도, 진실로 말 안에는 굉장히 현명한 일들이 일어나고 있습니다. 말은 실제로 직접 동사를 공간적 개념과 연결 지어 사용하도록 허용하지 않습니다. 본래 동사란 시간적인 개념을 나타내기 위한 것입니다.

동사를 사용하면 필연적으로 어떤 방향을 향해 변화하는 상태를 나타내게 됩니다. 여러분은 "종이 울린다.(The bell rings.)"와 "종이 울리고 있다.(The bell is ringing.)"의 차이를 들며 이를 반박할 수도 있습니다. 그렇지만 후자의 의미를 잘 생각해보세요! 후자와 같은 문장은 언어를 망치고 있습니다.[여자 주: 물론 영어에는 해당되지 않는다. 하지만 독일어에서는 현재 분사의 특정한 사용은 정말 최후의 선택이다. 그것은 너무 인위적이라 그것이 독일어가 아니라고 말할 수 있으나, 가끔은 운(rhyme)이나 운율(meter)을 위해 시 속에 사용된다.]

자, 이제 세 번째 판단으로 넘어갑니다. '이 사람은 말한다.' 여기서도 여러분은 감각 지각을 나타내기 위해 동사를 사용했습니다. 그리고 무슨 차이가 있는지 생각해보십시오. '종이 울린다.'라는 판단은 '종소리'에 관한 것으로, 무엇이 논의의 중심이 되는지 알려줍니다. 그러나 '이 사람은 말한다.'라는 판단에서는 이와 전혀 다른 내용이 전해집니다. 말소리로부터 생기는 감각 자극을 말하는 것이 아닙니다. 말하자면 동사로는 전혀 드러나지 않는 것, 즉 발화된 내용에 대해 말하는 것입니다.

그런데 왜 말을 하다 멈추게 될까요? 여러분은 핵심을 얘기하기 전에 왜 말을 멈추나요? 이는 여러분이 "이 사람은 말한다."라고 말할 때, 여러분의 내적 존재는 말 속의 그 사람의 혼과 직접적으로 마주하길 원하기 때문입니다. 인간은 자신과 마주한 것을 내적인 삶과 연결 지어 성격화하려 합니다. 종의 경우에는 이 본성이 동사 안에 내재 되어 있습니다. 그러나 내적 삶이 살아 있는 혼을 만나는 순간, 우리는 이를 침범하지 않기 위해 아주 조심스럽게 다가갑니다.

이로써 우리는 위치(공간), 변화 과정(시간), 내적 인간(혼)을 서로 비교하고, 이들의 차이 속에서 드러난 말의 천재성을 분명하게 보았습니다. 이를 묘사하자니 우리는 우리에게 매우 중요하게 느껴지는 내적 실체를 두고 수줍은 경외심을 느끼며 잠시 멈추게 됩니다. 따라서 말을 할 때도 본론으로 들어가는 문 앞에 멈추어 서는 것은, 내적 혼의 활동에 경의를 표하는 일과 같습니다. 무언가가 혼의 경계에서 솟아오르고 축적됩니다. 그리고 그 무언가가 온 방면으로 혼의 삶을 에워싸서 감정이 생기고, 감정을 통해 혼의 삶을 정의할 수 있게 됩니다. 이번 강의 시리즈를 통해 특정 감정이 떠오르는 이 과정이 얼마나 중요한지 알게 될 것입니다. 여러분은 혼을 참된 존재로서, 내적 영역의 일부로서 받아들이는 법을 배우셔야만 합니다. 외부로부터 온 것은 내부로부터 온 것과 반드시 대립한다는 사실을 알게 될 것입니다. 그러면 감각 경험이 혼에 다가갈 때, 우리는 혼을 하나의 원처럼 생각하고 원 안의 모든 것이 유동적으로 움직이는 모습을 떠올릴 수 있습니다. 감각 경험은 원의 내부에서 모든 방향으로 혼에 접근합니다. 그러면 혼의 삶은 소용돌이치며 솟구칩니다. 오늘 우리는 혼의 삶이 독립적이지 않다는 사실을 배웠습니다. 혼은 시간 속에서 존재를 이끌어 나가는 심상의 독립적인 삶을 체험합니다.

혼의 경계 안에서 이어지는 심상의 삶은 혼에서 시작되는 한, 우리에게 가장 위대한 축복이자 가장 깊은 고통을 선사합니다. 우리는 슬픔과 고통으로 인해 혼의 질병을 얻었을 때, 영이 얼마나 위대한 치유자인지 알게 될 것입니다. 신체적 삶 안에서 배고픔이 해결되어야 하고 이는 물론 도움도 되지만, 만약 필요한 양을 넘어서 과하게 섭취한다면 건강을 해칠 것입니다. 혼의 삶도 이와 같습니다. 개념은 다른 개념을 꼭 필요로 합니다. 혼에 진입하는 새로운 개념도 마찬가지로 유익할 수도 있고 해로울 수도 있습니다. 우리는 영 안에서는 어떻게 유익한 결과만을 갖게 되는지, 어떻게 혼의 과부하를 막고 예방할 수 있는지 알아볼 것입니다.

감각의 관문에서
1910년 11월 3일, 베를린

오늘과 내일 논의할 다양한 문제들을 잘 보여주는 시를 암송하며 오늘 강의를 다시 시작해보겠습니다. 이번에 우리는 시인이 아닌 사람의 시를 다룰 것입니다. 왜냐하면 그의 다른 영적 활동들에 비해 이 시는 특정한 경우를 위해 쓰여진 부차적 작품처럼 보이기 때문입니다. 그러므로 이는 어떤 의미에서 영혼의 가장 깊은 충동에서부터 나왔다기보다는 영혼의 활동을 잘 보여주는 작품입니다. 바로 이 사실이 우리 주제와 관련된 많은 점을 분명히 밝혀줄 것입니다. 이 시는 철학자 헤겔이 쓴 것으로 인류 발전의 특정 시작 단계에 관한 것입니다.

엘레우시스

횔덜린에게.

내 안과 밖 모두에 평화를! 지칠 줄 모르는 근심

바쁜 사람의 쉼. 오 밤이여, 당신께 감사하다.

그들은 나에게 여유와 자유를 준다.

나를 자유롭게 해주셨나니! 하얗게 빛나는 안개와 함께

먼 언덕의 흐릿한 경계가

달빛에 가린다. 그 사이에서

저쪽 호수의 한 조각이

다정한 반짝임으로 빛난다.

기억이 오랜 세월 가운데 놓이고

낮의 지루한 소음이 잦아들면

이제, 사랑하는 당신의 이미지가 떠오른다.

지나간 날들의 기쁨과 함께.

그러나 이것은 곧 새롭고 빠른 만남에 대한 더 달콤한 희망에 굴하고
　　만다.

나는 이미 그 장면을 그린다 - 간절한 발걸음,

따듯한 포옹: 그리고 그것은, 더 친밀해진다.

시간이 친구에게 일으킨 새로운 것 - 느낌, 시각, 말투 - 들을 찾아내기
　　위해

각자 하나하나 질문할 때;

오랜 서약이 여전히 그 믿음을 간직한 채 남아 있다는

기쁜 확신

심지어 전보다 더 진실하고, 굳건하고, 성숙해져서

어떠한 다른 말로도 포장되지 않은 맹세로:

오직 자유로운 진리에 따라 살기를;

감정과 의견을 규제하는 관습과 타협하지 않고서

이제 생각해야 한다. 한때 나를 따분하게 했던 시냇물과 산의 높이를.

날개를 단 당신, 지루한 현실에 대해 얘기해보라.

그러나 곧 한숨은 그 싸움을 배신하고, 함께 달아나 버린다.

달콤한 꿈의 이미지를 멀리하라.

내 눈은 영원한 하늘의 천장으로 들어 올려졌으니

너희, 빛나고 총총한 별 같은 높이의 주인이여;

그리고, 모든 희망과 소망이 사라지고,

망각이 너의 영원에서부터 비처럼 쏟아진다.

나의 마음은 눈앞에서 사라진다:

내가 내 것이라 부르던 것은 사라졌다:

나는 헤아릴 수 없는 것에 나 자신을 내어준다;

나는 그대 안에 있고 모든 것이며 다른 아무것도 아니다.

생각을 돌려, 두려운 외로움 속에서

무한 앞에 뒷걸음질치고, 실패하고, 놀라고,

그러한 광경의 깊이를 헤아리는 것.

그러나 마음의 환상은 영원을 끌어내리고,

굳게 결합해 다시 만든다. 만세!

고귀한 영혼들! 숭고한 그림자들!

맑은 얼굴에 만족이 퍼져나간다.

두려워하지 말라!

당신을 감싼 이 눈부신 빛;

나도 여기에 나의 안식이 있음을 느낀다.

하! 성소의 문이 열렸는가?

세레스? 오, 엘레우시스의 왕좌에 있던 당신!

열광하고, 취하여, 나는 느낀다.

당신의 경이로운 현존이 가까이서

당신의 드러남을 내포하고 있음을.

상징들의 숭고한 의미를 읽고서, 들어보라

신들의 축제 합창단,

그들이 의원석에서 말하는 숙명을!

그러나 오늘 당신의 홀은 조용합니다, 오 여신이여!

신들의 비밀 회의는 불경스러운 제단으로부터 멀리 떨어진

높은 올림푸스로 달아났다;

타락한 인류의 무덤을 버리고

순수의 영(靈)은 달아났다.

그들의 주문이 한때 그들을 유혹했다: 사제들의 지혜를 입 막아라.

모든 신성한 의식에는 단 하나의 기록도 없다.

우리에게 닿기 위해 탈출하고서; 그리고 수색자들은 헛되이 탐구한다,

지혜를 위한 사랑보다 호기심에 더 동하여.

그들이 진정으로 소유한 그녀! 당신을 경멸한다.

그녀를 지배하기 위해, 그들은 언어를 파헤친다.

숭고한 자기 마음의 흔적을 찾기 위하여.

헛되도다! 그들은 한 줌의 먼지와 재만을 붙잡고,

당신의 생을 두 번 다시 불러내지 못하리라.

영혼 없이 썩어가는 곰팡이 속에서 그들은 자신들의 기쁨을,

언제나 죽은 그들 자신, 그리고 죽은 내용물과 함께 붙든다.

당신의 높은 연회에 어떠한 표식도 남아 있지 않다;

그려진 형태의 모든 것에서 어떠한 덧없는 흔적도 찾을 수 없다.

신비로운 당신의 자녀들에게는 너무나 거룩하다.

형언할 수 없는 감정의 깊이,

고귀한 가르침의 풍성한 내용이,

불모의 상징으로 맡겨진다.

생각 그 자체로 영혼을 가둘 수 없다 해도,

시공간을 초월해 무한의 측면을 가진 사람은,

자기도 모르게, 황홀에 빠졌다가, 다시 한 번 의식을 되찾고 깨어난다.

그리고, 그가 아는 것을 다른 사람들에게 말할 수 있을 것인가.

천사의 혀로 말했지만, 그 말들은 너무나 빈약했다.

공포가 그를 사로잡는다,

그 말 자체가 죄스러울 정도로

너무 작게 만들어버린 그의 말로

과소평가되어버린 생각 속에서도, 가장 신성한 것.

그는 덜덜 떨며 그의 입술을 다문다.

ㄱ. 자신에게 부여된 첫 번째 서약,

심술궂은 영혼들에게 놓인 현명한 규칙: 절대 알도록 하지 말 것.

그 거룩한 밤에, 그들이 보고 느끼고 들었던 것을.

더 고귀한 부류의 이들도 그들의 어리석음을 발견하지 못하도록 하라.

그의 헌신과, 그들의 말뿐인 허튼소리를 곤경에 빠트린다.

더욱 신성한 것으로 그를 흔들라 - 곤경에 짓밟히지 않도록 -

암기로 이루어진 아주 단순한 것들은 소피스트들의 장난감이 되었다.

말재간꾼은 돌아다니며 흥정을 하고

페니 단위로 값을 매긴다;

영리한 구실 - 위선의 말을 하는 - , 회초리, 어쩌다가

명랑한 아이를 가르치는, - 그리고 결국에는, 공허하고,

완전히 텅 빈,

그것의 유일한 생명의 근원은

다른 언어들의 메아리 속에 있다.

오 여신이여, 당신의 아들들은 거리와 시장에서 당신의 명예를

헛되이 과시하지 않았고

가슴 가장 깊숙한 성소에 가두어 두었다.

그러므로 당신은 그들의 입 안에 살지 않는다.

그들은 그들의 생명으로 당신을 경배한다; 그들의 행위로 당신은 여전
히 살아 있다.

오늘 밤도, 거룩하신 분이여! 나는 당신을 보았다, ─

당신의 자식들의 삶에서 드러나곤 하는, 당신은

그들의 모든 행위의 영혼처럼, 보이지 않음을 느낀다…

당신은 그 숭고한 목적, 그 확고한 믿음이다.

당신은 ─ 온 세상이 무너져도 ─ 비뚤어지거나 흔들리지 않는 신(神).

지난 두 강의에서 혼의 삶에 대해 배우며 혼이 기본적으로 추론과
호불호의 경험으로 경계까지 차 있고, 호불호의 경험은 욕망과 연관
된다는 점을 명시했습니다. 그런데 이 말은 혼에 있어 가장 중요한 것
이자 혼이 내면 가장 깊은 곳에서 경험하는 '그것'을 빠뜨린 것처럼
보입니다. '그것'은 바로 감정(feeling)입니다. 이는 마치 혼의 삶의 특
성이 아닌 것으로 잘못 성격화한 것처럼 보일 수 있고, 혼 안에서 앞
뒤로, 위아래로 요동치는 것을 순간으로 포착하는 감정을 전혀 고려
하지 않은 것처럼 보일지 모릅니다.

하지만 앞서 언급한 두 가지 요소로부터 감정의 주제에 접근한다

면, 우리는 극적인 혼의 삶을 가장 잘 이해할 수 있을 것입니다. 다시 한 번 우리는 혼의 단순한 사실에서부터 시작해야만 합니다. 그것은 감각 경험으로, 우리의 감각의 문을 통해 들어오면서 혼에 침투하고, 혼 안에서 자신의 존재를 유지해냅니다. 혼의 삶은 한편으로는 감각의 문으로 몰려오고, 이로써 감각 지각의 결과를 되돌려 받으며, 그후 혼 안에서 독립적으로 살아갑니다. 그리고 다른 한편으로는 호불호 경험으로 이루어진 모든 것은 욕망으로부터 시작되고, 내적 혼의 삶 안에서도 생겨납니다. 욕망은 혼의 삶의 중심에서 시작되는 듯하며, 주의 깊지 않은 사람들조차도 욕망으로 인해 호불호가 생기는 것을 알 수 있습니다.

그러나 욕망 자체는 혼 안에서 처음부터 발견되지는 않습니다. 욕망은 감각의 문에서 생겨납니다. 이 점을 먼저 숙고해보십시오. 일상적인 혼의 삶을 생각해봅시다. 여러분이 자신을 관찰해보면, 욕망은 외부 세계와 접촉하는 것에서 생겨난다는 사실을 알아챌 것입니다. 따라서 우리는 혼의 가장 중요한 부분은 무엇보다도 감각 세계의 경계이자, 감각의 문을 통해 얻어진다고 말할 수 있습니다.

이 사실을 아주 명징하게 이해하셔야 합니다. 그래야만 사실로 받아들인 것을 일종의 도식으로 묘사하고, 도식을 통해 가장 잘 이해할 수 있을 것입니다. 혼의 삶을 점점 채워지는 하나의 원으로 상상하면서, 혼의 내밀한 부분들을 성격화할 수 있을 것입니다.

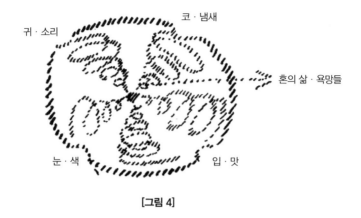

귀 · 소리   코 · 냄새   혼의 삶 · 욕망들   눈 · 색   입 · 맛

[그림 4]

인지학 강의에서 언급했던 것처럼 원이 감싸고 있는 것이 혼의 삶의 내용이고, 나아가 감각 기관은 외부를 향해 열려 있는 일종의 문이라고 상상해봅시다. 이제 혼의 경계 안에서만 관찰되는 것을 고려하자면, 중심에서 솟구쳐 온 방향으로 흘러넘치고 호불호로써 자신을 드러내는 홍수와 같은 흐름을 시각적으로 생생하게 제시해야만 합니다. 그렇게 혼은 욕망으로 가득 차고 홍수는 감각의 문 바로 앞까지 밀려오게 됩니다.

이제, 감각 체험이 일어날 때 우리가 경험하는 것은 무엇인가 하는 질문이 생겨납니다. 귀를 통해 음을 들을 때, 코를 통해 냄새를 맡을 때 무슨 일이 벌어지나요? 잠시 동안 외부 세계에서 일어나는 일은 접어두고 생각해봅시다. 그런 뒤에 외부와 상호 소통이 이루어지는 진정한 감각 지각의 찰나를 다시 한 번 떠올려보세요. 혼이 경계 안에서 스스로를 경험하는 바로 그 순간이자, 감각의 문을 통해 외부 세계로부터 색이나 음을 경험하는 그 순간을 생생하게 느껴보세요. 다른 한 편으로는 혼은 시간 속에 살며 감각 체험으로 얻어진 심상을 회상하며 유지한다는 사실을 기억하세요. 여기서 혼이 심상을 회상하며 영원히 혼 속에 가지고 가는 것과 감각 지각 활동으로 체험되는 것 사이를 분명하게 구분해야 합니다. 그렇지 않으면 쇼펜하우어처럼 사고의 과정 안에서 길을 잃을 것입니다.

그렇다면 다음과 같은 질문이 떠오릅니다. "혼이 감각의 문을 통해 외부 세계에 노출되는 순간에 어떤 일이 일어나나요?" 이에 혼의 경험은 직접적으로 답하고 있습니다. 혼은 욕망의 홍수로 완전히 가득 차 있습니다. 그리고 혼이 자신의 내적 존재를 경계 가까이에 밀려가도록 두는 순간, 실제로 감각의 문으로 흐르는 것은 바로 욕망 그 자체입니다. 욕망이 감각의 문을 두드리는 순간 욕망은 외부 세계와 실제 접촉을 하고, 말하자면 외부 세계로부터 인장을 각인받습니다. 만약 문장(紋章)이 새겨진 인장을 왁스에 누르면 왁스에는 무엇이 남나요? 당연하게도 문장만 남습니다. 여러분은 외부로부터의 작용과 일치하지 않는 것이 남아 있다고 말할 수 없을 것입니다. 만약 그랬다면 그것은 편견 없는 관찰이 아닌 칸트주의적 관찰이었겠지요.[1] 여기서 우리는 핵심적인 쟁점을 고려해야 합니다. 외부 물질을 다루지 않는 한, 우리는 인장이 왁스에 들어갔다고 말하는 것이 아니라 문장이 왁스에 들어갔다고 말해야 합니다. 중요한 점은 인장 속 문장이 무엇을 마주 보고 있었는지, 그리고 그 문장이 어떤 것 안에 찍혔는지입니다. 인장이 문장 이외에는 아무것도 남기지 않는 것처럼 외부 세계도 각인만을 남깁니다. 이때 각인이 남겨지려면 인장에 반하는 무언가가 있어야 합니다. 그러니 이에 대해 생각해보세요. 그래야 외부로부터 각인이 남겨질 때 감각 경험과 마주 보는 무언가 안에 각인될 수 있고, 이로써 우리는 자신의 혼의 삶의 일부가 된 각인을 내면에 지니고 살아가게 됩니다. 이것이 바로 우리가 삶으로 데려가는 것들입니다. 색이나 음 그 자체가 아닌, 욕망과 호불호의 고유한 체험 방식을 통해 얻게 된 것을 지니는 것입니다. 이것이 정말 맞는 말일까요? 외부를 향해 밀려나는 욕망처럼 감각 경험과 직접적으로 연관된 무언가가 존재할 수 있는 걸까요? 만일 그런 것들이 전혀 존재하지 않았다면 여러분은 뒤이은 혼의 삶에 감각 경험을 지니고 살아가지 못하고 심상 기억도 만들어내지 못했을 것입니다. 사실, 욕망이 언제나 감각의 문을 통해 외부 세계와 접촉하고 있다는 직접적인 증거를 한 심리적 현상을 통해 발견할 수 있습니다. 색, 냄새, 소리 중 어떤 것을 지각하든, 모든 지각은 주의(attention)의 현상과 같습니다. 단순히 무언가를 멍하게 응시하는 동안의 감각 인상과 주의를 기울이는 감각 인상을 비교해보면, 전자의 경우는 인상이 우리의 혼 안으로 들어와 남지 않습니다. 혼 안에 남기 위해서는 주의의 힘을 통해 내적으로 반응해야만 합니다. 그러면 주의를 더 많이 기울일수록 혼은 장차 다가올 삶에서 심상 기억을 점차 더 오래 유지하게 됩니다.

이렇게 혼은 감각을 통해 외부 세계와 접촉하며 가장 바깥의 경계로 침투하는 핵심적인 실체를 만들어내고, 이는 주의라는 현상 안에서 자신을 드러냅니다.

이처럼 직접적인 감각 경험의 경우, 혼의 삶의 또 다른 요소인 추론은 포함되지 않았습니다. 추론과 같은 요소들이 빠져 있다는 사실이 바로 감각 인상을 성격화하는 지점입니다. 빨간색의 감각 인상은 빨간색의 감각 지각과 같지 않기에 욕망은 만연합니다. 경험한 음정, 색, 냄새의 지각은 오직 욕망으로 구성되고, 주의를 통해 기록됩니다. 이 경우 판단은 유보됩니다. 우리는 감각 지각과 그 뒤로 혼 안에 따라오는 것 사이에 명확한 구분을 지을 필요성에 대해 유념해야만 합니다.

만일 여러분이 색의 인상 앞에 멈춰 섰다면, 여러분은 그저 판단이 없는 색 인상을 다루는 것입니다. 감각 인상은 주의의 작용으로 성격화되는데, 이때 주의는 판결을 배제시키고 욕망만이 지배하게 합니다. 색이나 음을 경험하는 경우 여러분은 판단은 억제한 채 그저 욕망에 노출되는 것뿐입니다. 빨간색의 감각 인상은 빨간색의 감각 지각과 다릅니다. 마찬가지로 음정, 색, 냄새를 경험할 때도 오직 욕망만이 존재하고, 이는 주의로 기록됩니다. 주의는 욕망이 특별한 형태로 자신을 드러내는 것입니다. 그러나 여러분이 "빨간색은…" 하고 말하는 순간, 그때는 이미 추론이 작용해서 판단을 내린 상태입니다. 우리는 항상 감각 지각과 감정(sensation)을 명확히 구분해야 합니다. 감각 인상에 멈춰 선 그 순간만이 혼의 욕망과 외부 세계 사이의 작은 연관성이 존재하는 때입니다.

혼의 욕망과 외부 세계가 만나는 그곳에서는 어떤 일이 일어날까요? 감각 지각과 감각 느낌을 구분할 때, 전자를 감각에 노출된 바로 그 순간 일어나는 경험이라 말하고 후자는 이로써 남는 것들을 지칭합니다. 자, 그러면 무엇이 감각 느낌을 구성하는지 찾으셨나요? 그것은 바로 변형된 욕망입니다. 감각 느낌의 경우, 우리는 변형된 욕망을 통해 소용돌이치고 밀려오는 욕망의 대상을 마음에 가져가게 됩니다.

우리는 지금까지 감각 느낌이 혼과 외부 세계의 경계, 즉 감각의 문에서 발생한다는 것을 살펴보았습니다. 욕망의 힘이 표면을 침투하는 감각 경험에 대해 말해왔습니다. 그런데 욕망의 힘이 외부 세계의 경계에 도달하지 못하고 혼 안에 남아 있는 경우를 생각해봅시다. 말하자면 욕망이 혼 안에서 차츰 약해져서 감각의 문으로 침투하지 못하고 내적으로 남아 있는 상황 말입니다. 이런 경우는 어떤 일이 일어날까요? 욕망의 힘이 나아가다가 스스로의 혼 안으로 물러나게 됐다면, 내적 느낌(inner sensation)[역자 주: 엠핀둥(Empfindung)은, 센세이션이란 뜻 외에(여기 번역되었듯이) "감정"과 동의어로 사용된다; 혼돈을 피하기 위해 "내적"이란 말이 추가되었다. 사실, 추후의 문장들에서는 독일어 텍스트에도 'innere Empfindung' '내적 감정'이란 표현이 나타난다.]이나 감정(feeling)이 일어납니다. 감각 느낌 또는 외부 느낌은 감각 세계와 접촉한 순간에 외부로부터 반작용적 힘을 받아 물러나게 될 때만 일어납니다. 내적 느낌, 즉 감정은 욕망이 외부 세계와 직접적인 접촉에 의해 밀려나지 않고, 경계에 다다르기 전에 혼 안의 어딘가로 되돌아오면 발생합니다. 내적 느낌, 감정은 이러한 방식으로 생겨납니다. 감정이란 내향된 욕망으로, 욕망이 자기 자신으로 되돌아오는 것입니다. 이렇게 내적 느낌 또는 감정은 혼의 경계로 밀려들지 못했지만 혼의 삶 안에 살아 있는 멈춰진 욕구들로 구성되어 있습니다. 그리고 마찬가지로 감정 안에도 혼의 내용은 본질적으로 욕망으로 이루어져 있습니다. 그래서 감정과 같은 것들은 혼의 삶의 부가적 요소가 아니라 욕망의 실제적 과정이 일어나는 주된 요소입니다. 이 사실을 염두에 둡시다.

이제 혼의 삶의 분명한 두 가지 측면인 추론과 욕망으로부터 기인한 호불호 체험을 묘사해볼 것입니다. 우리는 추론의 활동으로부터 발생하는 모든 혼적인 것은 특정 시점에 멈춘다고 말할 수 있습니다. 동시에 욕망으로부터 나타나는 모든 것 또한 특정 시점에 멈춥니다. 추론이 멈추는 때는 언제일까요? 그것은 의사결정이 이루어진 때이자, 일련의 심상을 통해 판단을 내리고 이를 진실로써 내면에 지니게 되는 때입니다. 그렇다면 욕망의 끝은 어딜까요? 바로 만족이 있을 때입니다. 실로 모든 욕망은 만족을 찾아 헤매고, 모든 추론은 결론을 구하고자 합니다. 혼의 삶은 만족을 염원하는 호불호와 결론을 염원하는 추론이라는 두 가지 요소로 이루어져 있기에, 우리는 이로부터 혼의 삶과 연관된 가장 중요한 사실을 이끌어낼 수 있습니다. 혼은 결론과 만족을 향해 흘러가고 있습니다.

인간 혼의 삶을 충분히 관찰할 수 있다면, 결론과 만족을 향해 분투하는 두 가지 기류를 발견할 것입니다. 인간의 감정을 연구하다 보면 많은 감정이 만족과 결론에 기원을 두고 있다는 사실을 알게 됩니다. 예를 들면 조바심, 희망, 염원, 의심, 심지어는 절망 같은 개념 아래 분류되는 감정을 관찰해보세요. 그러면 이러한 용어들과 영적으로 분명히 존재하는 무언가 사이의 접촉 지점을 느낄 것입니다. 조바심, 희망, 염원 등의 혼적 과정은 만족을 향해 분투하는 욕망의 힘과 심상을 통해 결론을 내리고자 하는 두 기류가 끊임없이 다르게 표현된 것입니다. 조바심의 본질을 깨달으려 해보세요. 그러면 만족을 향한 노력이 조바심에 담겨 있다는 것이 생생하게 느껴질 것입니다. 조바심이란 혼의 기류와 함께 흐르는 욕망이며 만족을 찾을 때까지 멈추지 않습니다. 이때 추론은 거의 작용하지 않습니다.

희망에 대해 생각해봅시다. 희망의 경우 지속적인 욕망의 기류를 쉽게 알아볼 수 있지만, 조바심과는 달리 희망의 욕망은 혼의 삶의 다른 요소에 스며들어 있습니다. 즉, 결론을 향한 추론의 힘이 영향을 발휘합니다. 이 두 가지 요소가 마치 양팔 저울에 같은 무게를 재는 것처럼 정교하게 균형을 이루기 때문에, 희망이라는 감정은 자신 안에서 완전합니다. 만족을 향한 욕망과 만족할 만한 결론을 향한 경향성은 정확히 동일한 양으로 존재합니다. 만족을 향한 욕망이 결론을 내릴 수 없는 추론 활동과 결합하고자 하면 새로운 감정이 생겨납니다. 그것은 의심의 감정입니다.

이와 유사하게 우리는 항상 넓은 감정의 영역 안에서 추론과 욕망 사이의 기이한 상호작용을 발견하게 됩니다. 만약 두 가지 요소로 설명되지 않는 감정을 만났다면 두 가지 요소를 찾을 때까지 관찰을 이어가십시오. 혼의 삶의 한 측면으로서 추론 능력을 고려하면, 이는 결국 심상에 다다른다는 것을 알고 있습니다. 이때 심상이 삶에 대해 갖는 가치는 그것이 진실이라는 데 있습니다. 혼 그 자체로는 다만 진실의 기초가 내재해 있을 뿐, 진실을 판단할 수는 없습니다. 혼의 삶이 가진 성격과 진실을 통해 얻어져야 하는 것 사이를 비교하다 보면 모두가 이를 느낄 것입니다.

혼의 삶과 관련해서 추론 능력이라 부르고 싶은 것들 또한 reflection이라 지칭할 수 있습니다. 하지만 reflection을 통해서 옳은 결론에 도달하지 못할 수도 있습니다. 진실은 외부에 존재하고 결론은 진실과 하나 되기에, 그 판결은 우리의 존재가 혼으로부터 떨어져 나올 때 옳은 것이 됩니다. 이러한 이유 때문에 결론은 혼과는 이질적인 요소입니다.

미지의 원천에서 시작되어 혼의 삶 중심으로 밀려들고 온 방향으로 퍼져나가는 다른 요소를 생각해봅시다. 우리는 또다시 욕망의 기운이 주로 혼의 삶 밖에 머문다는 사실을 발견하게 됩니다. 욕망과 판단 모두 외부로부터 혼의 삶에 들어옵니다.

혼의 삶 안에서는 만족과 결론의 진실에 도달하기 위해 분투하며 삶의 행로를 만들어나갑니다. 그러므로 우리는 추론과 관련해서는 전사(戰士)가 되고, 욕망에 관해서는 향유자가 된다고 할 수 있습니다. 결론은 우리를 혼 삶의 바깥으로 몰아내지만, 욕망의 경우 우리는 즐거움을 누리는 향유자이자 욕망의 끝인 만족은 혼의 삶 경계 안에 존재합니다. 우리는 결론을 내릴 때 독립적이지만 욕망은 그 반대입니다. 후자의 경우는 혼에서 시작하지 않지만, 만족은 그러합니다. 이러한 이유로 욕망의 만족이자 하나의 종착지로서 감정은 혼 전체를 채울 수 있습니다.

우리가 만족할 때 혼에 들어오는 것이 무엇인지 더 자세히 조사해 봅시다. 느낌(sensation)은 근본적으로 혼의 삶 경계까지 욕망이 솟구치는 것이고, 감정은 욕망이 약해져 가는 곳의 더 안쪽에 남아 있다고 설명했습니다. 혼의 삶이 자신 안에서 만족을 얻고 나면 욕망의 끝에서 우리는 무엇을 발견하게 될까요? 바로 감정입니다. 그래서 욕망이 혼 안에서 만족이라는 목적을 달성하고 나면, 감정이 생겨납니다. 그러나 이는 오직 한 범주의 감정만을 나타냅니다. 다른 종류의 감정은 또 다른 방식으로 생겨납니다. 이때 외부 세계와 혼의 삶 깊숙한 곳에 상호 관계가 실제로 존재하기 때문에 다른 감정도 생겨날 수 있습니다.

욕망은 외부 사물을 향하지만, 감각 지각과는 다르게 외부와 접촉하지는 않는다는 사실을 통해 욕망의 성격을 알 수 있습니다. 그러나 욕망은 나침반의 자침이 극에 닿지 않으면서 극을 가리키듯 멀리서 작용하는 방식으로 목표를 향하고 있습니다. 그런 의미에서 외부 세계는 특정 방식으로 혼의 삶을 즐기고, 실제로 접촉하지는 않지만 혼 안에서 영향력을 행사합니다. 그러므로 성취할 수 없는 대상에 대한 욕망이 계속될 때도 감정이 생길 수 있습니다. 혼은 욕망을 불러일으키는 대상에 접근합니다. 그 대상은 욕망을 충족시킬 수 없습니다. 그러면 욕망은 남게 되고, 만족이 생기지 못합니다.

욕망이 만족을 얻는 경우와 위 경우를 비교해봅시다. 둘 간에는 큰 차이가 있습니다. 만족에 도달하고 중화된 욕망은 혼의 삶을 건강하게 만들지만, 충족되지 않은 욕망은 혼 안에 갇힌 채로 남아 혼의 삶에 해로운 영향을 미칩니다. 욕망이 충족되지 않으면 혼이 충족되지 않은 욕망 속에 사는 결과를 낳습니다. 혼은 이 욕망을 지니고 가는데, 왜냐하면 욕망은 채워지지 않았으며 대상이 없을 때 혼과 공허함 사이에 관계가 유지되기 때문입니다. 그러므로 혼은 현실에 근거하지 않은 내면의 맥락이자 충족되지 않은 갈망 속에서 살아가고, 이것은 혼이 묶여 있는 신체적, 영적 삶의 건강에도 위해한 영향을 주기에 충분합니다. 남은 욕망과 만족된 욕망은 뚜렷이 구별되어야 합니다. 이 현상이 명백하게 드러날 때면 쉽게 구별할 수 있지만, 구분이 쉽지 않은 경우도 존재합니다.

이제 혼의 삶으로 완전히 에워싸인 욕망만을 고려하면서 한 사람이 어떤 대상을 마주한다고 가정해봅시다. 그는 그 대상이 자신을 만족시켰고 그것을 좋아한다고 말합니다. 또는 반대로 그것이 자신을 만족시키지 못했고 그것을 싫어한다고 해봅시다. 아무리 철저하게 숨겨져 있더라도 일종의 욕망은 만족과 연결되어 있고, 욕망은 특정 방식으로 만족되거나 혹은 남게 됩니다. 이것이 우리를 심미적 판단의 영역으로 이끕니다.

감정의 종류는 딱 한 가지뿐인데, 이것은 다른 것과 구별되는 혼의 삶의 중요한 특징입니다. 만족된 욕망이든 만족되지 않은 욕망이든 감정은 외부 대상뿐만 아니라 내면의 혼 체험과 연결될 수 있음을 쉽게 이해할 것입니다. 우리가 "만족한 욕망"이라고 지칭한 부류의 감정은 먼 과거에 이르는 것과 연결됩니다. 우리 자신 안에서도 만족한 또는 만족하지 못한 욕망의 시작을 찾아보세요. 그리고 잠시 동안 외부 대상에 의해 유발된 욕망과 자신의 혼의 삶에 의해 자극되는 욕망을 구별해보십시오. 우리는 외적 경험을 통해 욕망을 가질 수 있고, 자신의 혼 안의 원인으로 인해 만족한 또는 만족하지 못한 욕망을 가질 수도 있습니다. 그러나 이와는 다른 미세한 내적 체험을 통해 충족되지 않은 갈망을 갖기도 합니다. 욕망이 외부 대상에 직면하는 경우 우리의 추론 능력이 결론을 내리기에는 너무 미약한 상황이라고 해봅시다. 그러면 여러분은 결론을 포기해야 할 수도 있습니다. 그때 여러분은 불만족한 감정으로 인해 고통을 경험하게 됩니다.

그러나 추론이 결론에 이르지 못하고 욕망이 만족으로 끝나지 않는데도 고통이 일어나지 않는 경우가 있습니다. 일상적인 감각 경험을 통해 일상의 대상을 만나면서도 추론하지 않을 때 우리는 감각 현상 앞에 멈춰 서지만, 추론의 경우 우리는 감각 경험을 초월한다는 사실을 기억하세요. 우리는 외부 세계의 감각 인상이 솟구치는 혼의 경계까지 추론과 욕망 둘을 모두 짊어지고 갑니다. 그리고 정확히 혼의 경계에서 멈추는 추론의 힘이 욕망에 스며들며 전개될 때, 가장 기묘하게 구성된 감정이 일어납니다.

이 선이 시선의 입구인 눈을 나타낸다고 해봅시다. 이제 우리는 욕망(수평선)이 감각 경험의 문을 향하며 혼의 바깥 방향으로 흐르게 합니다. 그리고 추론 능력(수직선)도 이와 함께 흐르도록 합니다. 이것이 방금 언급한 독특한 구성을 가진 감정을 상징합니다.

일반적으로 추론 능력이 개발될 때, 심리적 활동은 혼의 내부가 아니라 혼의 외부에서 성취된다는 점을 기억하십시오. 그러면 외부 인상까지 흐르는 두 기류의 차이를 이해하게 될 것입니다. 만약 우리의 추론 능력이 혼의 경계까지 나아가는 것들을 결정하는 능력이었다면, 혼은 자신이 주도적으로 결정할 수 없는 것들을 스스로 받아들여야만 합니다. 그것이 바로 진실(truth)입니다. 욕망은 흘러나올 수 없고, 진실은 욕망을 압도합니다. 욕망은 진실에 굴복해야 합니다. 그러므로 혼에 이질적인 것, 즉 진실을 혼 안으로 받아들여야 합니다.

추론을 나타내는 선은 일반적으로 외부의 대상을 만나기 위해 혼의 삶 바깥으로 나오지만, 욕망은 경계에서 뒤로 튕겨지거나 자신 안에 갇히게 되기에 경계를 넘을 수 없습니다. 그러나 지금 예시에서는 추론과 욕망 모두 오직 혼의 경계를 향해 진전하고 감각 인상에 관한 한 서로 완벽히 일치한다고 가정하고 있습니다. 이런 경우 욕망은 외부 세계까지 솟구친 뒤, 그곳에서 우리에게 판단을 돌려줍니다.

욕망이 방향을 바꾸어 돌아오는 지점에서 욕망은 판단과 함께 되돌아옵니다. 어떤 판단을 가져오는 걸까요? 이러한 조건하에서는 오직 예술이나 아름다움에 어떤 식으로든 연결된 심미적 판단만이 가능합니다. 예술적 고찰이 있어야만 욕망이 경계를 넘어 충족되고, 추론이 경계에서 멈춘 뒤 최후의 판단이 돌아올 수 있습니다.

예술 작품을 보면, 그 작품이 욕망을 불러일으킨다고 말할 수 있나요? 네, 그렇습니다. 그러나 작품의 고유한 수단을 통해서 그런 것은 아닙니다. 물론 가능하기도 하지만, 그런 경우에는 심미적 판단은 혼의 발달과 무관하게 됩니다. 어떤 혼은 예술 작품에 어떤 식으로든 반응하지 않을 수도 있습니다. 이는 다른 대상들과의 관계에서도 자연스럽게 일어날 수 있는 일입니다. 하지만 그러면 우리는 다른 대상을 대면할 때와 마찬가지로 예술 작품을 볼 때도 완전한 무관심 속에 있는 것입니다. 반면에 여러분이 무관심하지 않고 혼이 예술 작품에 적절히 반응하고 있다면, 여러분은 차이를 알아차릴 것입니다. 여러분은 추론과 욕망이 혼의 경계로 흘러가도록 내버려 둔 것이고, 그 후 욕망이 자신을 판단 속에 드러내며 혼으로 다시 돌아온 것입니다. 그렇게 돌아온 것이 바로 아름다움입니다. 무관심한 경우에는 아무것도 돌아오지 않지만, 무관심하지 않은 경우에는 욕망이 돌아옵니다. 예술 작품에 대한 욕망이 아닌 판단에 의해 충족된 욕망이 돌아오는 것입니다. 욕망과 추론의 힘은 혼 안에서 타협을 이룹니다. 외부 세계가 오직 내적 혼의 활동만을 촉진하는 경우, 외부 세계 그 자체가 여러분을 만족시킵니다. 정확히 여러분에게서 흘러나온 만큼 여러분에게 돌아오게 됩니다.

욕망의 혼적 실체는 확실히 감각의 경계로 흘러가야 하기 때문에, 예술 작품은 필수 불가결하게 존재할 수밖에 없다는 점을 유의하십시오. 작품에 대한 회상은 실제로 존재하는 심미적 판단과는 다른 무언가를 낳습니다.

그러므로 진실이란, 일종의 외부의 혼의 삶과 관련하여 욕망이 굴복하는 어떤 것입니다. 아름다움은 욕망과 추론이 정확히 일치하는 곳에서 생겨납니다. 혼의 경계에서 욕망이 자발적으로 중단하면 판단이 서고, 욕망은 판단으로 돌아옵니다. 그것이 바로 아름다움의 경험이 그토록 온기를 퍼뜨리는 만족감인 이유입니다. 혼의 삶이 영혼으로서 경계까지 흐르고 다시 판단으로서 돌아오는 때가 혼의 힘들이 가장 균형을 이룰 때입니다. 아름다움에 대한 헌신은 건강한 혼의 가장 완전한 충분조건입니다.

혼의 갈망이 큰 파도를 타고 감각의 최전선까지 밀려와 판단을 가지고 돌아갈 때, 우리는 아름다움에 대한 헌신이 있을 때 일상적인 삶의 상태가 훨씬 나아진다는 것을 알 수 있습니다. 사고의 결실을 맺고자 할 때, 우리는 혼 안에서 욕망의 힘이 끊임없이 굴복해야 하는 매개체를 가지고 활동하고 있습니다. 자연스럽게 욕망의 힘은 언제나 진실의 위엄에 굴복하지만, 이것이 강요되는 경우는 필연적으로 혼의 건강이 손상되는 결과가 생깁니다. 욕망이 끊임없이 굴복해야만 하는 사고의 영역 안에서 끊임없이 노력하는 것은 결국 인간 혼을 메마르게 만들지만, 만족된 욕망과 판단을 동등하게 가져다주는 추론은 인간의 혼에 전혀 다른 무엇인가를 안겨줍니다.

이는 물론, 우리가 끊임없이 아름다움에 파묻혀 있어야 하고 진실은 건강에 해로운 것으로 여기라는 말이 아닙니다. 그것은 '진실을 탐구하는 것은 건강하지 못하니 이는 삼가고, 아름다움에 파묻히는 것은 이를 마음껏 탐닉하자.'라는 식의 공리를 세우는 꼴이 될 것입니다. 그러나 이것의 실제 의미는, 우리는 진실을 탐구할 의무와 필연성 속에서 욕망이 스스로에게 되돌아올 수 있도록 욕망의 삶에 맞서 싸워야 한다는 것을 뜻합니다. 진실을 추구할 때 우리는 참으로 당연히 그래야만 합니다.

그러므로 진실에 대한 탐구는 무엇보다 겸손을 가르치고 우리의 이기주의를 물러나게 합니다. 진실에 대한 탐구는 우리를 더욱 겸허하게 만듭니다. 그러나 사람이 이대로 살다가 점점 더 겸손해지면, 결국에는 스스로 소멸되고 말 것입니다. 혼의 삶을 완성하는 데 필수적인 내면의 존재에 대한 느낌(sentience)이 부족하기 때문입니다. 인간은 끊임없이 진실에 항복해야 하는 필연성 때문에 자신의 고유함을 상실해서는 안 됩니다. 이 지점이 바로 심미적 판단이 개입하는 곳입니다. 심미적 판단이 살아 있는 삶은 그 사람이 혼의 경계까지 가지고 갔던 것을 다시 가져오도록 구성되어 있습니다.

그러한 심미적 판단의 삶 안에서는 진실의 빛에 비추어 행하는 것이 허용됩니다. 진실에 따르면 우리의 자의적인 선택과 무관하게 결론을 내리게 됩니다. 진실을 추구할 때 우리는 우리 자신을 완전히 포기해야 하며, 그 대가로 우리는 진실이 보장됩니다. 심미적 판단에 이르고 아름다움의 경험을 추구함에 있어서도 우리는 자신을 완전히 내맡길 수 있어야 합니다. 감각 느낌(sense sensation)의 경우와 같이 혼이 솟구쳐 경계에 도달하도록 내버려 두어야 합니다. 그러나 우리는 자기 자신에게 다시 돌아가는데, 이는 스스로 결정할 수도 없고 외부에서 결정할 수 있는 것도 아닙니다. 우리는 자신을 포기하고 다시 자신에게 되돌려집니다. 진실은 오직 판단만을 가져올 뿐이지만, 심미적 판단 또한 우리 자신을 선물처럼 되돌려줍니다. 그것이 심미적 삶의 특별한 점입니다. 심미적 삶은 진실, 즉 사심 없는 마음으로 이루어져 있지만 동시에 혼의 삶 안에서 자신의 우위를 주장하며 자신을 자발적인 선물로서 스스로에 돌려줍니다.

이 강의에서 보시다시피, 저는 잘못 정의된 문제들을 다루어야만 합니다. 우리는 단지 혼의 삶을 규정하고 연구함으로써 그들을 있는 그대로 기술하려고 노력할 것입니다.

작년의 인지학 강의에서 우리는 아래쪽에서 신체가 혼의 생명과 접한다는 사실을 배웠습니다. 이 영역에서 인간 존재와 인간의 신체, 그리고 신체의 구성과 관련된 모든 것을 연결지어 이해하려고 노력했습니다. 본 강의의 궁극적 목적은 삶의 규칙, 삶의 지혜를 설명하는 것이므로 폭넓은 기초가 꼭 필요하겠습니다.

오늘 우리는 혼의 삶의 깊숙한 곳으로 밀려드는 욕망의 본질에 대해 통찰을 얻었습니다. 이전 강의에서 언급한 지루함 같은 느낌과 관련된 특정 경험이 혼 안에서 고유한 삶을 이끌어가는 거품 같은 과거의 심상에 의존한다는 것을 배웠습니다. 우리가 존재하는 이 순간은 심상이 이끄는 삶의 본성에 많은 것이 달려 있습니다. 우리의 마음의 틀, 행복이나 고통은 심상이 혼 안에서 독립적인 존재로 행동하는 방식이나 지루함의 의미 등에 달려 있습니다. 요컨대 우리 혼에 사는 이 존재들에 의해 현재 삶의 행복이 달려 있다고 할 수 있습니다.

우리는 현재 혼의 삶에 들어가도록 허용한 특정 심상에 대해서는 무력합니다. 다른 것을 대할 때는 의지를 통해 심상을 불러오는 능력이 있기에 힘이 있습니다. 이때, 어떤 심상은 쉽게 회상되고 어떤 심상은 그렇지 않은지 궁금해집니다. 이는 인생에서 아주 중대할 수 있는 문제입니다. 게다가 심상이 생길 때 더 쉽게 혹은 덜 쉽게 사용할 수 있도록 만들 수 있을까요? 네, 그렇습니다. 우리는 이 과정에 무언가 기여할 수 있습니다. 사람들이 개념을 쉽게 회상할 수 있다면 이것이 매우 유익하며 삶의 부담을 엄청나게 줄이는 방법이라는 것을 알게 될 것입니다. 여러분은 함께 가지고 갈 무언가를 주어야 하는데, 그것이 도대체 무엇일까요? 혼의 삶은 결국 욕망과 추론으로 이루어져 있기 때문에 우리는 이 두 가지 요소 안에서 찾아낼 수 있습니다.

욕망은 욕망 그 자체 외에는 아무것도 줄 수 없습니다. 개념을 가지는 순간, 그 개념이 우리 안으로 흐르는 순간, 우리는 가능한 한 최대의 욕망을 주어야 하는데, 이는 오직 개념이 사랑으로 스며들 때만 가능합니다. 개념에 욕망의 일부를 줌으로써 우리는 추후의 혼의 삶에 대한 안전 통행권을 받게 됩니다. 심상에 사랑이 더 많이 담길수록, 더 많은 관심을 쏟을수록, 우리 자신과 그것이 만날 때 자신을 더 많이 잊을수록 그것은 더욱 영원하게 보존될 것입니다. 개념을 마주하여 자신을 잊을 수 없는 사람은 그 개념을 빨리 잊어버릴 것입니다. 개념은 사랑으로 에워쌀 수 있습니다.[2]

그러나 우리는 추론이 개념에 어떻게 작용할 수 있는지 여전히 잘 모릅니다. 개념은 혼의 삶에 단순히 더해졌을 때보다 추론의 힘을 통해 받아들였을 때 기억에 의해 더 쉽게 회상됩니다. 혼의 그물망에 들어가는 어떤 심상에 대해 추론하며 이 심상을 추론으로 에워싸면, 여러분은 그것을 쉽게 기억하기 위한 무언가를 다시 제공하고 있는 것입니다. 아시다시피 여러분은 하나의 개념에 분위기 같은 것을 부여할 수 있고, 이때 개념이 기억에 쉽게 떠오르거나 그렇지 않은 것은 우리 자신에게 달려 있습니다. 심상을 추론과 사랑의 분위기로 둘러싸는 것은 혼의 건강을 위해 매우 중요합니다.

이와 관련하여 우리는 자아 개념도 충분히 고려해야 합니다. 지속적인 혼의 삶 전체는 중심적인 심상인 자아 개념과 끊임없이 관계를 맺습니다. 오늘 제시한 경로를 따른다면 우리는 다음 강의에서 기억과 자아 경험 사이의 상관관계를 발견할 것입니다.

근본적으로 혼의 욕망을 주된 경향성으로 가집니다. 그러면 영적 수련을 통해 혼의 목표를 높여야 함을 알고 있는 사람은 어떤 면에서 욕망을 극복해야 한다는 것을 알고 놀랄 것입니다. 그러나 "혼 안에서 욕망을 이겨낸다."라고 말하는 것은 정확한 표현은 아닙니다. 욕망은 미지의 깊은 혼 안에서 발생합니다. 그러면 욕망과 함께 솟구쳐 오르는 것은 무엇인가요? 무엇이 표현된 것인가요? 그 깊이를 헤아리고자 한다면, 우리는 그것을 욕망에 대한 더 높은 차원에 상응하는 것이자 우리 존재로부터 의지로써 나아가는 것으로 보며 잠시 추상적으로 접근해야 합니다. 더 고차원적 발전을 위해 우리가 욕망과 싸울 때, 우리는 의지와 싸우는 것이 아니라 단지 욕망의 특정 대상이자 변형된 욕망과 싸우는 것입니다. 그러면 순수한 의지가 지배하게 됩니다. 욕망의 내용과 함께 대상과 결합된 의지는 탐욕과 같습니다. 그러나 우리는 추론을 통해 스스로 욕망을 없애고자 하는 개념에 도달할 수 있고, 이처럼 대상으로부터 해방된 의지는 인간의 가장 고차원적인 자질 중 하나입니다. 이것을 '살고자 하는 의지'와 같은 개념과 혼동하지 마시길 바랍니다. 그것은 대상을 향한 의지의 표현입니다. 확실한 욕망 안으로 변형되지 않은 때에만 의지는 순수하고 자유롭습니다. 다르게 말하면 대상을 향하는 대신 정반대의 방향일 때 의지는 순수하고 자유로워집니다.[3]

의지의 삶이 감정 안으로 밀려올 때, 우리는 의지와 감정 간의 관계를 연구할 훌륭한 기회를 얻게 됩니다. 그러면 의지에 대해 아주 기막히게 설명해낼 수 있습니다. 누군가는 의지가 반드시 특정 목적으로 이어져야 한다고 주장할 수 있습니다. 그런 정의는 완전히 정당화될 수 없는데, 이를 제안하는 사람들은 언어의 신비성에 몰두하는 것이 종종 더 나을 것 같기도 합니다. 예를 들어 언어에서 영감을 주는 단어를 볼 수 있는데, 이는 의지가 바로 감정으로 전환되는 내적 경험을 불러일으킵니다. 의지가 닳아 없어지는 과정에서 의지에 대한 갈망을 내면에서 관찰할 수 있다면, 어떤 대상이나 존재를 대면할 때 의지가 일정 수준까지 솟구쳐 오르는 것을 지각할 수 있습니다. 이것은 그 대상을 향한 깊은 불만족감을 일으킵니다. 이러한 종류의 의지는 확실히 행동으로 이어지지 않고, 언어는 영감을 주는 용어 Widerwille[역자 주: 직역하면,

반-의지, 역-의지, Widerwille는 종종 싫음, 반감, 혐오 등의 뜻으로 사용된다. 영어에서는 불행히도 이러한 특정한 단어들이 부족하다.]를 줍니다. 그러나 이는 감정이기에 감정 안에서 의지를 인식해보면 사실 의지는 욕망이 자기 자신으로 되돌아간 것이고, 언어는 직접적으로 의지를 감정으로 성격화하는 단어를 실제로 가지고 있습니다.

이는 의지가 행위의 출발점일 뿐이라는 정의의 오류를 보여줍니다. 혼의 삶 안에서 우리는 모든 방향에서 솟구쳐 오르는 분화된 의지인 욕망을 발견합니다. 이곳에서 혼은 자신을 다양하게 드러냅니다.

의식과 혼적 삶
1910년 11월 4일, 베를린

방금 낭송된 젊은 괴테의 시와 어제 낭송된 헤겔의 시[역자 주: 이 강의 시작에 낭송된 시의 제목은 「주 그리스도의 지옥으로의 추락에 대한 시적인 생각」이었다. 「방황하는 유대인」처럼 그 시 또한 생략되었다. 하지만 독자의 상상력으로 그 부분을 채울 수 있을 것이다.]를 비교하기 위해 노력함으로써 어제 논의했던 내용과 아직 다루지 못했던 내용에 대해 보다 긴밀하게 이해할 수 있을 것입니다. 두 사람의 혼의 차이를 강조하여 비교함으로써 우리는 깨달음을 얻을 것입니다. 두 시의 심오한 차이를 느껴보세요. 시간 관계상 단지 일부만 얘기하게 되겠지만, 우리는 모두 이 차이를 이해할 수 있을 것입니다.

여러분이 어제 들은 시 'Eleusis'는 굉장히 높은 경지의 순수한 사고에 이른 철학자가 쓴 것입니다. 우리는 헤겔을 통해 사고 그 자체가 시적으로 창의적이 되는 것을 보았습니다. 우리는 수수께끼와 같은 세상의 신비를 품은 힘센 사고를 느꼈습니다. 동시에 어떤 대상을 시적으로 처리하는 과정에서 일종의 어색함도 느껴졌는데, 이는 시를 쓰는 것이 헤겔의 주된 사명이 아니었기 때문입니다. 그는 시적인 형태를 만드느라 애를 썼고, 사고를 가능한 시적 형태에 담아내기 위해 고군분투했다는 인상을 받을 수 있었습니다. 분명한 것은 헤겔은 이런 시를 많이 쓰지는 못했을 것입니다.

하나의 분명한 관점에서 이 시를 다른 것과 비교해봅시다. 첫 번째 강의에서 젊은 괴테의 시를 변형해서 여러분께 들려드렸고, 어떻게 괴테의 가슴속에 두 가지 혼이 살았는지를 보여드렸습니다. 오늘, 여러분은 어떠한 수정도 필요 없었던 젊은 괴테의 또 다른 시를 들었습니다. 장대한 상(image)과 함께 쓰인 이 시의 형태는 성숙한 괴테에게도 가치 있었을 것입니다. 우리는 이 시에서 괴테 안에서 작용하는 혼의 힘은 헤겔의 것과는 완전히 다르다는 것을 볼 수 있습니다. 젊은 괴테 안으로 매력적인 상이 풍부하게 흘러들어 간 것이 틀림없습니다. 그의 타고난 천재성으로 인해 다양한 상이 혼 안으로 쏟아져 들어 갔습니다. 우리는 주제의 웅장함이 그를 압도할 때, 그의 다른 시 안에 남겨져 시를 훼손한 것이, 자신을 상들 안에서 표현하려고 하는 강력한 혼의 삶에 의해 극복되었음을 알 수 있습니다.

우리는 낭독된 시에서 세 가지 흥미로운 점을 발견합니다. 헤겔에게 사고는 원동력입니다. 사고는 오로지 투쟁을 통해서 상을 얻게 되고, 이 투쟁의 강도는 옅은 상일지라도 여전히 구별할 수 있습니다. 반면 괴테의 경우 완전히 다른 혼의 힘이 작용하여 장대한 상을 따라 울려 퍼집니다. 두 가지 혼의 세력 사이의 갈등으로 인해 파편으로 남아있는 「방황하는 유대인(The Wandering Jew)」 시처럼, 우리는 혼의 힘이 어떻게 다른 방식으로 손상될 수 있는지 알게 됩니다. 이는 혼의 삶의 다중적인 본성을 가리킵니다. 헤겔을 통해 우리는 다른 혼의 힘으로 힘들게 스며드는 사고의 힘을 발견했고, 이는 괴테에게서 더 강력했습니다. 다른 한편으로는 괴테의 혼 안의 최고의 힘이 이에 반대되는 무언가를 뚫고 들어가는 과정을 보게 됩니다. 이를 염두에 두도록 합시다.

이제 우리는 혼학 연구를 이어가 볼 것입니다. 혼의 삶 안에서 작동하는 것들을 기억하십시오. 추론, 욕망으로부터 기인하는 호불호 체험이 그것이지만, 우리는 이를 다른 방식으로 나눌 수도 있습니다. 추론 능력은 정신적 활동이자 진실을 이해하고자 하는 욕망으로서의 능력을 의미합니다. 혼이 어떻게든 외부 세계에 흥미가 있다고 생각할 때, 우리는 완전히 다른 혼의 힘을 만나게 됩니다. 호불호 느낌이 외부 세계에 적극적으로 참여하는 한, 혼은 외부 세계에 흥미를 가집니다.

그럼에도 불구하고 호불호 현상은 추론 능력과는 아무 상관이 없습니다. 흥미와 추론의 힘은 혼에서 아주 다르게 작용하는 두 가지 힘입니다. 예를 들어 여러분이 혼 안에서 의지를 찾고자 하고 의지가 스스로 기능한다고 상상한다면, 여러분은 의지가 발휘된 영역 안에서 흥미가 생길 것입니다. 요약하자면 호불호와 추론에 의해 흥미가 깨어납니다. 이러한 경험 없이는 혼의 내적 영역에서 그 어떤 것도 찾을 수 없을 것입니다. 그것들은 혼의 삶의 내용을 고갈시킵니다.

그러나 앞에서 한 번에 다루었던 혼의 삶의 가장 중요한 특징 중 하나는 고려되지 않았습니다. 그것은 우리가 의식이라는 단어로 지칭하는 것입니다. 의식은 혼의 삶에서 필수적인 부분입니다. 혼의 삶의 내용을 모든 방면에서 탐색할 때, 우리는 추론 능력과 흥미를 만납니다. 그러나 두 혼의 힘이 가지는 내적 특징을 다룰 때는 의식을 혼의 결과로 이해할 때에 한해 혼의 요소에 포함시킵니다.

그러면 의식이란 무엇입니까? 저는 단어를 정의하기보다 단순히 성격화해보겠습니다. 만일 여러분이 이미 공부한 것에 비추어 "의식"이라는 개념에 접근한다면, 심상의 지속적인 흐름에 비추어볼 때 혼의 의식 상태는 혼의 삶과 결코 일치하지 않는다는 것을 알게 될 것입니다. 왜 그럴까요? 우리는 심상이 의식에 들어가지 않고도 혼 안에서 계속 살 수 있다는 사실을 통해 혼의 삶과 의식의 상태는 다르다는 것을 보았습니다. 과거로부터의 개념은 우리의 혼의 삶 속에 살아 있습니다. 우리는 이를 회상할 수 있지만, 즉시가 아니라 하루 이틀 후에 회상한다면 이것은 의식 속에 있던 것이 아니라 기억 속에 있던 것입니다. 기억이 항상 의식을 품고 있는 것은 아닙니다. 따라서 개념은 혼에 존재했었지만 금세 우리의 의식에는 존재하지 않습니다. 의식은 혼의 삶의 연속적인 흐름과 같은 것이 아닙니다. 우리는 다음과 같이 생각해야 합니다. 우리는 언젠가 기억할지도 모르는 심상을 시간의 흐름에 따른 심상의 방향을 가리키는 화살표로 나타내보면, 과거에서 미래로 흘러가는 모든 시각화를 포함하게 될 것입니다. 그것들을 의식하기 위해 우리는 먼저 의지적 행위에 의해 혼의 무의식적 삶에서 이들을 불러내야 할 것입니다.

영혼이 깨어 있을 때 의식의 상태는 혼의 삶과 관련된 것이지만, 혼과 관련된 모든 것이 의식의 상태와도 관련 있어야 한다는 의미는 아닙니다. 반대로 의식은 혼의 삶의 일부만을 조명합니다. 그 이유를 물으신다면, 누군가는 이렇게 대답할 것입니다. "글쎄요, 당신이 '심상의 연속적인 흐름'이라고 부르는 것은 신경과 뇌의 잘 짜인 특정 배열에 의한 것이고, 우리는 특정 순간에 의식을 통해 뇌의 배열을 밝히면 되는 것입니다." 심상이 되는 과정에서 지각이 무언가를 빼앗기지 않았다면 실제로 그랬을 것입니다. 이런 경우에 지각은 심상으로 변환될 필요가 없습니다. 그러나 심상은 반응과 같습니다. 반응은 외부 세계로부터 무언가를 훔쳐 와 내부에서 지각하는 것으로, 외부 세계의 무언가는 의식과 항상 연결된 것은 아니면서 오히려 의식에 의해 조명되어야 합니다.

다음으로 우리는 어떻게 무의식적 심상을 수용하는 연속적인 흐름에 빛을 비추어 기억에 나타나게 하는 것이 가능한지 질문을 던져봅니다. 물질계에서 일어날 수 있는 혼의 삶에 대한 사실이 이를 설명해 줄 것입니다. 이는 생리학에서 완전히 무시되는 사실이지만, 우리는 편견이 아닌 사실을 알고자 합니다. 우리는 많은 종류의 감정을 가지고 있습니다. 예를 들면 염원, 조바심, 희망, 의심, 그리고 마지막으로 불안이나 두려움 등이 있습니다. 이것들은 우리에게 무엇을 말해줍니까? 관찰해보니 이들은 희한하게도 공통점을 가지는 것으로 나타났습니다. 이들은 모두 결국 일어날 수도 있고 희망의 목표가 되기도 하는 미래와 관련이 있었습니다. 그러므로 인간의 혼의 삶은 감정에 따라 현재뿐 아니라 미래에도 관심을 기울이고 그것에 대해 생동감 있는 삶을 살도록 이루어져 있습니다. 뚜렷한 욕망의 경우 이 현상은 더욱 강해집니다. 미래에 실현될 무언가를 원할 때 혼이 격변하는 것을 지켜보십시오! 우리는 이보다 더 멀리까지 생각할 수 있습니다. 젊었을 때 경험한 기쁨이나 슬픔을 기억 속에서 찾아보고 최근에 겪었던 비슷한 감정과 비교해보십시오. 이를 시도하면 기억을 정돈하려고 할수록 그 기억이 얼마나 옅은지를 알게 됩니다. 현재의 기억은 생생하고 강렬하지만, 시간이 지나 기억으로부터 멀어질수록 기억은 옅어집니다.

사건의 원인이 사라졌는데 10년 전에 일어난 일을 떠올리며 한탄하는 사람이 몇 명이나 되는지 묻고 싶습니다. 우리가 미래와 과거를 보는 방식에는 엄청난 차이가 있습니다. 이 사실에 대해서는 딱 한 가지로만 설명할 수 있습니다. 우리가 욕망이라고 부르는 것은 심상이 흐르는 방향과 다르게 흘러가는데, 그 대신 심상은 욕망을 만나러 옵니다. 만일 여러분이 이 한 가지 사실을 자연스럽게 받아들일 수 있다면, 여러분의 혼의 삶에 강력한 빛이 비추어질 것입니다. 욕망, 호감, 불호, 소망, 흥미 등은 미래에서 과거, 즉 여러분 자신을 향한 기류가 되어 흘러갑니다.

이것을 자세히 설명하려면 수일이 걸릴 것입니다. 그러나 욕망, 호불호의 기류가 여러분을 만나기 위해 미래로부터 왔으며 심상의 기류는 과거로부터 나와 미래로 흘러간다는 전제에서 시작한다면, 의식의 수수께끼가 풀릴 것이고 혼의 삶의 전체적인 특성이 명확해질 것입니다. 매 순간 우리는 이 두 흐름의 만남 가운데 존재하고, 혼의 삶의 현재 순간이 이러한 만남으로 이루어졌다는 사실을 고려할 때 여러분은 자신의 혼 안에서 이 두 흐름이 중첩된다는 것을 쉽게 이해할 것입니다. 이 중첩이 바로 의식입니다.

현재의 어느 순간에라도 자신의 의식적인 혼의 삶을 조사해본다면, 과거에서 미래로 작용하는 무언가와 미래에서 과거로 작용하는 무언가가 함께 있음을 발견할 수 있습니다. 의식은 이 두 흐름이 겹치는 것 외에 다른 방법으로 설명할 수 없으며, 이때 발생하는 모든 중첩을 시각화하면 혼은 과거에서 흘러나오는 것과 미래로부터 현재를 만나기 위해 흘러나오는 것 모두에 관여하고 있음을 알 수 있을 것입니다. 특정 순간에 의식적인 혼을 관찰해보면 이 두 기류가 상호 침투하는 현상을 볼 수 있습니다. 바로 여기에 여러분이 과거에서 가지고 온 개념이 모두 존재하며, 흥미, 소망, 욕망 등과 같이 미래에서 과거로 흐르며 현재 심상의 기류를 만나는 것도 모두 존재합니다.

이 두 가지 기류는 비교적 명확하게 구별되기 때문에 이름 자체가 중요한 것은 아니더라도 각각의 이름을 지정할 것입니다. 제가 만약 일반 대중 강연을 하고 있었다면 관례에 따라 호기심을 자아내는 이름을 택할 것입니다. 예를 들면, 한 기류를 A라고 부르고 나머지 기류를 B라고 부를 수 있습니다. 그러면 여러분은 A와 B가 어디에 유용한지 방정식을 풀기 시작할 것입니다. 이름이 중요한 것은 아니지만, 다른 각도에서 보았을 때 알아야 하는 내용을 상기할 수 있는 이름을 선택해 두 가지 측면에서 이를 숙고해보고자 합니다. 첫째, 자신의 연구로 입증된 결과를 통해 자신이 좋아하는 어떤 이름이든 선택할 수 있는 순수한 경험주의자의 관점에서 숙고하려 합니다. 이때 이름은 큰 의미를 갖지 않겠지요. 둘째, 천리안적으로 관찰한 내용을 바탕으로 특정 이름을 선택하는 관점에서 숙고해봅니다. 따라서 우리는 과거에서 미래로 흐르는 심상의 기류를 "혼의 에테르체"라고 명명하고, 미래로부터 과거로 흐르는 욕망의 기류를 "혼의 아스트랄체"라고 명명할 것입니다.

의식은 아스트랄체와 에테르체의 만남입니다. 우리는 이를 시험해 볼 수 있습니다. 아스트랄체와 에테르체에 대한 투시적 의식 연구에 대해 배운 모든 것을 기억해보고 여기에 적용해보십시오. 무엇이 두 기류의 교차점에서 중첩되어 쌓이게 하는지 자문해볼 필요가 있습니다. 답은 두 기류가 신체(physical body)에서 만난다는 사실에 있습니다. 잠시 신체와 에테르체가 사라졌다고 상상해보세요. 그럼 어떤 일이 일어날까요? 과거에서 미래로 흐르는 기류는 사라지고, 그 반대의 아스트랄 기류는 방해받지 않은 채 흐를 것입니다. 이것이 바로 인간의 죽음 직후에 일어나는 일입니다. 그 결과로 카말로카(Kamaloka, 欲界) 시기에 의식은 거꾸로 흐릅니다. 따라서 혼학의 경로를 따라가보면 정확히 신지학을 통해 배운 것을 재발견하게 됩니다.

다수의 투시적 연구 결과는 처음에는 물질적 측면에서 관찰한 것과 모순될 것인데, 이는 물리적 관찰 결과가 먼저 적절히 나열되어야 하기 때문입니다. 그러나 잘 나열되기만 하면 투시적 연구 결과는 언제나 검증될 수 있습니다. 투시적 관찰과 물리적 관찰의 결과는 일치하게 될 것입니다.

이제 우리는 혼의 또 다른 현상을 살펴볼 것입니다. 이는 일반적인 말투로 "놀라움"이라 불립니다. 놀라움이 정확히 무엇인가요? 우리는 언제 마주치는 대상에 의해 놀라게 되나요? 대상을 만나는 바로 그 순간, 우리의 판단이 혼으로부터 생긴 인상을 즉시 처리할 수 없으며 추론이 불가능한 때에만 놀라움이 일어납니다. 우리의 추론이 주어진 과제와 동등해지는 순간, 놀라움은 멈춥니다. 우리의 추론이 즉시 대처할 수 있는 것은 우리를 전혀 놀라게 하지 않고, 즉 놀라움은 일어나지 않습니다. 심지어 공포를 포함해 우리를 놀라게 하는 현상을 마주했을 때, 추론이 끼어들 새 없이 의식적 인상을 받으면 감정이 생깁니다. 그 이유를 찾고자 한다면 우리의 흥미 상태, 욕망 능력이 추론 능력이 흐르는 방향과 같지 않다는 사실을 깨달아야 합니다. 그렇지 않으면 둘은 일치하기에, 추론은 일상적인 흥미와는 다른 것이어야만 합니다.

추론은 과거에서 미래로 흐르는 혼의 기류와 동일할 수도 없고, 이와 함께 흐를 수도 없습니다. 그렇지 않으면 추론은 계속해서 심상의 기류와 일치하고, 우리가 추론할 때마다 혼의 삶 전체가 이에 참여해야 할 것입니다. 이때 심상은 중단되어야 합니다. 그러나 추론은 의식됩니다. 추론하는 순간 우리는 혼이 품고 있는 모든 심상을 마주하기에 너무나도 멀리 떨어져 있지 않습니까! 추론은 혼의 삶의 연속적인 흐름을 매 순간 파악할 수 없으므로, 이 둘은 일치할 수 없습니다. 추론은 미래에서 과거로 흐르는 기류와 일치할 수 없습니다. 그렇지 않으면 두려움, 불안, 놀라움이 생길 수 없을 것입니다. 따라서 추론은 이러한 기류 중 어느 것과도 일치하지 않습니다.

이제, 이 사실을 염두에 두고 과거에서 미래로 흐르는 에테르체의 연속적인 기류를 살펴봅시다. 에테르체는 실로 매우 독특한데, 이는 무의식적으로 혼 속에 흐를 수 있을 뿐만 아니라 의식될 수도 있다는 것으로 드러납니다. 무의식적 개념이 혼의 삶을 통과할 때 의식적으로 바뀔 수 있다는 점을 분명히 기억합시다. 무의식적 개념은 언제나 존재하지만, 언제나 의식되는 것은 아닙니다. 간단한 예시를 통해 이처럼 무의식적 심상이 의식화되는 순간에 주의를 집중해보겠습니다. 여러분은 그림 전시회에 걷고 있다가 한 그림을 보기 위해 앞에 멈춰 섰습니다. 그 순간 이와 똑같은 그림이 여러분의 의식 속에 떠오릅니다. 과거에 이 그림을 봤던 경험이 있기 때문입니다. 이때 기억을 불러 일으킨 것은 무엇일까요? 그것은 새로운 그림의 인상이 그 그림에 대한 옛 심상을 마음의 눈 앞에 마술처럼 시각화한 것입니다. 그 그림을 보지 못했다면 옛 심상은 표면으로 떠오르도록 자극받지 못했을 것입니다. 여러분은 이 과정을 다음과 같이 설명하면 이해할 수 있습니다. 내가 나의 자아라고 부르는 것은 그림을 대면함으로써 그림과 새로운 상호관계를 얻게 됩니다.

여러분의 자아가 새로운 것을 받아들이는 상황은 혼의 지속적인 흐름에 포함된 무언가에 작용하여 다시 시각화됩니다. 이 과정을 묘사하며 이에 대한 상을 가져봅시다. 지금 이 순간에 뒤를 돌아보지 않고 여러분 뒤에 있는 모든 대상을 떠올려보세요. 여러분은 그 대상을 볼 수 없습니다. 돌아보지 않고 그것들을 보기 위해서는 어떤 조건이 있어야 할까요? 거울을 들면 됩니다. 혼 안에서 무의식적으로 살아오던 심상과 새로운 인상으로 인해 겪는 과정 사이에도 이와 유사한 일이 일어납니다. 후자의 경우, 이를 마음의 눈으로 볼 수 있도록 옛 심상은 새로운 인상과 섞입니다.

그렇다면 오래된 심상의 시야를 가리고 보이지 않게 만드는 것은 무엇입니까? 그 길을 방해하는 것은 바로 여러분의 에고이며, 새로운 과정이 반영(refletion)을 요구할 때 그 결과가 기억입니다. 즉, 기억은 예전 심상이 의식화되는 과정입니다. 기억의 기류는 마치 빛이 거울을 향해 뒤로 나가는 것처럼 옛 심상에서 뒤로 나아갑니다. 그래서 앞으로 반사될 수 있습니다.

다음으로 이러한 반영의 원인을 살펴보면서, 인간의 퇴행적 기억은 특정 지점에서 멈춘다는 매우 의미심장한 사실을 상기해봅시다. 그때부터 태어나는 순간까지 인간은 아무것도 기억하지 못합니다. 그렇다면 과거 사건의 기억은 어디서부터 시작된 겁니까? 인간 삶에 있어 기억으로 돌아갈 수 있는 유일한 과정들은 실로 무엇입니까? 자아가 관여했던 것들이 그렇습니다. 즉, 특정 법칙의 요구에 의해서 어린이가 자신의 자아 심상을 발달시키기 시작하고, 이와 동시에 자아가 완전히 동화될 수 있는 때를 말합니다. 그렇게 우리의 신체적 삶 안에서 자아가 능동적인 힘으로 자신을 의식하면서 받아들인 심상만이 기억에 남게 되어 있습니다.

생애 첫 3년 동안에 아이의 자아는 어떻습니까? 처음에는 말하자면 모든 인상을 무의식적으로 받습니다. 자아 그 자체로 존재하는 때는 아닙니다. 그런 다음 외부에서 받은 모든 심상과 결합하기 시작합니다. 그것이 바로 인간의 자아가 심상 앞에 서고 심상을 자아 뒤에 두는 때입니다. 그때까지 자아 심상의 삶 전체는 순전히 현재의 삶에서만 살고 있었습니다. 이제 이 자아는 드러나고, 자유 속에서 미래를 마주하고, 미래에서 자신을 만나기 위해 오는 것은 무엇이든 받아들일 준비가 되어 있으며 과거 심상은 자신의 뒤에 둡니다.

자아가 모든 심상과 동화되는 순간, 즉 이것이 의식으로 떠오르는 순간에는 어떤 일이 일어날까요? 자아는 에테르체라 불리는 의식의 흐름에 합류해야 합니다. 아이가 자아의식을 발달시키기 시작하는 순간, 삶의 기류는 에테르체에 인상을 남기고 이와 함께 자아의식이 생겨납니다. 자아 인식은 결코 외부에서 올 수 없습니다. 물리적 세계와 관련된 심상은 외부로부터 얻은 것입니다. 아이가 자신의 자아를 감각하는 순간 이전에는 자신의 에테르체를 느낄 수 없지만, 그 이후부터 자아는 에테르체 기류를 자신에게 다시 반영시킵니다. 또한 이는 여러분에게 거울이 되기도 합니다. 요약하자면 물리적 세계와 관련된 모든 심상은 인간의 신체로 받아들여지고, 자아의식 또는 자아 심상은 자아가 내부의 경계에서 에테르체를 채우고 반사될 때 발생합니다. 에테르체가 내면으로 반사되는 것은 자아의식의 본질적인 특성입니다.

이러한 내적 반영을 일으키는 것은 바로 에테르체의 내부 경계입니다. 자아는 오직 이 경계를 통해서만 내적 반영을 거친 뒤 의식화됩니다. 기억하시듯이 아스트랄체는 에테르체를 만나러 온다고 배웠습니다. 자아는 에테르체를 채우고 내적 반영을 통해 자아 그 자체를 의식하게 됩니다. 자아의식은 모든 흥미와 욕망에 의해 강력하게 사로잡혀 있는데, 이는 이들이 자아 안에 견고하게 자리 잡고 있기 때문입니다. 그럼에도 불구하고 자아 지각은 어떤 면에서 욕망과 무관하며 독특한 점을 가지고 있는데, 이 현상은 우리가 이기주의라고 성격화하는 정도로 일어납니다. 인간의 혼은 스스로에게 특정 요구를 하는데 이는 혼에 의해 쉽게 증명됩니다. 모든 혼은 단순한 욕망이 자아를 불러일으킬 수 없다는 사실을 알고 있습니다. 아무리 원한다고 해도 절대 할 수 없습니다. 자아의식은 심상의 흐름과 마찬가지로 욕망의 흐름으로 구성되지 않습니다. 자아의식은 심상이나 욕망과는 근본적으로 다른 요소이지만, 두 기류 모두에 동화됩니다. 시간의 흐름에 자아의 흐름을 수직으로 그려 이 상황을 도식으로 표현할 수 있겠습니다. 이렇게 하면 올바른 그림이 그려집니다.

그것이 관련된 모든 심리적 현상을 설명할 수 있는 유일한 방법입니다. 어떤 기류가 과거에서 미래로 흐르는 기류와 미래에서 과거로 흐르는 기류, 두 가지 기류로 수직을 이루며 흐르고 있다고 가정한다면 여러분은 언제나 자아와 관련된 심리적 현상을 다룰 수 있을 것입니다. 이 기류가 바로 인간의 자아 요소에 해당하는 기류입니다.

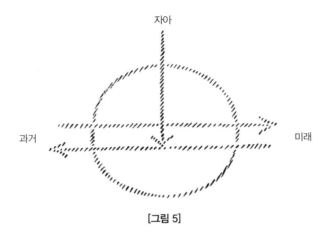

[그림 5]

인간의 심리적 경험의 본성에는 자아와 관련된 또 다른 무언가가 있습니다. 바로 추론의 힘입니다. 추론은 자아와 함께 들어갑니다. 이 것을 그림으로 시각화해보면 여러분은 놀라움이나 흥미는 이해할 수 있지만, 자아의 추론 활동은 이해할 수 없을 것입니다. 자아의 추론 활동은 과거로부터의 방향으로 진행되는 과정에 개입할 수가 없습니다. 자아가 욕망과 함께 동시에 들어갈 수 없다면 추론이 미래에서 과거로 흐르는 기류를 만나는 것도 불가능합니다. 추론 활동이 자아 기류에 진입하기 위해서는 무엇이 필요할까요? 이는 반영으로, 자아가 자신의 뒤에서 무의식적 심상이 흐르게 하는 방식으로 반영이 일어나야 합니다.

자아 기류가 도식에서 화살표가 가리키는 방향으로부터 유입되고 이후 신체 안에서 미래를 향한 쪽으로 방향을 바꾸는 경우, 반영은 위와 같은 방식으로 일어날 것입니다. 그러면 자아는 에테르체의 흐름에 합류하여 에테르체 안으로 들어갑니다. 말하자면 거울이 된 것입니다. 이는 놀랍게도 사실입니다. 만약 자아가 자신의 뒤에 무의식적으로 앞을 향해 흐르는 심상을 지녔다고 가정해봅시다. 그러면 미래를 향한 앞쪽은 무엇을 만나게 될까요? 여러분이 거울을 보고 있다고 상상해보세요. 여러분의 뒤에 아무것도 없다면 끝없는 공허함만 보일 뿐인데, 이것이 바로 인간이 처음에 미래에 대해 갖는 시야와 같습니다. 우리는 과거의 것이 나타나는 때에만 무언가를 볼 수 있습니다. 거울은 여러분의 뒤에 있는 것들을 보여주기에 여러분은 미래가 아닌 과거를 보고 있습니다. 이제 아이가 자의식이 생겨서 자아가 내적으로 반영되면, 그때부터 혼의 삶 전체는 과거의 경험과 인상도 반영하기 시작합니다. 이 때문에 자아가 반영의 수단으로 쓰이기 전까지는 아무것도 기억하지 못하는 것입니다. 거울에 과거의 무언가가 비춰졌다면, 마치 거울 유리 뒷면의 수은 막 너머로 아무것도 볼 수 없는 것처럼 미래의 것은 무엇도 볼 수 없습니다.

아이의 경우, 자아가 시작되며 에테르체 안에 반영될 때 과거의 일을 전혀 기억하지 못한다는 점에 주목해야 합니다. 모든 것이 하나의 본질에 의해 설명됩니다. 인간 자아는 에테르체에 들어가고 과거로부터 심상을 전달받는 한, 그 시각 이후로 전달받는 모든 것에 대해 쉽게 영향받는 반영 장치입니다.

이제 이미 언급한 것처럼 기억에는 두 종류가 있음을 상기해봅시다. 하나는 반복된 외부 지각에 의해 생기는 것이고, 다른 하나는 외적 반복 없이 자아의 힘에 의해 혼으로부터 불러일으켜지는 것이었습니다. 자아가 과거 사건을 반영하고자 하면 어떤 일이 일어나야 할까요? 이전에 본 적 있는 그림을 두 번째로 혹은 세 번째로 다시 보게 된 경우, 그림을 통해 외부 인상을 전달받았다고 해봅시다. 그러면 반대편에서 오는 반영의 빛줄기는 내면에서 혼의 거울에 부딪힐 수 있도록 제어됩니다. 만약 반복되는 외부 인상이 없었다면 어땠을까요? 그러면 자아는 내면에서 반영된 것들을 모아서 외부 인상에 영향받는 것의 대체물을 만들어야 합니다.

인간의 신체적 삶에 주로 등장하는 이 자아는 무엇일까요? 그것은 에테르체의 내적 성취입니다. 따라서 자아는 에테르체 안에서 거울을 통해 변형되어야 하고 이는 에테르체의 경계를 통해 일어납니다. 여러분은 신체 안에 존재한다는 이유로 외부의 감각 인상과 분리되어 있고, 이 사실 때문에 에테르체 안에 살고 있는 것이 반영될 수 있습니다. 그러나 여러분이 자유롭게 기억을 떠올리는 것을 설명하기 위해서는 다른 힘이 있어야 합니다. 에테르체는 거울처럼 박(箔, foil)으로 쌓여 있어야 합니다. 그러면 이는 새로운 인상과 신체의 감각 기관에 의해 소환되는 기억을 위해 쓰입니다.

외부에서 작용하는 것이 아무것도 존재하지 않을 때, 우리는 에테르체를 감싸는 박막을 다른 곳에서 찾아야 합니다. 유일한 대안은 자아에 수직으로 다가가는 보조력, 즉 욕망을 사용하거나 우리를 향해 흐르는 기류를 이용하는 것뿐입니다. 우리는 이를 거울의 박막으로 사용할 수 있습니다. 아스트랄체를 적절히 강화해야만 욕망의 힘을 불러일으키고 심상을 기억에 떠올리게 하는 자아의 힘을 개발할 수 있습니다. 자아가 물리적 세계에서 자신을 드러내는 것처럼 자아를 강화해야만 미래를 향해 흐르는 기류를 실제로 사용하고 박으로 쌓인 거울을 만들 수 있게 됩니다. 자아를 강화해야만, 즉 자아가 미래로부터 우리에게 다가오는 아스트랄체의 주인이 되도록 해야만 심상이 거울에 비춰지기를 거부하고 우리에게 항복하기를 거부할 때 어떤 것이든 시도해볼 수 있습니다. 만약 심상을 회상할 수 없다면 이는 욕망이 필요량보다 모자랐기 때문입니다. 욕망을 반영하려면 빛을 내야만 합니다.

자아는 두 가지 방식으로 강화할 수 있습니다. 예를 들어 여러분은 일상생활에서 연속적으로 경험하는 것들을 따라가기만 해도 여러 가지를 체험합니다. 종이 울리면 첫 번째 음, 두 번째 음, 세 번째 음 등의 순서로 들립니다. 연극에서는 다양한 부분을 차례로 듣고 나면 끝이 납니다. 여러분은 자신의 자아와 함께 에테르의 삶의 연속적인 흐름대로 살고 있지만, 만약 의도적으로 정반대의 삶의 흐름을 경험하고자 하면 아스트랄 기류를 따라 살면 됩니다. 예를 들어, 저녁에는 그날의 일을 역순으로 회상하거나 주기도문을 거꾸로 암송해보세요. 그러면 여러분은 일반적인 자아 기류를 따르지 않고 정반대로 가는 것인데, 일반적으로 자아는 에테르체를 채워서 살아갑니다. 주기도문을 거꾸로 암송한 결과로 여러분은 아스트랄 기류에서 나온 힘을 통합하게 됩니다. 이것은 기억력을 강화하는 데 아주 좋은 훈련입니다.

기억력 강화를 위한 또 하나의 훈련이 있습니다. 누군가 특히 기억력이 좋지 않은 경우, 온 힘을 다해 젊은 시절의 작업을 받아들이면 이 상황을 타개할 수 있습니다. 현재 40세인 사람이 그가 15세 때 푹 빠졌던 책을 다시 읽는다고 가정해봅시다. 그가 젊었을 때 가졌던 감정으로 책에 몰두하려고 계속 노력한다면 그는 뒤로 흐르는 기류로부터 힘을 얻습니다. 과거에 했던 것과 동일한 사실을 회상하면 미래로부터의 기류는 여러분을 돕기 위해 흘러옵니다. 예를 들어 노인이 젊은 날의 작업을 회상하기를 좋아하는 이유는 무엇입니까?

이를 통해 자아가 기억을 강화하고자 한다면 자아는 에테르 기류를 만나기 위해 흐르는 아스트랄 기류로부터 스스로 강력해져야 한다는 사실을 알 수 있습니다. 교육 현장에서 이와 같은 문제에 주의를 기울인다면 그 효과는 굉장히 유용할 것입니다. 예를 들어 7개의 수업은 중앙인 네 번째 수업을 중심으로 배열할 수 있습니다. 세 번째 수업에서 다룬 내용을 변형하여 다섯 번째 수업에서 반복할 수 있고, 두 번째 수업은 여섯 번째 수업에서, 첫 번째는 일곱 번째 수업에서 동일하게 진행할 수 있습니다. 이는 기억력을 증진시키는 아주 훌륭한 방식입니다. 만일 사람들이 이를 실천한다면 그들은 이러한 종류의 생각이 삶을 지배하는 자연법칙에서 파생된다는 것을 알 수 있습니다.

이 모든 것을 통해 우리는 자아의 상, 자아 지각 안에 가장 먼저 존재해야 하는 무언가가 있음을 인식합니다. 이는 어린 시절에 에테르체가 내적으로 반영되는 과정에서 생겨납니다. 밤에 자아 심상이 존재하지 않는 것은 너무나 당연한 일입니다. 왜냐하면 자아가 잠에 들어 우주로 떠났을 때는 자아가 에테르체 안에서 반영될 수 없기 때문입니다. 그래서 밤에는 자아가 무의식 속에 잠기는 것입니다. 에테르체는 시간 속에서 끊임없이 흐르는 기류이며, 아스트랄체의 다른 부분을 통해 에테르체 안에서 앞을 향해 흐르는 것을 비출 때 자아 심상이 생겨납니다.

자아의 심상을 방해하는 모든 것은 에테르체 안에만 존재합니다. 이때 전체 에테르체 내부에서 본 것을 말하고, 자신 안에서 스스로를 반영합니다. 자아가 아닌 에테르체에서만 자아의 심상이 활성화됩니다. 자아란, 비스듬히 부딪히는 추론과 같습니다. 자아를 이해하려면 자아 인식이 아니라 추론으로 전환해야 합니다. 다른 모든 것과 관련하여 추론은 독립적인데, 우리는 시각화와 추론 사이를 명확하게 구분할 수 있어야 합니다. "빨간색"은 판단이 아닙니다. 추론이 감각 지각 앞에 멈춥니다. 그러나 "빨간색"이 "존재"를 부여받고 "빨간색이다"라는 판단이 내뱉어지는 순간, 자아는 흔들리고 영적인 것을 향하는 추론이 일어납니다. 자아가 외부 인상에 근거해 판단을 내릴 때, 외부 인상은 판단의 대상이 됩니다.

이제 자아가 모든 심상이나 지각, 자기 지각에서 분리된 존재이고 더 나아가 자기 지각의 추진력이 된다면, 모든 추론에서와 마찬가지로 자아가 외부 인식에 의존하지 않고 스스로 주인이라고 느끼는 영역에서 판단이 이루어져야 합니다. 이는 여러분이 자아 심상을 가지고 있을 때가 아니라 "나는…다.(I is)"라는 판단을 입 밖으로 낼 때 발생합니다. 이로써 여러분은 의식을 얻지 못한 채 살아갔을 "나"를 추론 능력으로 가득 채웠습니다. 이전에는 비어 있던 거품이 이제는 추론의 힘으로 차고, 이렇게 자아가 스스로를 채우면 영은 추론으로 둘러싸이게 됩니다.

추론은 혼의 활동이자 내적 혼의 삶 경계 안에서 일어나는 내적인 활동임을 기억합시다. 그리고 이들은 심상으로 이어집니다. 자아 심상도 드러나는 여러 심상 중 하나입니다. 사실 우리는 자아 심상이 자아 개념으로 이어진다는 것을 발견했지만, 그 외에는 자아에 대해 아무것도 배울 수 없었습니다. 그러나 자아 심상은 물질 세계에서 들어오는 다른 심상과 동일한 성격을 가지고 있지만, 외부의 물질 세계에서 비롯될 수 없다는 사실을 배웠습니다. 이는 아주 참인데, 혼의 삶의 한 요소인 추론은 자아에 적용되어야 하므로 자아는 다른 쪽에서 혼의 삶으로 들어가야 한다고 말할 수 있기 때문입니다. 이것은 "빨간색"이라는 개념이 외부에서 혼으로 들어가고 판단에 의해 둘러싸이듯이,

자아의 무언가가 반대편에서 나타나 동일한 방식으로 행동한다는 사실의 결정적인 증거가 됩니다.

"나는…다.(I is)"라고 말할 때, 우리는 영적 세계로부터 인상을 받고 이를 판단으로 둘러쌉니다. "빨간색"은 존재의 물리적 상태에 해당합니다. "빨간색은…다.(Red is)"라는 판단은 물리적 세계의 매개체를 통해 혼 안에서만 일어날 수 있습니다. "나는…다.(I is)"는 다른 방향에서 왔습니다. 그래서 우리는 이를 두고 영계로부터 인상이 왔다고 말하는 것입니다. "빨간색은…다.(Red is)"가 물리적 삶의 사실인 것처럼 "나는…다.(I is)"는 영적 삶의 사실입니다. 말의 용례를 보면 이것이 다른 쪽에서 왔다는 사실을 알 수 있습니다. 우리는 is를 am으로 바꾸어서 "나는…다.(I am)"라고 사용하게 되지요.[역주: 영원한 'to be'를 갖고 있다고 받아들여진다. 일반적으로 그것은 '존재'로 번역된다. 하지만 여기서 그것은 절반의 진실이다. 'I is' 'I am' 등등의 언어학적 연관성이 유지되어야만 한다.] 자아는 판단에 포함될 수 있을 때만 그 존재를 인정받을 수 있습니다. 즉, 물질계로부터 다가온 무언가에 똑같이 그랬듯이 "빨간색"처럼 혼에 접근하는 것을 판단으로 감쌀 때 말입니다.

이제 아래에서 위로 네 번째 방향을 나타내는 선을 그리면 이것이 물리적 힘을 나타낸다는 사실이 자연스럽게 받아들여질 것입니다. 시각적으로 볼 수 있듯이 물질세계의 인상은 아래에서 위로 이동하고, 감각 인상으로 혼에 드러납니다. 한 차원에서 자아와 신체적, 물리적인 감각 기관이 마주 보고 있고, 또 다른 차원에서 에테르체 기류와 아스트랄체 기류가 맞서고 있습니다. 자아가 눈, 귀 등의 신체를 통해 물리적 세계와 접촉하면, 자아는 물리적 세계로부터 인상을 전달받습니다. 이 인상은 의식을 가진 혼에 의해 혼 안으로 옮겨지는데, 이 의식은 에테르체와 아스트랄체의 상호 작용을 통해 차례로 발생하는 것입니다. 전체 그림은 한 차원에서 자아와 신체를, 그리고 이와 수직인 차원에서 에테르체와 아스트랄체를 대립시킴으로써 인간 혼 안에서 협력하는 다양한 세계들을 비교적 잘 보여주는 도식이었습니다.

여러분이 이 도식을 완벽히 이해한다면 수많은 수수께끼를 풀 수 있을 것입니다. 원에 의해 가로질러진 교차는 물질세계와 영적 세계를 이어주기에 혼의 삶에 대해 좋은 상을 제공하고 있습니다. 이제 시간의 흐름을 상상해보세요. 부드럽게 흘러가는 것이 아니라 감각의 삶을 만나며 흐르는 시간을 심상으로 떠올려보세요. 자아의 삶은 시간의 흐름에 수직으로 부딪힌다고 생각해야만 이를 이해할 수 있습니다. 이것을 염두에 두면 여러분은 혼 안에 존재하는 상당히 다른 힘들을 쉽게 이해할 수 있습니다. 우리의 혼은 이런 힘들이 여러 방향에서 서로 만나는 일종의 무대와 같습니다.

한 예시로 추론 자아가 우세한 사람을 생각해보십시오. 그는 추상적 개념에 물리적 형태를 충분히 부여해 감정에 호소할 수 있도록 하는 것을 매우 어려워할 것입니다. 그러한 사람이 바로 헤겔이었습니다. 헤겔은 추론에 강한 사람으로 감정에 대한 것은 쉽사리 충분히 설명하지 않을 것입니다. 다른 한편으로 모든 방면에서 아스트랄이 풍부한 삶을 살고, 물리적 삶의 기류에 맞서는 흥미로 가득찬 사람을 떠올려봅시다. 그는 살아 있는 개념을 위한 선물을 이 세상에 가져올 것입니다. 왜냐하면 그는 미래로부터 오는 흐름에 열려 있기 때문입니다. 그는 사고하는 사람으로서 물리적 차원에서는 잘 드러나지 않을 텐데, 대신에 그는 자신의 내적 경험을 언어에 담고 인류에게 강력한 메시지를 전달하는 것에 아주 능할 것입니다. 괴테가 바로 이러했습니다.

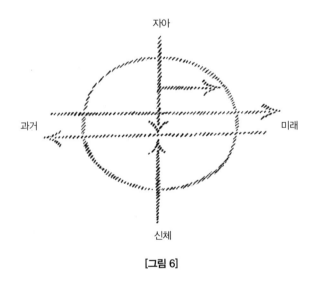

[그림 6]

만약 여러분이 인간은 전생에서 특정 기류를 향한 경향성을 가져온다고 생각한다면, 괴테의 혼에는 미래의 흐름에 대한 경향성이 있었다고 상상해보아야 합니다. 그가 이 흐름에 자신을 온전히 맡길 때 매우 중요한 개념들을 미래로부터 자연스럽게 수집할 수 있었을 것입니다. 만일 괴테가 현생에서 얻은, 즉 비교적 최근에 갖게 된 에테르체의 심상이 갈등하게 내버려 둔다면 「방황하는 유대인」 시에서 가치 없다고 여긴 부분과 같은 결과를 낳습니다.

반면 헤겔은 추론으로부터 강력한 개념을 뽑아내는 특별한 능력이 있는데, 이때 헤겔은 미래에서 과거로 흐르는 기류와 투쟁합니다. 사실 우리는 자꾸 자아로 끊임없는 흐름을 덮어버립니다. 자아는 이 기류를 가려버리고 끝없는 욕망의 기류는 들어와 이 기류와 만납니다. 우리는 마치 거울을 보듯 이 기류들의 중심을 들여다봅니다.

저는 여러분에게 무한한 혼학의 영역 중에서 아주 일부만을 말씀드릴 수 있었지만, 여러분이 에테르체의 무의식적 심상을 고려하다 보면 삶의 많은 수수께끼에 대한 답을 찾을 수 있을 것입니다. 신체는 에테르체와 끊임없이 교류하고 있습니다. 그리고 심상은 무의식적이기 때문에 신체를 향해 다른 쪽에서 활발한 활동을 전개해나갈 수 있습니다. 더욱이 우리의 의식을 통해 무의식적 혼으로부터 불러낼 수 없는 심상은 헤아릴 수 없을 정도로 파괴적입니다. 이러한 심상은 신체를 관통하는 파괴적 힘을 키워나갑니다. 어떤 사람이 열 살이나 열두 살에 경험한 것은 완전히 잊혀질 수 있는데, 자아가 충분한 힘이 없어서 이 경험을 의식 속에서 키워갈 수 없기 때문입니다. 그리고 이는 그의 에테르체 안에서 계속 작용하며 건강을 상하게 만들 수 있습니다. 즉, 에테르체 안에 심상이 살고 이는 질병을 일으킬 수 있다는 것을 의미합니다.

이 사실을 알았다면 치료법 또한 알 수 있습니다. 치료는 심상을 다른 방향으로 바꾸어 그 힘을 약화시키는 방향으로 이루어져 있습니다. 환자가 스스로 그렇게 할 만큼 강하지 않은 경우, 연상 작용을 통해 심상을 의식에 떠오르게 하는 방식으로 환자를 도울 수 있습니다. 이는 굉장히 큰 성과를 가져옵니다. 실제로 인간의 개념을 의식으로 끌어올려서 건강해지는 힘을 불러일으킬 수 있습니다.

여러분 중 일부는 이런 종류의 일이 현재 시도되고 있으며 심상을 불러내는 방식으로 심리 치료가 진행되고 있다고 얘기할 것입니다. 제가 지금 마음에 떠오른 학파의 이름을 언급할 수는 없지만, 그 학파는 오로지 성욕과 관련된 심상을 발굴하는 것에 목표를 둡니다.[1] 이는 우리가 논의 중인 것들을 다 적용할 수 없는 심상입니다. 이것은 아무 소용이 없는 일이기에 비엔나의 프로이트학파는 목표한 것과 정반대의 결과를 산출하고 있습니다.

물질적 세계 안에서 양심적이고 똑똑하게 생명을 관찰하여 얻어진 혼학적 지식은 영적 연구의 결과를 입증해줍니다. 그러나 영적 연구는 물질적 세계에 부합하는지 확인하기 위해 연구하지 않습니다. 반면에 천리안적 연구자들은 자신의 연구 결과가 물리적 세계에서 아름답게 꽃피우는 것을 보고 종종 감탄하곤 합니다. 만약 반대였다면 정확한 정보는 온데간데없을 것입니다. 물질적 차원만 고려하여 진행된 연구는 대상을 잘못된 방식으로 묶고 엉뚱한 결과를 낳는 경향이 있습니다. 이번 강의를 통해 여러분이 영적 연구에 대한 떳떳한 자신감이라는 근본적인 인상을 가졌으면 하는 바람입니다.

그래서 저는 영적인 관점에서 말하는 것뿐만 아니라 여러분의 주의를 끌기 위해 때때로 물리적 세계의 법칙에 의거하여 이야기를 하려고 애쓰고 있습니다. 왜냐하면 우리가 물리적 세계에 살고 있으며 이를 알고 배울 수 있기 때문입니다. 우리는 이중의 의무를 동시에 짊어집니다. 한편으로는 거대한 세계적 힘에 의해 우리와 멀어진 물질계를 공부해야 하며, 우리는 정말로 마음을 비우고 이와 동일시해야 합니다. 그리고 또 한편으로 우리는 영적 연구의 도움 없이는 더 이상 물질계에 머무를 수 없다는 사실을 인식하는 인간 발달 단계에 이미 도달했습니다. 현대 과학은 물리적 연구를 통해 얻을 수 있는 모든 내용에서 영적 과학을 지침으로서 사용하지 않는다면 필연적으로 오류를 범할 수밖에 없습니다. 15세기와 16세기 전환기에 물리학 연구가 확립된 후, 이것은 필연적으로 중심이 되었습니다. 이제 다른 종류의 연구가 개입하고 접근하는 관점을 보여줄 때가 무르익었습니다. 오컬티스트가 이를 배우고 자신의 과제 중 하나로 여긴다면, 그는 우리가 물질계에 확고하게 기반을 두고 있다는 확신을 퍼뜨리고자 하는 시대의 요구에 부응했을 것입니다. 미래로부터 흘러오는 아스트랄 기류에 대한 내용을 이해한 사람이라면 누구나 이 문제에 의지할 것입니다. 이는 제가 이미 여러분께 사실로써 증명했습니다.

현재의 많은 심리학자 중 오직 한 사람만이 신비주의에 대한 지식 없이 훌륭한 교육을 받고 혼을 연구했습니다. 그의 이름은 프란츠 브렌타노입니다. 그는 1860년대에 심리학을 시작했고 그가 한 일은 학구적인 추측에 불과했지만, 욕망, 감정, 추론의 원리에 아이처럼 한 발을 내딛는 과정이었습니다. 그가 주장한 바는 모두 비스듬하게 엇나갔지만, 방향은 아주 훌륭했습니다. 그가 영적 관점을 모두 무시하지만 않았더라면 그는 옳게 관찰했을 것입니다. 그의 첫 번째 책은 1874년 봄에 출판되었고, 두 번째 책은 같은 해 가을에 출판될 예정이었으나 올해인 1910년까지도 모습을 보이지 않고 있습니다. 브렌타노는 수렁에 빠질 가능성이 매우 컸는데, 그 이유는 이 강의를 들으셨다면 아실 것입니다. 그는 예전에 두 번째 책에 담을 내용을 미리 정의하고 표시해두었습니다. 그는 자아를 불사신으로 다룰 예정이었습니다. 그러나 브렌타노에게는 신비학적 연구가 반대쪽에서 들어오지 못한 것 같습니다. 그는 열매를 맺는 힘을 내면에서 불러일으키지 못했습니다. 프란츠 브렌타노는 이 시대를 어린아이로 살았습니다. 즉, 그는 사실을 쪼개어 그룹으로 묶었고 더 이상 나아가지 못했습니다. 그는 지금 피렌체에서 한 명의 노인으로 살아가고 있습니다.

분트 역시 심리학에 대해 저술했지만 그것은 엉킨 개념일 뿐입니다. 그것은 저자의 선입견 외에는 실제 혼의 삶에 대해 아무것도 담고 있지 않습니다. 이런 사람들은 민족과 언어의 심리학을 다룰 때도 검불밭에서 수은 찾듯 뒤적이고 있습니다. 모든 과학은 영적인 측면을 떨어뜨려 놓는 한 비슷한 곤경에 빠질 것입니다.

친애하는 동료 여러분, 여러분이 현재의 지식이 카르마적인 사실이라고 생각하신다면 여러분은 그 지식의 창고가 넓어지게 하는 운동으로서 자신의 정체성을 확인한 것입니다. 이로써 여러분은 어떤 교차로에 도달할 것입니다. 그곳은 현생과 다음 생에서 인류에 봉사할 수 있는 과제를 던져주며, 이 운동의 생생한 협력을 분명히 보게 되는 지점입니다. 이를 추상적인 이상으로 생각하지 말고 계속해서 실천적인 방법으로 임해보세요. 이 일은 반드시 결실을 맺어야 합니다.

프란츠 브렌타노와
아리스토텔레스의 영에 대한 교리
1911년 12월 12일, 베를린

이번 강의 시리즈는 특정 관점에서 인간의 존재를 다룹니다. 2년 전에는 인간의 신체적 본성을 인지학적 관점에서 논의했습니다. 작년 사이코소피 강의에서 우리의 주제는 인간 혼의 본질이었습니다. 올해 우리는 인간의 영적 본성을 논의할 것입니다. 오늘 강의는 전체적인 소개의 성격을 띨 것입니다.

현대의 방법과 대조적으로, 인간 전체를 몸, 혼, 영적 본성으로 나누는 우리의 구분은 사람들의 시선을 끌지 모르지만, 영-과학 영역 안에서 그것은 전혀 놀라운 일이 아닙니다. 사실, 우리의 목표는 이러한 강의를 통해 영-과학과 외부 과학 사이의 격차를 줄이는 것입니다.

아시다시피 영-과학의 영역 밖에서는 인간의 전체 본성을 몸과 마음 두 부분으로만 구성된 것으로 생각합니다. 오늘날 제도권 과학의 영역에서는 영을 언급하지 않습니다. 실제로, 19세기에 가톨릭화한 비엔나 철학자 귄터(Günther)가 그랬던 것처럼, 특정 전제를 따르며 인간의 삼중 조직(몸, 혼, 영)으로 되돌아간 결과는, 과학적 의혹을 불러일으켰고, 귄터의 흥미로운 책은 로마에서 블랙리스트에 올랐습니다. 이것은 869년에 콘스탄티노플에서 열린 제8차 가톨릭 공의회에서 가톨릭교회가, 구약과 신약 모두에 모순되게도, 영을 폐지했기 때문입니다. 그것은 인간의 구성이 육체와 혼으로만 구성되도록 허용하는 방식으로 교조주의의 발전을 이끌었습니다. 흥미롭게도 이 가톨릭의 시도는 우리의 현재 과학에도 지속되고 있습니다. 역사 안에서 과학자들이 육체와 혼만을 인정하는 이유를 확인하려고 한다면 우리는 이 한 가지 원인밖에 찾을 수가 없습니다. 시간이 지나면서 영은 잊혔습니다. 특정 집단에 널리 퍼진 사고의 습관은 인간의 혼과 함께 영을 받아들이는 능력을 상실했습니다.

이번 강의에서 우리는 기존 심리학과의 연결 고리에 주의를 기울여야 합니다. 왜냐하면 지금까지 언급된 것들을 연구함으로써, 우리는 헤겔의 철학에 포함된 것을 제외하면, 영에 대한 진정한 교리가 존재하지 않는다는 것을 이해할 수 있는데, 실제로는 그것마저 혼에 대한 것입니다.

오늘날 우리의 사고 습관에서 이상하게 "영"이라는 개념이 사라진 것은 혼에 대한 가장 중요한 연구자의 작업을 숙고해보면 이해할 수 있습니다. 혼이라는 주제에 대한 순수하고 과학적인 신지학의 가르침에 가장 가까운 이 사람의 연구에서, 우리는 왜 현재의 사고 습관이 영 개념에 도달하지 못하게 되는지 알 수 있습니다. 그는 신지학에 접근하는 관점을 가진 저명한 심리학자 프란츠 브렌타노(Franz Brentano)입니다. 그는 심리학에 관한 흥미로운 책을 썼습니다. 그의 첫 번째 책 『경험주의의 관점에서 본 심리학』은 1874년에 나왔습니다. 두 번째 책은 같은 해 가을에 출간이 약속되었고, 후속책들이 빠르게 이어질 예정이었지만, 이 첫 번째 책이 마지막 책으로 남았습니다. 이 첫 번째 책의 일부가 『인간 혼 능력의 유형』이라는 제목으로 이탈리아어와 독일어로 동시에 출판되었는데, 부록이 추가되었습니다.

이 첫 번째 책에 포함된 약속에 비추어볼 때, 특히 인지학자로서 우리는 그 후속편들이 출간되지 않았다는 사실을 애석해합니다. 그러나 그렇게 된 이유를 영-과학자들은 어렵지 않게 추측할 수 있습니다. 현대 과학의 사고 습관이 첫 번째 책의 후속편들을 막았다는 것은 인지학적으로 생각해보면 분명합니다. 브렌타노는 순수하게 방법론적 관점에서 시작하여, 현대 과학적 방법으로 혼을 조사한 것에 자부심을 느꼈습니다. 그는 혼을 조사하는 현대적 방법의 원칙을 세우고 싶었습니다. 그는 혼에 관한 연구가, 현대 방법론적 정신에 근거해 그 원칙들이 진화해야 한다고 생각했습니다. 다른 많은 문제 중에서 불멸의 문제에 대한 논의를 볼 때, 속편이 나오지 않는다는 사실은 인지학적 관점에서 보면 참으로 고통스러운 일이었습니다. 저는 그 책과 그 책의 운명이 현재 우리 시대의 특별한 증상이라고 생각합니다. 브렌타노는 혼의 불멸을 다룰 것을 약속했습니다. 비록 그가 혼의 불멸을 증명할 수는 없었지만, 적어도 사람이 불멸의 희망을 품는 것이 정당하다는 것을 증명했으며, 우리는 그의 실패를 아쉬워해야 했습니다. 브렌타노는 첫 번째 책만 완성했고, 그의 책은 방법론적 심리학 시범과 인간 혼에 대한 저자의 분석에 지나지 않게 되었습니다. 나중에 우리는 그 책의 속편이 나올 수 없었던 이유로 다시 돌아올 것입니다.

현대 과학과 연관성을 보여주기 위해 저는 이번 강의에서 브렌타노 책의 새 판에 제시된 정신적 활동의 분류를 언급해야 합니다. 현재의 분류인 사고, 감성, 의지와는 달리 브렌타노는 심상화(visualization), 추론, 그리고 사랑과 증오 또는 감정이라는 세 가지 범주를 제시합니다. 이는 혼학 강의에서 언급된 것과 어떤 면에서 유사한 것 같지만 실제로는 완전히 다른 배경에서 나온 개념입니다. 이 시점에서 심상화의 의미나 브렌타노의 심리학에 대한 세부적인 것을 논할 필요는 없습니다. "심상화"는 혼이 사고의 내용을 의식하게 되는 것이라고 우리가 정립한 개념입니다. 감정을 배제한, 무엇인가 객관적인 것에 관련된 결론으로 만들어진 모든 사고 내용은 심상화가 될 것입니다.

그런데 추론은 심상과 다릅니다. 추론은 개념의 연결입니다. 예를 들어 "장미는 빨간색이다."처럼 말입니다. 그러나 브렌타노는 이 정의가 추론에 해당하지 않는다고 말합니다. 반대로, "장미는 빨갛다."라는 문장을 말할 때, 여러분은 특별히 아무 말도 하지 않았거나, "빨간 장미는"을 애매한 방식으로 말했을 뿐이라 주장합니다. 그 이유는 빨간 장미가 이미 존재하고 있기 때문이라는 것입니다. 이 해석은 일리가 있습니다. 여러분의 혼 생활에 대한 피상적인 조사만으로도 그것을 알 수 있을 것입니다. "장미"와 "빨강"을 떠올리든 개념을 연결하든 물질적 차이는 없지만, 인지와 관련하여 "장미는…" 같은 말을 할 때는 근본적인 차이가 있습니다. 그 경우에 나는 심상에서 끝나지 않고 현실과 관련하여 무언가를 결정하는 일을 한 것입니다. "빨간 장미는…"이라고 말하는 순간 나는 뭔가 결정한 것입니다. "장미는 빨갛다."는 어떤 사람의 혼에서 "장미"와 "빨강"의 개념이 만난 것 이상을 말하지 않습니다. 생각의 내용 외에는 아무것도 언급되지 않았습니다. 그러나 "빨간 장미는…"이란 문장은 무언가를 결정합니다. 브랜타노에 따르면 이것이 추론입니다. 우리는 결론을 구성하는 것을 표현할 때까지는 형상을 초월하지 않습니다. 여기서 브렌타노가 제공한 독창적인 증거를 소개하는 것은 불가능합니다.

다음으로 브렌타노는 감정들 또는 사랑과 증오(호, 불호) 현상을 구별합니다. 여기서도 우리는 단순한 결론 이상의 것을 가지고 있습니다. "빨간 장미는…"이라 말하는 것은 내가 장미와 관련하여 가질 수 있는 느낌과는 다릅니다. 그것들은 감정의 이름으로 분류될 수 있는 혼의 현상입니다. 그것들은 객체가 아닙니다. 주체의 경험에 대한 무엇인가가 언급되었습니다. 그런데 브렌타노는 의지 현상을 다른 감정과 구별되는 것으로 가정하는 데 있어서 충분한 차이를 보지 못했기 때문에 의지 현상에 대해서는 논의하지 않습니다. 우리는 애정을 가지고 의지—will—를 욕망하지만 '원하는 것'—willing—이란 표현은 하고 싶지 않다는 반감과 연관된 현상입니다.[영역자 주: "willing" 외에도 독일어 wollen은 "원하는" 또는 "바라는", 심지어는 "소원하는"을 의미할 수도 있습니다. 이러한 흥미로운 이중 의미는 설명할 수는 있지만 영어로 번역할 수는 없으므로 용어가 반복될 때마다 설명을 기억하는 것은 독자에게 맡깁니다.] 여러분은 의지 현상을 단순한 호, 불호 현상이나 심상화에서 분리할 수 없습니다.

그렇게 예리한 사상가가 혼의 삶을 설명할 때 이런 식으로 분류해야 했었다는 사실은 매우 흥미롭습니다. 그러한 분류는 그가 영을 무시하는 통념적 습관을 진지하게 받아들인 사람이라는 데 그 이유가 있습니다. 다른 사람들은 영적 현상을 적절하게 혼의 삶에 섞어서 혼-영 또는 영-혼이라는 애매한 존재를 만들어버렸습니다. 모든 종류의 활동이 이 영-혼에 전가될 수 있습니다. 그러나 브렌타노는 전적으로 그 자체로서의 혼을 구성하는 문제에 답하기 위해 진지하게 시도했습니다. 그는 혼과 영을 명확하게 구별하려고 노력했습니다. 그는 영을 무시하면 혼의 현재 개념의 어떤 특징이 설명되지 않을 것인지 판단할 수 있을 만큼 충분히 영리했습니다. 브렌타노가 연구를 계속했다면 그가 직면했을 딜레마에 주목하는 것이 흥미로웠을 것입니다. 어딘가에서 혼이 영과 관계를 맺어야 하므로, 그는 그가 막다른 골목에 다다른 것을 보았을 것입니다. 그렇지 않으면 혼에서 영으로 나아가야 할 필요성을 인정해야 했을 것입니다.

　브렌타노 분류의 양극적 요소인 심상화와 호-불호 현상을 예로 들어보겠습니다. 우선, 그의 이론에서 심상화는 혼에서 일어나는 일입니다. 무엇인가를 결정하려면 추론이 들어가야 하기 때문에 심상은 아무것도 결정하지 않습니다. 그것은 심상화만으로는 우리가 혼으로부터 떠오를 수 없다는 것을 의미합니다. 심상화가 아닌 추론으로만 그렇게 할 수 있습니다. 다른 한편, 브렌타노의 체계에선 의지 현상이 감정과 일치한다는 점이 흥미롭습니다. 브렌타노와 같은 심리학자는 혼에서 호-불호 현상 외에는 아무것도 발견할 수 없습니다. 그것은 우리의 관찰을 혼으로 제한하는 한 사실입니다. 우리가 무언가를 좋아할 때 우리는 그것을 원합니다. 그러나 혼을 벗어나 현실 세계 전체로 나아갈 때, 우리는 혼과 외부 세계의 관계가 혼의 감정적 경험이 전부가 아님을 봅니다. 혼이 자기 자신으로부터 떠올라 의지로 넘어가는 것은 다른 문제입니다. 단순한 감정에서 자발성으로 나아가는 것은 혼 안에서 완성되는 것이 아니라 혼에서 빠져나와야 하는 단계입니다. 아무리 강한 감정도 우리를 사로잡을 수는 있지만, 외부 세계에 영향을 주지는 않습니다. 혼 안에서 우리는 감정만을 발견합니다.

　그것이 브렌타노의 심리학 시스템에서 심상화를 보는 방식입니다. 마치 심상을 혼 안에 갇힌 무언가로, 현실에 들어갈 수 없는 것으로 보며, 감정은 의지에 뿌리를 두지 않고, 의지의 심리적 주변에서 자신을 소진시키는 것으로 묘사됩니다. 우리는 이 브렌타노의 성격화가 끝나는 바로 그 지점에 영이 들어감을 보게 될 것이며, 혼에서 영으로 이어지는 다리가 없었다면 실제로 그 심상화는 그 지점에서 소진될 것임을 알게 될 것입니다. 다른 한편으로, 우리는 감정에서 의지로 실제 전환이 이루어지는 곳마다 영이 들어간다는 것을 알게 될 것입니다. 그렇게 지난 수십 년 동안 어떤 발전을 이루기 위해선 영-과학이 개입해야 했습니다. 그것은 불가피했습니다.

다른 주제로 넘어가보면, 우리는 현대 과학적 심리학에서 영적 과학으로 이어지는 연결선을 정확히 발견합니다. 우리가 논의해왔던 바로 그 사람, 프란츠 브렌타노는 오랜 학자 생활 동안 아리스토텔레스를 연구하며 지냈습니다. 최근에 브렌타노가 아리스토텔레스에 관한 책을 출간한 것은 이상한 우연입니다. 이 심리학자는 아리스토텔레스의 철학에 대한 그의 연구 결과를 발표했습니다. 이제 브렌타노의 관점은 아리스토텔레스의 관점이 아니지만, 어떤 면에서 그는 아리스토텔레스와 가깝고, 아리스토텔레스의 영적 교리를 훌륭하게 설명했습니다. 동시에 브렌타노의 세 번째 책인 『아리스토텔레스의 인간 영의 기원에 관한 교리』가 등장했습니다.

브렌타노는 우리 시대의 가장 흥미로운 심리학자일 뿐만 아니라 아리스토텔레스에 대해 아는, 특히 아리스토텔레스의 영적 교리를 아는 사람이기 때문에 그의 연구에 약간의 시간을 할애하는 것도 가치가 있습니다. 아리스토텔레스는 우리에게 기독교 개념이라고 할 수 있는 것은 아무것도 포함하지 않는 영의 교리를 주었습니다. 그러나 그것은 기독교가 탄생하기 전, 지난 수 세기 동안 서양 문화에 의해 그 분야에서 성취된 모든 것의 요약입니다. 이것은 기원전 4세기에 그러한 방식으로 성취되었습니다. 아리스토텔레스는 영과 혼의 관계에 대해 과학적으로 생각할 수 있었습니다.

우리는 브렌타노가 아리스토텔레스와 같은 입장을 취하는 주요 이슈와 관련하여 행간의 의미를 명확하게 읽을 수 있습니다. 따라서 우리는 브렌타노의 아리스토텔레스 교리와 관계를 연구함으로써, 오늘날의 영에 대한 비-영학적 교리가 아리스토텔레스를 초월하여 어느 정도 정당화되는지 추론할 수 있습니다. 오늘날 아리스토텔레스의 교리와 영-과학적 교리를 과학적으로 엄격하게 비교하는 것은 매우 흥미로울 것입니다.

여러분들을 위해 전자를 개관해보죠. 아리스토텔레스는 혼과 인간의 몸에 대한 영의 관계를 분명하게 말합니다. 그는 영을 영적인 세계로부터 육체와 혼에 더해진 것으로 말합니다. 여기까지 브렌타노는 아리스토텔레스의 관점과 전혀 다르지 않습니다. 왜냐하면 후자와 마찬가지로 그는 영을 인간의 몸과 혼에 추가된 것으로 제한하여 말해왔기 때문입니다. 그러므로 인간이 출생을 통해 육체적 존재에 들어갈 때, 우리는 아리스토텔레스적으로 볼 때, 하강한 것이 아니라 부모로부터 받은 유전 특성을 다루는 것입니다. 혼의 요소는 몸을 엮어 묶는 것으로 나타나지만, 사람이 몸과 혼의 방식으로 조상으로부터 물려받은 것에는 영이 더해지기 때문에 그것이 전부는 아닙니다. 인간이 물질계에 나타날 때 신체와 혼의 요소가 영과 결합합니다. 아리스토텔레스에 따르면 인간이 물질적 존재에 들어갈 때 영은 전혀 존재하지 않는다고 합니다. 대신 영은 신성이 원래 창조한 것이며, 영적 세계에서 아버지와 어머니에게서 태어난 몸으로 직접 추가됩니다. 따라서 브렌타노의 가장 최근 책에는 "인간이 존재하게 되면 아버지, 어머니, 신에 의해 창조된다. 혼과 몸에 관련된 것은 아버지와 어머니에게서 태어나고, 잉태된 지 얼마 지나지 않아 영적 요소는 신에 의해 추가된다."라는 분명한 정의가 포함되어 있습니다.

영이 실제 창조주를 통해 인간에게 주어진다는 전제에 비추어 볼 때, 불멸에 대한 아리스토텔레스의 견해를 따라가 보는 것은 흥미롭습니다. 아리스토텔레스에 의하면, 영-인(spirit-man)은 이전에 전혀 존재하지 않았습니다. 신이 그를 창조했습니다. 아리스토텔레스도 브렌타노도 혼과 신체가 죽음의 문을 통과할 때 영이 더는 존재하지 않는다고 말하지 않습니다. 그와는 반대로, 창조된 이 영은 사람이 죽은 후에도 존재하며, 이 개인을 위해 특별히 창조되었지만 영적 세계로 넘어갑니다. 아리스토텔레스와 브렌타노의 인간 삶의 여정에 관한 생각이 개인을 위해 신이 창조한 것이 죽음의 문을 통과한 후, 순수한 영적 세상에 살게 된다는 주장은 더 흥미롭습니다. 아리스토텔레스의 사상에는 인간이 신체에 내재되는 방식으로 되돌아온다는 것은 없으므로 우리는 여기서 윤회 개념은 다루지 않겠습니다.

아리스토텔레스가 인간의 탄생에 단 한 번의 환생(incarnation)—영의 고유한 창조—만 있다고 전제한 것을 고려하면, 윤회는 새로운 창조가 아니므로 이것은 모든 현현(顯現)에 각각 일어나야 합니다. 이것만으로도 윤회의 원칙이 그의 창조 원칙과 충돌할 것임을 보여주기에 충분합니다. 그런데 아리스토텔레스에 대한 브렌타노의 결론을 연구할 때 고려해야 할 흥미로운 점이 있습니다. 아리스토텔레스에게 모든 활동은 물질세계와 그 구체성을 전제했을 때만 논해질 수 있는 것이므로 그에게 영 그 자체는 이론적 위상만 있고 영의 사후 세계라는 관점에는 전혀 이르지 못합니다. 영은, 심지어 영원한 신마저도 실제로 구경꾼의 역할을 하므로, 아리스토텔레스의 철학은 출생에서 죽음까지의 삶에 대한 관조 외에는 특별히 영적인 관계에 대한 어떤 것도 고려하지 않습니다. 아리스토텔레스에 따르면, 혼은 오늘의 이번 생을 바라보고 모든 미래의 진보를 그것에 기초해야 합니다. 그래서 남은 것은 사람이 죽은 후, 영이 이 단 한번의 생을 돌아보는 일입니다. 따라서 어떤 경우에는 그 부족함과 미덕을 볼 수 있고, 또 한 생에서는 훌륭한 삶이었고, 세 번째 생은 거짓말과 범죄의 삶일 수도 있습니다. 이것에 기초하여 영이 영적 세계에서 발전해갑니다.

그것이 아리스토텔레스의 의미에서 영이 죽음 이후에 행동하는 방식입니다. 그러나 우리가 편견 없이 본다면 그러한 영의 교리에 대해 어떤 말을 해야 할지 자문해보아야만 합니다. 아리스토텔레스는 지상에서의 그의 삶이 단순한 눈물 골짜기의 존재가 아니라 매우 의미 있고 중요하다는 것을 분명히 합니다. 사실, 혼의 미래 진보에 대해 아리스토텔레스가 상상하는 것 중 상당 부분이 모호하지만 한 가지 요점은 분명합니다. 지상에서 이번 생은 다음 생에 심오한 의미가 있다는 것입니다. 하나님이 영-인을 윤회하지 않도록 창조하였다면, 영-인이 계속 발전할 수 있도록 창조하였을 것입니다. 그러나 아리스토텔레스의 의미에서 그것은 완전한 발전이 아니었을 것입니다. 틀림없이, 아리스토텔레스는 신체적 현현을 중요하게 여기며, 신성의 목적 중 하나는 '사람'을 '자연적 신체'에 추가하는 것입니다. 아리스토텔레스의 견해에는 단순히 영을 창조하려는 것이 신성의 의도가 아니라, 더 나아가 영의 진화를 위해 물질적 몸을 매우 필요한 방식으로 창조하는 것이 내재해 있습니다. 창조의 순간에 영-인과 함께 태어나는 것이 지상의 신체가 도달하려는 목표입니다. 인간의 몸에 신성의 현현을 요구하지 않는 신성하게 창조된 인간 영은 생각할 수 없습니다.

이제 영이 물질적 존재를 되돌아보며 그 물질적 몸의 삶이 불완전하다고 여기는 것을 상상해봅시다. 아리스토텔레스에 따른다면, 인간 영이 윤회하지 못한 곳에서 무엇이 일어나야 합니까? 당연히 또 다른 현현에 대한 갈망을, 영은 이 갈망을 느껴야 합니다. 영은 자신을 완전하게 하려면 윤회가 필요하므로 그에 대한 갈망을 느껴야 합니다. 그렇지 않으면 그 목적을 완전히 놓치게 될 것입니다. 그러므로 아리스토텔레스의 의미에서 그것이 완전한 것이 아니라면, 영 발달이 완성된 단계가 아니면 단 한 번의 효과적인 현현(顯現)에 대해 말하는 것은 불가능합니다.

이제 아리스토텔레스가 말하는 신이 만든 이 이상한 상황을 생각해 보십시오. 몸에 속한 인간 영의 창조가 있고, 몸이 죽으면 영은 떠납니다. 그러나 우리가 아리스토텔레스의 추론 방식에 따라 일관되게 생각해보면, 영은 육체를 얻지 못한 채 육체에 대해 갈망을 하게 됩니다. 아리스토텔레스는 윤회를 가정하지 않기 때문에, 혼이 새로운 현현에 대한 갈망을 가지고 살아야 할 것입니다. 아리스토텔레스의 교리는 윤회를 필요로 하지만 그것을 인정하지 않습니다. 아리스토텔레스 교리의 다른 각도에서 보아도 그것은 인정될 수 없습니다.

우리는 여기에서 영-과학의 교리 외에 가장 현명한 교리를 다루고 있습니다. 브렌타노의 경우와 같이 그것은, 편견 없는 사고로 볼 때, 신에 의해 창조되어 지상 세계에 전달된 영 현현에 대한 갈망을 하고 있다는, 현대 사상에 계속해서 등장하는 교리입니다. 그렇게 우리는 수천 년 동안 빛나는 과학적 기초에 기반한 아리스토텔레스의 교리가 여전히 깊은 영향을 미칠 수 있음을 봅니다. 우리는 또한 윤회를 위한 과학적 근거를 제공하려면 아리스토텔레스를 초월할 필요성을 봅니다. 우리는 영의 교리를 다루기 위한 전환점에 있습니다. 윤회에 대한 과학적 증거를 제공하는 영-과학만이 아리스토텔레스를 초월할 수 있지만, 이 과학적 인증은 지금까지 결코 달성되지 않았습니다. 그러므로 우리는 영의 교리에 대한 전환점에 있습니다. 영-과학적 연구를 통해 우리는, 진정하고 근본적인 방식으로 아리스토텔레스를 넘어서 윤회의 과학적 설명을 제시할 수 있습니다.

브렌타노는 본질적으로 불완전한 혼의 교리, 아리스토텔레스는 본질적으로 모순되는 영의 교리에 도달했습니다.[1] 브렌타노처럼 영리한 사람이 영을 다룰 때 아리스토텔레스를 넘어설 수 없었고, 그가 영을 책임지지 않았기 때문에 혼에 대한 그의 교리는 중단되었다는 사실을 관찰하는 것이 중요합니다. 현대 과학의 관점에서도 영-과학적 연구를 거부하면, 생명에 대한 명확한 관점에 도달할 수 없다는 사실에서 이 두 가지 사례는 같은 뿌리에 기초한다는 것을 알 수 있습니다. 영-과학만이 만족스럽고 모순되지 않는 철학으로 이어집니다.

영적 세계로 본 진실과 오류
1911년 12월 13일, 베를린

　어떤 분들에게는 연례 회의에서 중요한 주제를 논의하면서 현대 과학의 연구 결과를 포함시키는 것이 불필요해 보일 수도 있을 것입니다. 저는 앞서 언급한 지식들과 우리를 분리하는 틈새를 메울 정교한 다리를 놓을 의도는 없습니다. 우리와 함께하는 대다수 사람들은 혼 속에서 영적 삶과 연결을 느끼기 때문에 우리 안에는 그런 것이 필요하지 않습니다. 그들은 소위 과학적 방식으로 영적 세계를 증명하기 위해 우리에게 오지 않고, 구체적인 형태로 그것을 알기 위해 옵니다. 따라서 그러한 박학(博學)을 요구하는 것은 불필요하게 보일 수 있습니다.

　인지학자들은 종종 인지학을 위해 중재하고, 공격을 반박하고, 증거와 근거를 제시해야 하는 의무에 직면하지만, 어떤 증거로든 반대자들을 설득하는 것은 매우 어렵습니다. 철학은 증거보다는 사고 습관에 의존합니다. 만약 누군가 세상을 영-과학적 방식으로 꿰뚫어 보지 못하고 그의 사고 습관이 있는 그대로라면, 그는 당분간 확실히 아무것도 증명하지 못할 것입니다.

어제 논의된 것들은 "당신의 철학은 과학적 근거가 없다."는 말을 계속해서 들어야 할 때 우리 회원들의 마음에 생길 수 있는 혼란을 해결하기 위해 제기되었습니다. 인지학자들은 자신들의 세계관이 탄탄한 토대에 기반을 두고 있으며, 그것은 인정받는 과학이 말하는 모든 것에 대해 맞설 수 있는 증거라고 더욱 강하게 느껴야 합니다.

현대 과학과의 모든 연결 고리를 제시하는 데는 오랜 시간이 걸리며, 외부 과학에 대한 언급은, 인지학이 과학을 만나는 방법과 수단이 있다는 사실에 대한 느낌을 불러일으키고, 인지학을 확고한 기초 위에 서 있게 하기 위함입니다. 따라서 우리의 목표는 접근 자체보다는 접근 방식을 보여주는 것입니다. 현대의 외적 물질 과학은 많은 문제들로 가득 차 있을 수 있지만, 그러한 과학의 칭찬할 만한 특징 중 하나는 그 외적 물질성에 대해서는 논란의 여지가 없다는 것입니다. 반면에, 혼의 과학, 심리를 다룰 때 우리는 혼의 현실을 부정하는 사람들의 세계에 진입하게 됩니다. 오늘날 우리는 물질주의적 세계관에 직면해야 할 뿐만 아니라, 혼 없이 혼 과학이 되려 하는 심리학 안에 있는 우리 자신을 발견합니다.

어제 우리는 예리한 재치로 혼이라는 주제에 관한 연구를 시작한 우리 시대의 아리스토텔레스 학자를 알게 되었습니다. 아리스토텔레스에 대해서는 그가 영의 존재를 부인한 것에 의심의 여지가 없다고 말할 수 있지만, 우리는 브렌타노 역시 영 앞에서 재빨리 멈추었다는 것을 발견했고, 그래서 우리는 진정 이런저런 법칙이 아니라 주제 자체를 부인하는 영학, 즉 영-과학과 관련된 관점을 발견하게 되었습니다.

많은 사람들에게 영은 어쨌든 매우 논쟁의 여지가 있는 사실이며, 우리는 이것이 왜 그런지에 관한 질문을 진지하게 해야 합니다. 몸은 외부 감각과 우리를 위해 존재하는 모든 사실적 힘을 통해 저절로 인식됩니다. 외부의 물리적 사실들은 인간의 혼에 그들이 말해야 하는 것을 부정할 수 없을 정도의 힘으로 영향을 미칩니다. 우리는 실제로 혼의 유동적인 내용을 경험하기 때문에, 혼과 관련해서도 비슷한 상황에 있습니다. 우리는 감정, 개념, 의지의 충동을 경험합니다. 우리는 이 혼의 삶이 취하는 과정에서 오는 모든 결과를 운명으로 경험합니다. 우리는 고통과 행복, 기쁨과 슬픔을 경험합니다. 그래서 여러분이 그 모든 것을 아무것도 아니라고 여기거나 기껏해야 물리적 사실이라는 물결의 피상적 거품이라고 부르지 않는 한, 여러분은 적어도 현실을 인정하는 정도까지, 어떤 의미에서 혼을 인식할 수밖에 없습니다. 그러나 영은 기본적으로 초감각적이고, 지각할 수 없는 것이며, 이것만으로도 그 존재가 얼마나 쉽게 부인될 수 있는지 설명하기에 충분합니다. 그래서 우리는 우리가 사는 세상에 영이 들어오지 않는다는 전제 위에서, 영을 찾으려는 생각에 놀라는 것입니다.

인지학의 관점에서 우리는 영적 세계에 대한 실제 사실이 특정 자기 수련, 명상, 집중 등을 통해, 특정한 자기 교육을 통해 획득되는 관찰법으로 인식됨을 자주 언급했습니다. 그러므로 영계의 사실은 사람들에게 직접 주어지지 않습니다. 그것은 일상생활에서의 인식과는 다른 인식을 통해서만 얻을 수 있습니다. 이 영적 세계는 사람에게 완전히 숨겨져 있는 것처럼 보이고, 그가 일반적인 인지 방식을 완전히 초월하여 다른 차원으로 상승한 후에야 인지할 수 있을 것으로 보입니다.

자, 그게 사실이라면, 우리는 인간이 평범한 삶 속에서 자신을 결코 드러내지 않는 세상을 왜 염원하는지 되물을 수 있습니다. 이러한 반론에 대해서는 믿음을 가진 사람이 과학자보다 더 적절하게 무장했다고 보여집니다. 사실, 전자는 인간이 발전하는 과정에서 받은 계시를 통해 영계가 실제로 나타났다고, 인간은 초감각적 세계로부터의 계시를 통해 영계에 대한 지식을 얻을 수 있었다고 반론할 것입니다. 그러나 그러한 계시나 믿음을 인식하지 않으려는 사람은 영적인 세계가 있을 수도 있지만 그것이 어떤 식으로든 드러나지 않으므로 우리가 그것을 고려할 즉각적이고 명백한 이유는 없다고 반대할 것입니다. 이에 대해서는, 어떤 철학자가 영적 세계를 인식하는 것은 그가 두 번째 것으로 첫 번째 반대에 대해 거부하는 것을 진지하게 받아들이느냐에 달려 있다고 보는 이상주의적, 영적 철학에 의해 여러 시대에 걸쳐 반론이 제기되어왔습니다. 분명히 외적 지각에 의해 주로 드러나는 세계를 초월하는 것이 가능합니다. 인간은 자신의 내면에 진실(truth)의 세계를 건설할 수 있으며, 자신이 인간이라는 단순한 이유 때문에 지각의 외부 세계가 주는 것에 결코 만족할 수 없습니다. 그렇게 그는 자신 안에 진실의 세계를 건설합니다.[1]

우리가 이 진실의 세계를 진지하게 살펴보면, 우리는 그것이 주어진 것으로 있는 외부 물리적인 모든 것을 이미 초월하는 무엇인가로 구성되어 있음을 알게 됩니다. 그래서 우리는 외부 감각만으로 생겨날 수는 없으므로 다른 면에서 생긴 것이 분명한, 세계에 대한 웅장하고 종합적인 관점을 소환합니다. 그러므로 진실의 세계라는 사실 자체가 우리가 영적 세계에 참여하고 있고 진실과 함께 살고 있다는 것을 우리에게 확신시키기에 충분합니다. 자연히, 예를 들어 헤겔과 같은 철학자는, 제시된 반대에 반하여, 사고가 감각으로부터 독립되어 있는 한, 사고를 포용하는 영적 세계를 인식하는 것에 대한 많은 정당성을 찾을 것입니다. 완전히 독립적인 진실의 세계를 인식할 수 있는 모든 성향을 갖춘 철학자들은 진실에서처럼 움직이는 영의 존재를 가정할 충분한 이유를 영의 독립적 활동에서 찾을 것입니다. 그러므로 이 세상에는 관념의 참된 세계의 구체적인 활동이 영의 충분한 증거라고 보는 사람들이 항상 있을 것이라고 말할 수 있습니다. 어떤 의미에서는 심지어 아리스토텔레스에서조차 믿음과 같은 것이 식별된다고 말할 수 있습니다. 믿음은 그가 누우스(nous)-지성이라 부르는 개념과 관념 속에 있으므로 인간은 영적인 세계에 살고 있습니다. 그리고 그것은 인간 안에 존재하고 스스로 존재하며, 그러므로 충분히 입증됩니다.

이것을 인정한다면, 영적 세계 안에서 움직일 때, 영적 세계의 다른 존재와 사실에 관한 결론과 같이 자신의 영적 세계 안에서 배울 수 있는 것들로부터 결론을 도출하는 것이 가능할 것입니다. 그래서 아리스토텔레스는 신성에 관해, 혼의 불멸성에 관해 결론을 도출하고 어제 묘사된 것과 같은 추론에 도달합니다. 헤겔은 영의 독립적 활동을 말하는데, 이는 개념의 독립적 활동을 의미하며, 그것을 관장하는 법칙과 관련해 외부 세계와 전혀 관련이 없고, 영 자체의 활동입니다. 그는 이 독립적인 활동이 있을 때 영이 자신을 드러낸다고 주장합니다.

영-과학적 관점에서 특별하다고 볼 수 없는 루돌프 유켄과 같은 최근의 시도에서도, 영에 대한 자기 파악과 영적 존재의 자기 증명에 관해 이야기합니다. 그러나 그의 방식은 증명으로 이어지지 않으며, 인지학을 증명하는 것이 얼마나 어려운지 알 기회를 제공합니다. 영에 관한 한, '진실 그 자체'라는 것은 아무것도 증명할 수 없습니다. 이것이 충분히 진지하게 받아들여지지 않는 점입니다. 있는 그대로의 진실의 세계가 존재한다고 해서 반드시 영에 관한 어떤 것이 증명되는 것은 아닙니다.

이제 이번 강의 시리즈에서 확실하게 제시되어야 하는 내용을 비유적으로 간략하게 말씀드리겠습니다. 실제로는 물질성, 외부 물질계 외에는 아무것도 존재하지 않는다고 가정해봅시다. 나아가 물질계는, 요즘 유행하는 말처럼, 자신의 힘 또는 "에너지"로 광물계 안에서 자신을 표현하고, 따라서 광물계가 복잡해졌다고 가정해봅시다. 즉, 그것은 새로운 에너지를 모으는 것이 아니라 단지 식물과 동물의 세계에서 점점 더 복잡해져서 순전히 물리적 에너지들의 복합과 협력으로 인간이 만들어지고, 인간은 복잡한 뇌를 이용하여 사고할 수 있게 되었다고 가정해봅시다. 이 모든 것이 물질성 안에서 물리적 과정으로 진행되었다고 가정합시다. 잠시, 유물론자들의 매우 조잡한 주장, 즉 간이 담즙을 분비하는 것과 같은 방식으로 뇌가 생각을 분비한다는 주장이 진지하게 받아들여져야 한다고 상상해보십시오. 인간의 두뇌가 인간에게 영적 생명으로 보이는 것을 만드는 것과 같은 방식으로 기계-물리적 에너지로 만들어졌다고 가정해봅시다. 요약해서, 물질주의가 옳고 영이란 없다고 가정해봅시다. 그렇다면 물질주의적 관점에서 진실의 세계를 말하는 것이 가능할까요? 예를 들어 헤겔의 철학에서, 개념의 세계에서 표현된 것처럼 말입니다. 이 질문에 긍정으로 대답할 수 있다면, 그것은 물질주의 자체가 헤겔과 같은 철학을 설명할 수 있다는 것을 자동으로 보여줄 것입니다. 다시 말해, 모든 영적 또는 이상주의 철학을 거부할 수 있을 것입니다.

이 점을 철저히 설명하기 위해서는 많은 강의가 필요할 것입니다만, 진실의 세계가 사고로 이루어져 있다면, 우리는 복잡한 인간의 뇌에서 튀어나오는 생각은 물질세계의 반영일 뿐이라고 상상하기만 하면 됩니다. 여러분이 거울 앞에 사물을 놓으면, 거울은 그 사물의 상을 반영하고, 사물의 상은 사물과 동일합니다. 그 상은 사물이 아니지만,

순수하게 물질적인 사물은 거울을 통해 그 상이 생겨납니다. 여러분이 그것이 실제가 아닌 단순한 상일 뿐이라고 인정하면 여러분은 그 상의 실제를 증명하지 않아도 됩니다. 같은 방식으로, 여러분은 물질주의적 관점에서 "그것의 뇌 안에서 반영된 외부적 에너지이고 그 와중에 우리가 사고를 통해 갖게 되는 것은 단순히 외부 세상의 반영일 뿐이다."라고 말할 수 있습니다. 그러면 모든 생각이 반영일 뿐이기 때문에 영의 존재를 증명할 의무가 없습니다.

또한 "그렇지만 현실에서 결코 만나지 못하는 원이나 삼각형과 같은 추상적인 개념, 외부 지각에서 가져올 수 없는 개념이 있습니다." 라고 말하는 사람들을 설득할 기회도 우리에겐 많지 않습니다. 그러면 우리는 "맞습니다, 그들은 사고의 세계로 외부 세계에 나타나지 않습니다. 하지만 거의 유사한 것이 세상엔 헤아릴 수 없이 많습니다." 라고 대답할 수 있습니다. 간단히 말해서, 진실이 초감각적이라는 사실을 부정할 수는 없지만, 물질주의는 인간이 자신 안에서 초감각적 진실을 창조한다는 반대에 의심할 여지 없이 대처할 수 있습니다. 그러므로 이와 같은 진실은 물질주의에 어떤 반론도 제기하지 않을 것입니다.

이제 우리는 꽤 곤경에 처해 있습니다. 이 진실이라는 것은, 부인할 수 없이 초감각적이고, 수많은 사람에게 영적 세계의 존재에 대한 충분한 증거 또는 하나의 증거로 보이지만, 영적 세계의 실제(實際)에 대한 증거는 아닙니다! 진실은 초감각적이지만 반드시 실제는 아닙니다. 그것은 이미지들의 합일 수 있으며, 아무도 그것의 현실을 받아들일 필요가 없습니다. 그러므로 진실의 소유가 영적 세계의 실제 증명은 아니며, 단지 현실에 살아 기능하는 진실을 꿰뚫어 보는 것만으로는 영에 닿을 수 없습니다. 진실이란 외부 물리적 세계의 이미지에 지나지 않을 수 있다는 점을 주장하는 이는 항상 있을 것입니다.

이 시점에서 누군가는 일상생활 안에 있는 사람들 중에 영을 인식하도록 설득할 수 있는 이를 발견하기는 어려울 것이라 주장할 수 있을 것입니다. 예를 들어 포이어바흐와 같은 사람은 사람들이 신이나 신이라고 생각하는 것은, 자신들이 신격화하여 세상에 투영한 내면적 혼의 내용과 생각에 불과하며, 신성 세계의 비현실성을 증명하기는 쉬운데, 왜냐하면 그것은 단순히 사실이 아닌, 사고 세계의 외적 투사일 뿐이기 때문이라고 말합니다. 아리스토텔레스는 사고 세계의 객관성을 신의 존재에 대한 증거로 제시할 때 제대로 해내지 못했습니다. 그는 단순히 사람에게는 마음이 있고 마음은 대상에 적용될 수 있다고 주장합니다. 이것은 모든 물체가 신성한 지성 또는 마음에 스며든다는 것을 전제로 하지만, 그가 후자에 대해 설명했듯이 그것은 반사된 이미지, 외부로 투영된 인간의 마음에 지나지 않습니다. 따라서 신성한 지성은 단지 외부로 반사된 이미지일 뿐이며, 어떠한 증거의 기초도 형성할 수 없습니다.

인지학자들은 이러한 문제를 분명하게 직면할 수 있어야 하며, 잘 살펴보면 영적 세계를 이해하기 위해 증거 없이 시도하는 일반적 방법들은 불충분하다는 것을 알아야 합니다. 그렇다면 우리는 투시를 통하지 않고는 영의 존재에 관한 확신을 얻을 가능성이 없다는 것을 무조건 인정해야 합니까? 마치 투시력으로 말하거나 투시자들이 말해야 하는 것을 믿는 사람들만 할 말이 있는 것처럼 말입니다. 그렇게 보일 수 있지만, 실은 그렇지 않습니다.

물질적 내용을 가진 외부 세계는, 그 자체로 영적인 세계를 가리키지 않으며, 우리가 이미 알고 있지 않은 한, 외부 세계의 반영일 수 있는 진실의 내적 세계도 아닙니다. 따라서 다른 것이 또 무엇이 있는가에 관한 질문이 발생합니다. 네, 뭔가 다른 것이 있는데, 그것은 오류입니다. 우리는 세상의 완전한 그림을 다룰 때, 아무것도 잊지 않아야 하며, 진실 외에는 오류가 있습니다. 그런데 오류는 당연히 진실로 이어질 수 없으며, 오류를 출발점으로 진행한다는 것은 이상한 일일 것입니다. 진실의 토양이 메마르다는 사실이 오류의 관점을 취할 이유는 아닙니다. 그렇게 하면 우리의 반대자들은 전혀 줄어들지 않을 것입니다. 우리는 진실을 찾는 출발점으로 오류를 선택하지 않을 것입니다. 그것은 어리석을 뿐 아니라 말도 안 되는 일입니다. 거부할 수 없는 오류의 한 가지 측면이 있습니다. 그것은 존재합니다. 세상에 존재하고, 실재입니다. 무엇보다도 그것은 인간의 본성에서 발생하여, 실존을 획득합니다.

외부 세계가 자신을 위해 뇌에 반사 장치를 만들어 반사되고, 진실의 합이 상의 합이라면, 사물을 왜곡되게 반영하는 왜곡 거울과 같은 조건을 통해 당연히 오류가 생겨날 수도 있을 것입니다. 만약 여러분이 그런 종류의 거울을 사용한다면, 당연히 잘못된 상을 얻을 것이고, 그 오류는 비교적 설명하기가 쉬울 것입니다. 그것은 왜곡된 반영을 일으키는 기관의 문제일 뿐이며, 그것 또한 설명될 수 있습니다. 진실과 오류는 반영으로 설명될 수 있습니다. 그러나 설명될 수 없는 것은 무엇입니까? 오류의 수정, 오류의 진실로의 변형; 이것은 반영으로 설명될 수 없습니다. 한 번 해보시기 바랍니다. 왜곡된 상을 생성하는 거울로 실제 상을 만들 수는 없습니다. 그것은 그 오류를 따릅니다. 인간의 경우의 차이점은 그가 오류에 멈추지 않고, 그것을 정복하고, 그것을 진실로 변형시킬 수 있는 위치에 있다는 것입니다. 따라서 인간은 진실의 현상에는 외부 현실을 반영하는 것과 같은 것이 있지만, 오류를 진실로 변환하는 것은 그 자체로 오류가 단순히 외부 세계를 반영하는 것 이상이며, 따라서 그것의 근거를 우리를 둘러싼 세상에서 찾을 수 없다는 것을 증명합니다. 진실은 외부의 물리적 세계에서 정당성을 갖지만, 외부 물리적 세계를 수용하는 것이 오류를 수용하기 위한 충분한 정당성을 주지는 않습니다. 외부 세계와 관련이 없고, 그것과 직접적인 관련이 없는 무언가가 들어가야 합니다. 만약 감각적인 것이 진실 안에서 초감각적 상으로 반영되고, 그것이 오류로 반영된다면, 그 오류의 원인은 감각적인 것 안이 아니라 다른 곳에서 있을 것입니다.

그렇다면 우리가 오류의 존재를 인식할 때 우리 눈에 보이는 것은 무엇입니까? 우리는 외부 물리적 현상으로만 구성되지 않은 세계를 봅니다. 오류는 초감각적 세계에서만 시작될 수 있습니다. 그것은 당분간 저의 결론입니다. 자, 어떤 것을 증명하기 위해서가 아니라 문제를 밝히기 위해, 초감각적인 연구가 이것에 대해 뭐라고 하는지 알아봅시다. 그러한 연구는 세상 속의 오류의 독특한 위치에 대해 무엇을 알려줍니까?

우리가 자존감이 너무 부족해서 내적 충동으로 우리가 오류라고 확신하는 개념을 자발적으로 생각했다고 가정해보겠습니다. 하나의 오류를 생각해봅시다. 언뜻 이것은 바람직한 일이 아닌 것처럼 보일 수 있지만, 더 고차의 의미에서 이것은 여러분이 필요한 힘과 에너지를 가져오고, 자발적으로 오류에 대해 자주 반복적으로 생각해보면, 여러분은 그것이 혼 안에서 실재하는, 실재적인 효과를 갖고 있다는 것을 알게 됩니다. 우리가 자발적으로 생각하는 오류는, 비록 우리가 그것이 오류라는 것을 알고, 그것을 통해 아무것도 증명하지 못하고, 아무것도 설명하지 않지만, 그것은 우리 안에서는 작동합니다. 그 효과는 우리가 진실에 도달할 전망에 의해 산만해지지 않는다는 점에서 더욱 두드러집니다. 우리가 자발적으로 오류를 생각할 때 우리는 우리 자신과 완전히 혼자입니다. 이 과정을 충분히 오래 지속함으로써 우리는 영-과학에서 항상 묘사했던 혼에 숨겨진 힘, 이전에는 없었던 힘을 얻게 됩니다.

외부 진실에 대한 끊임없는 헌신은 우리가 논의 중인 길을 따라가는 데 별 도움이 되지 않지만, 우리 자신 안에 있는 오류를 자발적으로 장려하면 어떤 숨겨진 혼의 힘이 탄생할 수 있습니다. 내가 지금 제시했듯이 당신은 그것을 행동 수칙으로 사용할 수 없을 것입니다. 그래서 저는 저의 책 『고차 세계의 인식과 획득』과 『신비학 개론』에서 가능한 한 많은 오류를 계속 생각하라는 조언을 생략했습니다.(언급된 목적을 위해) 그것은 생략되었지만 문제의 또 다른 특정 측면은 제가 거기에서 설명한 것과 유사합니다. 저는 우리가 명백하고 눈에 띄는 오류에서 진행해서는 안 되며, 두 가지 조건이 충족되어야 한다고 말했습니다. 예를 들어 장미 십자가와 같이 외부 현실에서 대응할 수 없는 것을 시각화해야 합니다.[2] 네, 빨간 장미는 검은 십자가에서 자라지 않습니다. 이는 하나의 측면에서 볼 때, 잘못된 개념입니다. 장미 십자가는 외부 진실을 나타내지 않지만, 상징적 시각화, 비유적 개념입니다. 그것은 진실을 직접적으로 표현하지 않지만, 초감각적인 진실의 비유입니다. 감각 현실과의 관계에서 그것은 잘못된 개념이지만 비유로서는 영적으로 중요합니다. 장미 십자가를 묵상할 때 우리는 외부 현실과 관계에서 오류라는 개념에 스스로를 맡깁니다. 그러나 우리는 평범한 오류를 범하는 것이 아니며, 오히려 비유와 의미 있는 개념을 묵상함으로써 명확한 조건을 충족시킵니다.

이것은 우리에게 두 번째 조건을 가져옵니다. 우리가 명상, 집중 등에 전념할 땐 어떤 전제가 이루어져야 합니다. 여러분이 『고차 세계의 인식과 획득』또는『신비학 개론』의 두 번째 부분에 명시된 것의 정신을 이해했다면, 적절한 명상과 집중을 위해서는 특정한 마음의 틀이 필수 불가결하다는 것을 알 것입니다. 일어날 일이 올바른 방식으로 일어나려면 반드시 존재해야 하는 혼의 특정한 도덕적 태도[3]가 있습니다. 왜 이것이 조건으로 주어질까요? 특정한 도덕적 태도가 필수적인 이유는 무엇일까요? 외적 의미에서 틀렸다고 할 수 있는 개념, 비유적 개념에 나 자신을 맡길 수 있게 하기 위해서입니다.

이것은 다시 말하지만 반드시 고려해야 할 사항입니다. 지금까지 충분히 강조되어온 그러한 마음의 틀을 찾지 않고 명상하고 집중하는 것은 바람직하지 않습니다. 왜냐하면 경험에 따르면 그러한 기초 없이 숨겨진 혼의 힘 각성을 통해 열린 세계는 사람의 발전을 촉진하기보다는 사람에게 파괴적이기 때문입니다.[4] 그것은 설명된 것과 같은 마음의 틀에서 성장할 때만 건강하게 발전하는 효과가 있습니다. 경험에 의하면 그렇습니다. 또한, 올바른 마음의 틀이 아니라 열정이나 호기심의 동기로 고차 세계를 찾는 사람들에게 어떤 병리적 현상, 병적 증상이 생깁니다. 그러한 사람들은 오류 자체가 현실이고 그것이 혼 안에서 작동하기 때문에 스스로 어떤 현실을 받아들입니다. 그것은 감각에 의해 드러난 외부 세계에 존재하지 않는 현실입니다. 그러므로 그러한 사람들은 초감각적 힘, 초감각적 실체를 그들의 혼에 흡수합니다. 이 오류는 실제로 효과가 있지만 그 뿌리는 외부 감각 세계가 아닌 초감각적 세계에만 있을 수 있습니다.

이 초감각적인 세계는 우리가 이 도덕적 사고의 틀이 제공하는 특별한 기초가 없다면 우리에게 작동하도록 허용되어서는 안 됩니다. 우리는 오류가 비록 초감각적인 힘이기는 하지만 우리를 옳지 않은 초감각적인 세계로 인도한다는 것을 알아야 합니다. 그것은 좋은 도덕적 틀에 이식될 때만 좋은 초감각적 힘이 됩니다. 이제 여러분을 위해 그것을 인지학적으로 논의하는 데 자주 사용되는 말로 번역해보죠.

오류를 아는 법을 배움으로써 우리는 초감각적인 세계를 알 수 있습니다. 인위적인 방법으로 초감각적 세계에 접근할 필요는 없습니다. 초감각적인 세계는 오류를 매개로 감각적인 세계로 비춰지고, 그다음에는 오류를 통해 우리를 초감각적인 세계로 인도합니다. 그러나 그것은 좋은 세상이 아닙니다. 우리는 오류가 좋은 영향을 가질 수 있는 마음의 틀을 통해, 그 반대편에서, 좋은 세상을 가져와야 합니다. 그틀을 통해 올바른 결과를 얻을 수 있습니다. 역설적이게도 감각 세계에서 우리는 오류가 있으므로 실제로 초감각적인 세계를 알게 된다고 말할 수 있습니다. 그래서 여러분이 초감각적 세계에서 처음 만나는 것은 악마입니다.[5] 왜냐하면 처음에 여러분은 현명하지 못한 세상, 좋은 것이란 찾아볼 수 없는 세상을 만나게 되기 때문입니다.

이런 이유로 메피스토[6]의 발언이 여기에 적절하게 적용될 수 있습니다. "이들은 악마의 목을 붙들고도, 이 악마의 냄새를 맡지 못합니다." 악마는 있습니다. 또한 우리는 초감각적 세계에 대한 우리의 첫 만남은 루시퍼의 힘을 통해 이루어졌다고 말할 수 있습니다.[7] 우리는 루시퍼적 힘의 형태로 초감각적인 세계를 먼저 만나고, 이것들은 타조 방법, 즉 우리의 머리를 모래에 묻음으로써만 탈출할 수 있습니다. 물론 그렇게 해서, 그러한 힘을 없애지는 못합니다. 이 부분은 많은 강의를 통해 더 자세히 소개되어야 합니다. 초감각적인 세계는 오류의 존재로 주어지지만, 처음에 드러나는 모든 것은 인간 본성의 적대자인 루시퍼적 요소뿐입니다.

이 문제에 대해서 이야기해야만 할 어떤 특별한 점이 있을까요? 사람이 자기 생각의 오류를 자발적으로 받아들이는 도덕적 마음의 틀이 부족한 상태로 초감각적인 세계에 침투할 때 루시퍼의 먹이가 됩니다! 어제 우리는 인간이 유전적으로 부모와 조상으로부터 오는 것 외에도, 신과의 관계를 통해 도덕적 세계에 들어가는 모든 인간이 신으로부터 새로운 창조물로서의 영을 부여받는다는 아리스토텔레스의 말을 인용했습니다.

"아리스토텔레스의 세계관은 다음과 같이 나타납니다. 아래에는 물질과 의식을 나타내는 사물과 과정이 존재하며, 위로 갈수록 물질적 성격의 모든 것이 사라집니다. 순전히 영적인 것이 시야에 들어와서 인간에게 관념으로 자신을 드러냅니다. 신이 모든 것을 움직이게 하는, 순수하게 영성이 지배하는 세계 영역입니다. 이 세계 영역에는 영적 인간 혼이 속합니다. 그것은 육체와 혼의 요소들과 결합되기 전에는 개별적 존재로 존재하지 않고 오직 세계-영의 일부로만 존재합니다. 이 연합을 통해 그것은 세계-영에서 분리된 개별적인 존재를 얻습니다. 그리고 육체성에서 분리된 후에도 영적 존재로 살아갑니다. 따라서 개별 혼 존재는 지구적 인간 존재와 함께 시작하여 불멸로 살아갑니다. 지구 생활 이전 혼의 선존재는 플라톤에 의해서는 가정되지만 아리스토텔레스는 아닙니다." (Rudolf Steiner, *Riddles of Philosophy*, I)

그러나 우리는 아리스토텔레스의 주장을 받아들일 수 없었습니다. 우리는 주장 자체에 모순되는 내용이 많이 포함되어 있음을 발견했습니다. 웅거 박사는 외부 세계에서 모순에 대한 정당성을 올바르게 보여주고 분명하게 증명했습니다.[Carl Unger, *Gedanken zur Philosophic des Widerspruchs*. Stuttgart, 1964] 그러나 확실히 이러한 인식과 정당화는 주장 자체를 반박하는 추론으로 이어지는 모순에는 적용할 수 없습니다. 그것이 우리가 아리스토텔레스에서 찾은 것입니다.

신이 초감각적 사람을 창조한다면, 우리가 본 것처럼 죽음 후에 모든 사람에게 만족스럽지 않은 상태가 일어날 것입니다. 하나님이 불만의 상태로 사람을 창조하셨지만, 그것은 아리스토텔레스의 의미에도 속할 수 없습니다. 우리는 탄생을 통해 주어지는 것과 함께 초감각적인 부분을 신으로부터 직접 받는다고 주장하는 철학을 인정할 수 없습니다. 보다 최근의 세계 개념이 "신"이라는 개념을 해석하기 때문입니다. 이것이 진실에 근거한 것이라 할지라도 그것에 의해 증명될 수 있는 것은 아무것도 없습니다. 왜냐하면 진실은 초감각적인 세계에 관한 것은 아무것도 증명하지 않기 때문입니다. 그런 종류의 증거는 초감각적인 세계에 적용할 수 없습니다. 그것이 첫 번째 요점이고 두 번째는 우리가 인간의 초감각적 구성 요소가 신에 의해 창조되었다고 가정한다면, 그가 죽은 후에 불완전한 상태로 넘어가야 한다는 것은 상상할 수 없다는 것입니다. 따라서 아리스토텔레스의 주장은 유지될 수 없습니다.

아리스토텔레스가 고려하지 못한 것은 인간이 접근할 수 있는 초감각 세계의 첫 번째 요소는 우리의 즉각적인 인간 경험에서도 활동적인 루시퍼적 요소이며, 인간을 물질계에서 초감각계까지 살펴보는 한, 초감각적 인간의 시초에 루시퍼의 원리를 인정해야만 앞으로 나갈 수 있다는 것입니다. 따라서 인간은 오직 신에 의해서만이 아니라, 신과 루시퍼적 원리와 함께 생겨납니다. 방금 언급한 사실을 잘 기억해주시기 바랍니다. 그것은 영적 세계에 대한 그들의 이론이 무엇이든 간에 무의식적으로 서양 민족의 감성으로 들어갔고, 우리 시대 서구의 사고가 윤회와 반복되는 지구 생활에 대한 편견을 제거하지 못하도록 막았습니다.

물론 예전 사람들은 오늘날처럼 마음 깊은 곳에 초감각적인 어떤 것보다 악마를 믿는 충동이 더 크다는 식으로 그 문제를 표현하지 않았고, 관념의 형태로 방금 표현된 것처럼, 신과 함께 루시퍼의 존재를 느꼈습니다. 나중에 이 강의에서 드러날 것이지만 그들은 또한 우리가 육체성으로서 가진 것과 나란히 영적 요소가 우리에게 보증되며, 신에게서 태어난 것임을 느꼈습니다. 그들은 하고자 했으나 초감각적 기원으로부터 인간의 하강과 물리적 차원에 있는 외적 물리적 인간에 대한 인식을 조화시킬 수 없었습니다.

그들은 이 모순을 피할 수 없었습니다. 예를 들어, 모든 사고와 느낌이 윤회의 교리를 받아들이는 것은 불교도보다 서양인에게는 훨씬 더 어려웠습니다. 서양인들에겐 육체성을 믿는 것은 일종의 신성 부정이며 믿음을 버리는 것이라고까지 여겨졌으며, 육체성이 의미가 없는 세상으로 상승하려는 노력이 당연했습니다. 아리스토텔레스의 관점과 불교의 관점은 상당히 다릅니다. 아리스토텔레스는 우리가 죽음의 문을 통과하고 우리의 초감각적인 부분을 우리와 함께 가져간다고 말합니다. 그리고 우리는 우리의 과거를 돌아봐야 하는데, 우리의 발전은 그 물질계의 삶에 달려 있습니다. 신성이 인간에게 몸을 주는 이유는 우리가 그것을 필요로 했기 때문입니다. 아리스토텔레스는 외적인 감각적 형태, 외적인 감각적 삶의 중요성을 선포합니다. 그것은 개념, 아이디어, 추상화에 대한 질문이 아니라 철학자의 마음의 내용에 대한 질문입니다. 불교도의 마음은 아리스토텔레스와 같은 내용을 가지고 있지 않았습니다. 불교도의 태도의 본질은 물리적 세계와의 접촉은 퇴행이라는 느낌이었습니다. 그는 육욕에 이를 때, 자신을 해방시켜야 하는 것과 만나게 되며, 그 모든 것을 버리고 나서야 더 나은 인간이 된다는 것을 알고 있었습니다.

서양을 대표하는 아리스토텔레스가 불교적으로 느끼는 것은 불가능했습니다. 실제로 서양에 뿌리를 둔 사람은 진정으로 그것을 느낄 수 없습니다. 그는 이론적으로 불교를 인정할 수 있지만, 실제로는 내면 혼의 내용을 부인하는 식으로만 인정할 수 있습니다. 아리스토텔레스는 감각 세계를 그 자체가 아니라 영적 세계로 상승하는 조건으로 소중하게 생각합니다. 서양의 느낌은 항상 신성하고 영이 침투한 감각 세계에 대한 특정 인식으로 이어집니다. 유물론은 이것을 한동안 부인했지만 그럼에도 불구하고 이런 생각은 서양인들의 혼 속에 살았으며 이것은 서양 정신의 기본 조건이 존재하는 한 지속됩니다.

아리스토텔레스는 이것이 인류의 전체 진화 조건이라고 생각했습니다. 그것은 19세기까지도 지속되었고, 서구의 저명한 학자들이 윤회를 받아들이지 못하게 만든 요소 중 하나입니다. 한편으로는 루시퍼의 원리를 감지하고 다른 한편으로는 신성한 원리를 가정한 결과 저명한 철학자 프로샤머(Frohschammer)는 토마스 아퀴나스에 관한 작업(1889)을 낳았습니다. 거기서 그는 토마스 아퀴나스의 철학에 반대하는 자신의 철학을 시작합니다. 무엇보다도 그는 우리가 윤회라고 부르는 것의 타당성에 대한 그의 견해를 표현합니다. 어떤 면에서 프로샤머는 전적으로 서양 정신의 대표자로 간주되어야 합니다. 그는 이렇게 말합니다.

"신에게서 나왔기에 인간의 혼은 신성한 상상의 산물이나 작품으로만 간주할 수 있지만, (아무것도 단순히 무에서 생겨날 수 없기 때문에) 신의 이 힘과 활동은 창조를 위한 준비와 그 실현과 영속을 위한 형성력으로 작용해야 한다. 즉, 형식적인 것이 아니라 실제적인 창조적인 힘이다. 그것은 세계에 내재된 상상력이어야 하며, 지속적으로 활동적이고, 창의적이며 지속적인 힘 또는 능력이어야 한다."

저는 헤겔이 관념을 다루고 쇼펜하우어는 의지에 대해 다루듯이, 프로샤머가 상상력을 세계 창조 원칙으로 다루는 훌륭한 책도 썼다는 것을 말씀드립니다.

"혼이 이미 존재한다는 교리(혼이 영원한 것인지 지나가는 것인지와 상관 없이 혼은 태초에 다 함께 창조되었다.)는 최근에 부활한 것으로 보인다. 그것은 모든 종류의 심리적 문제를 해결할 수 있는 것으로 간주되며, 혼의 이주와 지상의 육체에 갇힘과 연관된 교리이다."

이것은 1889년, 카를스루에 강의에서 작성되었습니다. 예수에서 그리스도까지(1911년 10월), 저는 이 교리가 19세기에도 항상 지지자들을 가지고 있었다고 언급했습니다. 당연히 프로샤머도 알고 있었으므로 계속해서 다음과 같이 말합니다.

"이 교리에 따르면, 직접적이고 신성한 혼의 창조나 새로운 인간 몸과 혼의 창조적 생산은, 출산 시에 일어나지 않지만, 혼과 육체의 새로운 결합, 일종의 육체가 되는 일 또는 혼이 몸으로 스며들어, 한 부분이 몸에 포함되고 다른 부분은 몸을 초월하여 영과 같은 독립성을 갖게 되는 일이 일어난다. 그러나 이 원칙에 의하면, 혼은 죽음이 그 결합을 갈라놓아 해방을 가져올 때까지 몸으로부터 벗어날 수 없다. 이 경우 인간의 영은 몸과 관련하여 연옥에 있는 불쌍한 혼을 닮았다. 즉, 몸의 절반이 타오르는 불길에 휩싸여 있지만, 윗부분엔 혼이 튀어나와 몸짓을 하고 있다. 이 개념이 성별의 대조, 인간 종의 개념, 결혼, 부모와 자녀의 관계에 대해 암시할 의의와 중요성을 숙고해보라! 성별의 대조는 속박의 체계일 뿐이며, 결혼은 관련된 업무를 수행하기 위한 기관이고; 부모, 자녀의 혼을 붙잡고 가두는 법의 하수인이고, 자녀들은 더는 공통점이 없는 부모 덕에 비참하고 끔찍한 감옥에 있다. 이 관계와 관련된 모든 것은 인류가 성별의 대조를 연관시키는 다른 모든 것처럼 비참한 환상에 기초한다. 이 양성애는 얼마나 강력한 역할을 하는가! 인간의 계획과 열망이 얼마나 강렬하게 그것에 의해 결정되는가! 그것은 얼마나 열망하고, 얼마나 행복을 가져다주며, 육체적, 영적 황홀의 원천이 되는가! 얼마나 끝없는 예술적, 특히 시적인 창조의 주제인가! 이제 우리는 이 주제가 지상의 비참함을 겪게 된 가난한 혼들을 구체화하고 가두는 과정에 불과하다고 믿어야 한다. 오직 그들 존재의 일부만이 이른바 초월적이 된다. 그러므로 그러한 성적 관계의 중요성은 지속적인 갱신, 즉 존재의 샘에 해당하는 회춘에서 찾아질 수 없다. 오히려 그와는 정반대로, 그것이 야기하는 근본적인 갈망과 황홀은 사람이 가정해야 하는 고상한 창조적 충동의 만족에 기초한 것이 아니라, 새로운 혼을 모호한 신체 형태로 가두려는 불쌍한 야망에서 비롯된 것이다. 그리고 이것은 그들의 진정한 자아로부터 멀어지게 한다." [J. Frohschammer, *Die Philosophic des Thomas von Aquino*, Leipzig, 1889]

보다시피, 여기에는 그 시대의 영적 삶에 대해 진실하고 정직하게 말하는 사람이 있으며, 이는 우리 세계관의 기본 중추로 우리가 인정해야 하는 것을 과거 서양 철학이 얼마나 힘겹게 만났는지를 알게 해줍니다. 정직하게 접근하는 모든 사람은 큰 어려움을 겪을 것입니다. 인지학의 과업 중 하나는 서양 문화 생활에 흠뻑 빠져 있는 사람들이 일반적인 영-과학과 특히 뉴마토소피(Pneumatosophy)로 대표되는 것을 인식할 수 있게 하는 것입니다.

상상-'상상', 영감-자기수행, 직관-양심
1911년 12월 15일, 베를린

[영역자 주 : 슈타이너 박사는 인지학자들에게 익숙한 의미에서 비독일어 용어 '상상력'을 큰 문제없이 사용할 수 있습니다. 왜냐하면 그 단어가 실질적으로 '상상력(즉, 판타지)'을 의미하는 독일어로 사용되지 않았기 때문입니다. 하지만 이 강의에서는 두 용어가 서로 상쇄되어 있고, 영어에는 '상상력'에 대한 동의어가 없어서 번역 과정에서 어려움이 발생합니다. 사용 가능한 최상의 대책은 다음과 같습니다. '상상'이 일반적인 의미(Phantasie)로 사용될 때마다 작은따옴표를 사용하고, 다른 의미일 때는 사용하지 않습니다. 독자가 이 순전히 임의적인 장치를 염두에 둔다면 "상상력은 '상상력'으로 이어진다." 같은 문장을 마주치더라도 놀라지 않을 것입니다.]

어제 우리는 영을 제대로 이해했다는 전제하에, 우리의 개인적인 의식을 만족시킬 수 있는 영의 존재에 대한 증거가 있음을 발견했습니다. 우리는 개인의 의식에 관한 한 오류와 수정 가능성이 영의 존재에 대한 증거라고 주장했으며, 이를 이해하기 위해 자명해 보이는 영의 속성을 인용했습니다. 즉, 우리가 영의 초감각성이라 부르는 것은, 초감각적 영역에서 오류의 근원을 찾아야만 한다는 사실에 근거합니다. 저는 그런 문제를 완벽하게 증명하는 데 필요한 세부 사항을 제시하는 것은 당연히 불가능하다고 말했지만, 인간이 지각으로만 배울 수 있는 물질계의 유혹을 떨쳐버리고 더 고차의 영역으로 들어섰을 때 오류가 나타날 가능성을 보여주는 일은 매우 흥미로울 것이라고도 말했습니다.

외부 세계와 관계하여 오류에 빠지기 쉬운 인간의 본성과 존재를 통해서 결국 그것은 드러날 것입니다. 현대 과학은 실제로 모든 면에서 영-과학에 의해 도출된 결론에 대한 증거를 수집하지만, 외부 과학의 지지자들은 충분히 열린 마음으로 그것을 해석하지 못한다는 점이 반복적으로 지적됐습니다.

우리는 자연주의자인 후버가 누에고치를 짜는 애벌레를 관찰하여 확립한 이러한 사실 중 하나를 인용할 것입니다. 연속적인 시기 또는 단계 안에서 고치를 만드는 애벌레가 있고, 첫 번째 단계, 두 번째 단계 등으로 최대 7단계까지의 과정을 설명할 수 있습니다. 후버는 세 번째 단계에서 작업하는 애벌레를 가져다가 6단계가 완료된 다른 고치에 넣었는데 이상한 일이 발생했습니다. 애벌레는 처음에는 혼란스러워 보였지만 곧 다시 실을 뽑기 시작했습니다. 하지만 7단계가 아니라 4단계, 5단계 순서로 계속해서 고치를 만들었습니다. 애벌레는 확실한 내면의 삶을 따라, 그것의 지시만을 따랐습니다. 후버는 자신의 고치에서 애벌레 중 하나를 제거하고 세 번째 단계에 도달한 다른 유충에 넣었을 때, 그 유충은 일반적인 방식으로 계속 일을 했습니다. 그것은 외부 자극에 전혀 반응하지 않았습니다. 애벌레는 "이제 나는 네 번째 단계를 해야 한다."라고 스스로에게 말하지 않았습니다. 그것은 외부 자극이 다른 단계를 보여주고 있을 때조차 자신의 내적 충동을 따랐습니다.

이것은 매우 중요한 사실입니다. 왜냐하면 인간이 '맞다' '틀리다'라고 부르는, 오류가 생겨나게 하는 외적 인상이, 동물에게는 전혀 영향을 미치지 않는다는 것을 보여주기 때문입니다. 인간 구성체의 본질은 내면의 충동뿐만 아니라 외부로부터 들어오는 충동도 따르게 만들기 때문에, 인간은 외적인 것에 의해 혼동될 수 있습니다. 이런 의미에서 오직 인간만이 외부 세계를 대면합니다. 기본적으로 이것은 영의 개념과 관련하여 가능한 모든 망상을 설명하며, 적어도 연관성이 있습니다.

이제 우리의 영에 대한 인지학적인 교리로의 올바른 전환을 찾기 위해, 현대의 예리한 스승인 브렌타노가 혼과 그 능력을 어떻게 과학적으로 개념화하려고 했는지 다시 생각해봅시다. 설명을 위해서 제가 흑판에 그려진 그림을 사용하겠습니다.

브렌타노는 우리의 혼 능력을 심상, 추론, 그리고 감정이라고 부를 수 있는, 사랑과 증오, 즉 호불호로 분류합니다. 자, 우리 혼의 삶의 전체 범위가 이렇게 조직되어 있다고 상상한다면, 우리는 심상과 감정을 관찰해야만 합니다. 자세히 연구해보면, 그것은 혼에 다른 관계를 보여주며, 추론이 하는 것과 다른 뭔가가 들어옵니다. 그것이 바로 혼-교사들이, 심리학자들이 자랑스러워하는 것입니다. 그들은 추론에서 단순한 심상을 분리하는데, 그들이 추론에서 심상들의 단순한 조합 이상의 것을 보기 때문입니다. 우리의 심리학자는 이것 안에서 추론의 핵심을 보지 못할 뿐 아니라, 이것이 어떤 기초가 되지도 않습니다. 왜냐하면, 그가 주장했듯이, 우리가 심상들을 결합할 때 그것이 심상들을 결합할 가능성을 설정하는 일이 될 수 있기 때문입니다. 예를 들어, 심상 "나무"와 "녹색"이 아니라 심상 "나무"와 "황금"을 결합하면 나무가 황금이 아니라는 것을 공리적으로 인정해야 합니다. 자, 이 맥락 안에서 실제 판단의 전제는 무엇입니까? 말하자면 우리는 그러한 모든 판단에서 유효한 명제를 형성할 수 있어야 합니다. 복합 심상 "나무는 녹색이다."로부터 저는 "녹색 나무는"과 같은 올바른 명제를 만들 수 있습니다. 그렇게 될 때까지 저는 판단을 통과하지 못했습니다. 제가 명제를 만들려고 할 때만, 심상의 조합이 어떤 것을 확립할 수 있는지 알 수 있습니다. "황금 나무는"으로는 되지 않습니다. 따라서 심상의 조합으로부터 판단으로 나아갈 수 있는지 여부를 묻는 경우, 두 번째 질문이 연관되는데 그것은 이 경우 '유효한 명제가 만들어질 수 있는가?'입니다.

이제 이 질문을 하겠습니다. 혼의 모든 영역을 가로질러 혼의 모든 곳을 검색한다면, 심상들의 조합에서 명료하게 유효한 명제를 형성할 가능성을 어디에서 발견할 수 있습니까? "나무는 녹색이다."라는 복합 심상으로부터 "녹색 나무는"이라는 명제를 형성하게 하는 것은 무엇입니까? 여러분이 이것을 하게 하는 것이 무엇입니까? 그것은 여러분의 혼 안에 있지 않은 무엇인가입니다. 왜냐하면 여러분은 혼의 전체 영역에서 그런 어떤 것도 발견할 수 없기 때문입니다. 여러분이 주로 복합 개념에서 명제, 무언가를 해결하는 논지로 전환하고 싶을 때, 내면의 느낌이 말해주듯이, 여러분은 혼으로부터 나와서 혼의 본성이 아닌 무엇인가를 찾아야 합니다. 즉, 지각을 통하지 않고는 그러한 전환을 이룰 방법은 없습니다. 개념의 조합이 우리가 지각이라고 부를 수 있는 것과 결합될 때, 그래야만 현재의 의미 내에서 판단을 형성한다고 말할 수 있습니다.

이것은 첫째로 우리가 심상이 혼 안에 살고 있다는 것 외에 아무것도 알지 못함을 보여주며, 우리가 개념에서 추론으로 넘어가려면 더 많은 것이 필요하다는 것을 보여줍니다. 감정은 혼 안에만 존재한다는 것을 사람들은 심상의 경우보다 의심할 여지없이 훨씬 더 쉽게 믿게 될 것입니다. 왜냐하면 만약 감정이 혼 안이 아니라 어디에나 존재한다면, 그들은 그렇게 개별적인 성격을 견딜 수 없을 것이기 때문입니다. 우리는 감정이 주로 혼 안에 산다는 것을 설명하는 데 시간을 낭비할 필요가 없습니다.

우리는 이제 심상과 감정이 오직 혼 안에만 사는 것이 가능한지 물어야 합니다. 심상과 감정은 혼의 내부 과정이기 때문에, 우리는 외부 지각의 도움 없이는 판단에 직접 도달할 수 없다는 것을 알고 있지만, 우리는 여전히 심상과 감정이 혼 안에만 존재한다는 우리의 말을 정당화할 수 있는지 질문해야 합니다. 심상과 관련하여 먼저 우리가 그것들 안에 살 때, 우리의 혼 안에서 그것들을 완전히 통제할 수 없다는 것을 지적할 수 있습니다. 어제 우리는 오류가 영적이고, 초-감각적이며, 우리의 심상 영역에 들어갈 수 있지만, 후자는 오류를 극복할 수 있다는 것을 알게 되었습니다. 그렇지 않으면 오류를 넘어설 수 없습니다. 이를 염두에 두고 우리는 우리의 혼에 오류와 또 다른 뭔가가 갈등하는 일종의 전쟁터가 있다는 사실을 인식해야 합니다. 모든 오류는 영적인 성격을 띠고 있으며, 우리는 그것에 맞설 수 있는 적절한 무언가가 있어야 합니다. 그렇지 않다면 우리는 오류를 극복할 수 없습니다. 모두가 알고 있듯이 실제로 오류를 극복할 수 있는 수단이 있습니다. 오류는 영적이기 때문에 감각 세계의 인식만으로는 극복할 수 없습니다. 인지학 강의에서 저는 감각이 잘못되지 않는다는 점을 지적했습니다. 괴테는 한때 그것을 강조했습니다. 오류는 감각이 아니라 혼에서 일어나는 일입니다. 따라서 오류는 혼 안에서, 주로 심상을 통해서만 수정될 수 있습니다. 심상을 통해서 우리는 과거의 오류를 극복할 수 있습니다.

우리는 어제 어떤 면에서 오류는 우리를 혼-삶의 더 높은 영역으로 끌어올리는 내면의 요소라고 정확히 말할 수 있는 어떤 것의, 일종의 부진한 변종이라는 것을 발견했습니다. **오류의 주된 특징은 지각의 세계에 동의하지 않는다**는 것이며, 고차 세계로 가는 길에서 우리는 지각에 부합하지 않는 개념들을 명상하고 주의를 기울이는 일에 헌신해야 한다는 점을 깨달았습니다. 예를 들어, 장미 십자가 자체는 외부 지각과 일치하지 않는 오류를 포함하는 개념입니다. 그러나 우리는 영적 삶의 길에 오류가 사용되면 우리에게 파괴적인 영향을 미칠 것이라고 말했고, 경험은 이것이 사실임을 보여줍니다.

그렇다면 외부 세계와 일치하지 않는 지각에도 불구하고, 어떻게 우리는 건강하고 정상적인 방법으로 더 고차 혼의 힘을 깨우는 개념을 얻을 수 있을까요? 우리가 설명했던 것과 같은 순전히 거짓된 우화적 개념에서 어떻게 나아갈 수 있을까요? 우리는 그러한 심상을 합성할 때 외부 감각 세계, 지각의 세계에 의해 인도되지 않고, 다른 한편으로는 우리를 오류로 이끄는 힘에 의해 인도되지 않음으로써 이를 수행할 수 있습니다. 우리는 이 두 가지를 모두 피하고 혼의 힘에 호소해야 하지만, 그보다 먼저 깨어나야 합니다. 그저께 우리는 그것들을 도덕성과 아름다움의 토양에서만 자라는 내적 충동으로 특징지었습니다. 우리는 결국 외부라고 부르는 세상에 의해 우리 안에 각인된 것과 같은 충동과 열정으로부터 분리되어야 합니다. 우리는 처음에는 완전히 부족한 우리 혼의 힘을 실험적으로 불러낼 수 있도록 우리 자신 안에서 노력해야 합니다. 그렇게 함으로써 우리는 지각의 외부 세계에는 적용할 수 없지만 어떤 의미에서 특정 객관적 타당성을 갖는 비유적 개념을 형성하는 법을 배웁니다.[1]

그것을 우리는 인간이 자신을 제시할 때, 어떤 의미에서 스스로를 결코 인정할 수 없고, 만족할 수 없고, 스스로를 정복해야 한다고 말해야 하는 존재라는 개념을 형성함으로써 시작합니다. 그런 다음, 이 개념의 옆에 우리는 다른 하나를 배치합니다. 그는 자신이 인정하지 않는 현재 형태의 모든 것을 완전히 지배할 수 있는 자신의 고차 본성을 실현하기 위해 노력해야 한다고 느낍니다. 이 두 번째 개념이 지각으로 분류될 수 없다는 것은 그것이 현재나 과거가 아니라 인간의 미래를 의미한다는 사실에 의해 드러납니다. 그런 다음 그러한 충동으로부터 우리는 일반적으로 지각 세계의 안내에 일치하지 않는 개념을 결합합니다. 우리는 죽어야 할 것의 상징인 검은 십자가와 그로부터 일어나야 하는 생명의 상징인 붉은 장미를 결합합니다. 내면의 명상에서 우리는 비현실적이라고 불릴 수 있는 심상인 장미 십자가를 시각화하지만, 이것은 외부 오류처럼 나타나지는 않았고, 우리 혼의 가장 고귀한 충동에서 태어났습니다.

그런 다음 우리는 우리 혼의 가장 고귀한 충동에서 외부 지각이 없는 시각화에 해당하는 심상을 가져왔습니다. 이 시각화를 적용하면, 즉 깨어 있는 내면의 헌신으로 우리 자신을 내려놓고 그것이 우리에게 작용하게 하면, 우리의 혼이 건강한 방식으로 확장되고 이전에 도달하지 못했던 높이에 도달한다는 것을 알게 됩니다. 그렇게 우리의 경험은 혼이 발전할 수 있음을 보여줍니다. 외적으로 오류인 심상을 통해 우리는 본질적으로 옳은 것으로 드러나는 무언가를 수행했습니다.

다음 질문은 우리가 외부 지각과 공통점이 없는 그러한 심상의 힘을 우리 안으로 부여할 수 있는지 여부입니다. 우리는 우리의 혼이 오류를 만드는 것과는 다른 심상을 만드는 힘을 행사할 수 있게 하도록 할 수 있을까요? 우리는 이 비유적 심상을 통해, 오류로 인해 발생할 수 있는 모든 것을 전환시킬 수 있는 우리의 특성이, 그러한 오류에 의해 생겨나는 것과 반대임을 기억해야 합니다. 우리는 오류 안에서 루시퍼적 힘을 느꼈다고 말했습니다. 이제 우리는 혼의 우화적 심상의 변형을 통해, 우화적 심상을 혼의 더 높은 측면으로 건전하게 안내할 때, 우리가 느끼는 고상한 충동은 루시퍼적인 것과 반대라고 말할 수 있습니다. 그것들은 신성한 영적 성질을 가지고 있습니다.

이 상호 관계에 깊이 침투할수록, 우화적 심상을 변형하는 경험을 통해, 초-감각의 내적 영향을 더 직접적으로 느낄 것입니다. 그런 다음, 우리 안에 있는 어떤 것의 초-감각적 효과가 무엇인가를 성취하고 우리 안에서 작용하는 것을 볼 때, 이전에 혼의 심상에 불과했던 혼의 요소 안에 머무르는 것은, 외부 지각을 통해 가져올 수 없는 무엇인가 아주 다른 것이 됩니다. 심상 또한 지금 묘사된 것을 혼 안에서 만들어낼 수 없습니다. 심상이 평범한 외부 세계와 접촉할 때, 추론으로 이어지듯이, 심상의 내적 삶은, 방향을 잃지 않고, 정해진 안내에 따라, 심상 자체를 넘어서 자신을 변형시킵니다. 그것은 판단은 아닐 수도 있지만, 적어도 의미가 가득하고 혼 너머를 가리키는 심상이 됩니다. 이것이 우리가 고차-상상이라고 부르는 용어의 진정한 의미입니다. 요약하면, 심상이 지각을 통해 외부 세계와 접촉할 때, 그것은 추론을 향하지만, 우리가 묘사한 내적 과정을 통해 그것은 진정한 의미에서의 내적 고차-상상이 됩니다.

지각이 단순한 심상이 아닌 것처럼 고차-상상도 심상이 아닙니다. 지각을 통해 심상의 삶은 처음에는 익숙하지 않은 외부 세계와 접촉합니다. 설명된 과정을 통해 심상은 우리가 고차-상상의 세계라고 부르는 것에 적응합니다. 단순한 개념적 복합체 "나무는 녹색이다."에서 판단 "녹색 나무는"으로의 실제 전환이 있는 것처럼, 단순한 개념의 삶에서 공간적 외부 세계의 산물 이외의 다른 개념으로 가득 차 있는, 고차-상상 안에 구성되는 것으로의 유사한 전환이 있습니다. 거기엔 고차-상상이 풍부한 삶 안에서 우리의 개념들을 풍요롭게 하는 과정이 있습니다.

그러나 고차-상상과 심상 사이에 개입하는 것이 있습니다. 고차-상상은 그것이 나타나는 순간 자신을 매우 현실적으로 드러냅니다. 우리의 혼이 실제로 고차-상상에 도달할 때, 그것은 심상의 삶 안에서 지각의 삶에서 느끼는 것과 유사한 것을 감지합니다. 후자에서 혼은, 외부 세계와의, 물질성과의 직접적인 접촉을 합니다. 고차-상상 안에서 혼은 처음에는 외부 세계로 보이는 세계와 간접적인 접촉을 느끼지만, 그것은 영의 외부 세계입니다. 이 영이 심상 안에서 (실제로 고차-상상에 도달하는 것) 살기 시작하면, 외적 물질성만큼 강압적입니다. 우리가 외부 세계와 접촉할 때 나무를 황금색으로 상상할 수 없는 것처럼, 외부 세계가 특정 방식으로 심상을 갖게 강제하듯이, 심상이 고차-상상으로 올라갈 때도 영으로부터의 충동을 느낍니다. 그러나 이 경우, 우리는 이 심상의 삶이 일반적으로 주어진 내용과는 아주 독립적으로 자신을 표현한다는 것을 알고 있습니다. 일상생활에서 이것은 우리의 눈, 귀 등을 통해 지각을 갖고, 그러한 지각으로 심상의 삶을 풍부하게 하고 우리가 지각한 내용으로 채워지기 때문에 생겨납니다. 고차-상상 안에서 우리는 심상이 영으로 채워지도록 고통받습니다. 신체 기관을 통해 우리 혼의 내용이 될 수 있는 어떤 것도 있어서는 안 되며, 우리의 눈이나 귀를 통해 우리에게 들어오는 것은 없습니다. 우리는 외부 물질성과 관련된 모든 것에서 자유롭다는 것을 직접적으로 의식합니다. 우리는 모든 면에서 자유로운데, 물질적 비교를 한다면, 잠을 자는 동안 몸에 일어나는 과정과 같습니다. 이러한 이유로 전체 유기체에 관한 한 모든 조건은 수면의 무의식 대신 고차-상상 의식이 대신한다는 점을 제외하면 수면 중과 상상 중에는 동일합니다. 그렇지 않으면 완전히 비어 있는 것, 몸에서 분리된 것이 우리가 고차-상상 개념이라고 부를 수 있는 것으로 가득 차게 됩니다. 따라서 수면 중인 사람과 고차-상상 안에 있는 사람의 유일한 차이점은,

수면 상태에서 육체 외부에 있는 부분이 평범한 수면에서 아무 개념이 없는 반면, 고차-상상 안에서는 고차-상상의 개념으로 가득 차 있다는 것입니다.

그런데 그 중간 상태가 나타날 수 있습니다. 수면 중인 남자가 고차-상상으로 가득 차 있지만 그것을 의식으로 불러낼 힘이 부족할 수 있습니다. 여러분들이 일상생활에서 경험하듯이, 그러한 일이 가능합니다. 일상생활 안에서 여러분은 의식하지 못하는 것들이 더 많습니다. 길을 걸으면서, 여러분은 의식으로 가져오지 않는 많은 것을 감지합니다. 이것은 여러분이 이상한 꿈을 꿀 때 나타납니다. 예를 들어, 여러분은 한 남자가 한 여자 옆에 서 있고, 여자가 이런저런 말을 하고 있는 꿈을 꿉니다. 꿈은 여러분의 의식 속에 남아 있습니다. 여러분은 그것을 기억합니다. 그러나 여러분이 그것에 대해 생각한 후에 그 상황이 실제로 일어났다는 것을 인정하게 되는데, 만약 그 경험이 꿈에 나타나지 않았다면 여러분은 그것에 대해 전혀 알지 못했을 것입니다. 전체 사건이 여러분의 의식을 지나쳤고, 꿈을 꾸었을 때 비로소, 그 상이 여러분의 의식에 들어갔습니다. 이런 일이 자주 발생합니다.

따라서 발생한 지각이 의식 속으로 들어오지 않을 수 있고, 실제로 혼 안에 사는 고차-상상도 의식을 그대로 두고 직접 나타나지 않을 수 있습니다. 이 경우 우리가 방금 설명한 인식 지각과 유사한 방식으로 의식에 나타납니다. 그들은 중간-의식 안에서, 꿈속에서 우리에게 나타납니다. 그런 종류의 고차-상상은 우리의 깨어 있는 낮의 의식 속으로 빛을 발할 수 있으며, 거기에서 출렁이다가 사라집니다. 그런 종류의 고차-상상은 일상적인 인간의 의식에 들어오지만 그곳에서 변화를 경험합니다. 그것은 인간의 모든 생산적인 작품의, 모든 예술적 창조의 진정한 기초인 세계-진실에 기초한 '고차-상상'이라고 불리는 것으로 자신을 표현합니다.

그렇기 때문에 예술이 어떻게 생겨나는지 잘 알고 있었던 괴테는 '고차-상상'은 결코 우주의 법칙을 임의로 조작한 것이 아니라, 진실의 법칙의 지배를 받는다고 주장했습니다. 그리고 이 진실의 법칙은 절대적으로 고차-상상의 세계에서 작동하지만, 평범한 지각의 세계를 자유로운 방식으로 통합하여 진정한 '고차-상상'이 평범한 개념과 상상 사이의 무언가가 되도록 합니다. 제대로 이해한다면 "고차-상상"은 단지 사실이 아닌 것으로 간주되어서는 안 되며, 고차-상상 세계의 초-감각적 영역을 향한 개념 진전을 직접적으로 보여줍니다. 이것이 우리가 영적 세계가 우리의 일상생활로 들어오는 직접적인 흐름을 인지할 수 있는 지점 중 하나입니다.

이제 다른 측면인 감정을 살펴보겠습니다. 우리가 언급해온 심리학자는 모든 것을 혼 안에 두면서, 의지의 충동이 혼 안에 머물게 하면서 감정에 대해 충분히 알지 못했습니다. 인간이 하는 모든 일은 욕망, 열정, 충동, 즉 감정이라고 불리는 혼의 영역 내의 요소에 의해 동기 부여됩니다. 물론 감정만으로는 아무 일도 일어나지 않으며, 우리가 혼 안에 머무르는 한 아무 일도 일어나지 않습니다. 아무리 격렬하게 감정을 강하게 표현해도 혼과 독립적인 일이 일어나게 할 수 없습니다. 왜냐하면 혼에 남아 있는 어떤 것도 진정한 의지의 표현이 아니기 때문입니다. 혼이 자신으로부터 나오지 않고, 욕망과 감정(가장 깊은 경외심에서 혐오에 이르기까지 모든 것)을 계속 경험하고 싶다면, 혼과 독립적인 일은 일어나지 않을 것입니다. 우리가 의지의 진정한 형태를 사실로 인식할 때, 감정의 영역도 혼의 너머를 가리킵니다.

이 감정의 영역이 혼 너머를 가리키는 방식은 특이합니다. 이것이 무엇을 암시할까요? 우리가 가장 단순한 의지의 표현을 취한다면? 우리가 손을 들거나, 걸어 다니거나, 어떤 도구로 탁자를 치거나, 의지와 관련된 어떤 일을 한다면? 우리는 우리가 부를 수 있는 현실의 영역에서 어떤 일이 일어나는 것을 볼 수 있습니다. 우리는 손의 움직임에 대한 내적 충동을 통해 우리의 감정을 우리 혼에 더 이상 존재하지 않는 무언가로 전달합니다. 그러나 우리가 몸을 움직일 때 진정한 의지 충동의 결과로 일어나는 모든 일이 우리 안에 있기 때문에, 어떤 방식으로든 그것은 우리 안에 있습니다. 그리고 이것의 지속으로서, 외부적인 것 역시 결코 인간 존재를 구성하는 원 밖에 있지 않습니다. 여기에서 감정을 통해 우리는 한편으로 외부적 성질로 인도되지만, 완전히 다른 종류의 외적 성질, 즉 우리 자신의 외적 성질로 인도됩니다. 우리는 우리의 마음에서 몸으로, 우리 자신의 육체성으로 내려가지만,

우리가 외부 생활에서 이것을 어떻게 성취하는지 곧바로 알지는 못합니다. 손을 움직이지 않고 외부에서 스프링 등으로 작업하여 이 분필을 집을 때와 동일한 효과를 내는 장치를 만들어야 한다면 얼마나 많은 노력이 필요할지 상상해보십시오! 그 모든 것을 생각해내고 기계를 통해 실현할 수 있어야 한다고 상상해보십시오. 여러분은 그런 기계가 없다고 생각하겠지만, 그 기계는 존재합니다. 확실히 우리의 의식에 없는 무엇인가가 세상에서 발생하며 그것이 있다면 우리는 쉽게 기구를 만들 수 있습니다. 그러면 실제로 우리와 관련이 있지만, 우리가 잘 알지 못하는 일이 발생합니다.

우리는 '손의 움직임, 또는 의지를 따르는 신체의 움직임을 인식하려면 어떤 일이 일어나야 하지?'라고 우리 스스로에게 물어야 합니다. 우리는 의식을 관통하지 않고 우리 자신의 몸에서 일어나는 것과 같은 과정, 즉 똑같이 외부적이지만 우리가 인식할 수 있는 방식으로 의식과 연결된 과정이 필요합니다. 우리는 혼 속에서 경험한 무엇인가를 가져야 하지만 그것은 이 혼의 외부 경험과 같은 것이 되어야 합니다. 따라서 분필을 줍는 것만큼이나 독창적인 일이 우리의 의식에서 일어나야 할 것입니다. 어떤 외부 사건이 우리의 의식에 들어와야 하며, 지배적인 법칙에 따라 행동하여 다음과 같은 효과를 냅니다. 우리는 "나는 분필을 줍겠다."는 의지 행동을 하는 경우, 그것을 외부 지각으로서 우리가 알아차리지 못하는 어떤 것에서 엄격히 분리된 것이며 혼 삶의 한 면을 재현하는 것이라 생각하지 않을 것이고, 오히려 이 두 과정은 하나이며 함께 일어난다고 여길 것입니다. 손동작의 모든 세부 사항은 의식 안에서 발생해야 합니다.

네, 그것이 직관의 경우에 일어나는 과정입니다. 우리는 이것을 이렇게 말할 수 있습니다. 우리가 이 의식 안에서 완전히 표현되는 무언가를 우리 자신의 의식으로 파악할 수 있을 때, 단순히 지식으로서가 아니라 사건, 세계 사건으로서의 직관을 다루거나, 더 정확하게 말하자면, 저의 책『고차 세계의 인식과 획득』에서 의미하는 고차의 직관을 다루게 됩니다. 직관 안에서 우리는 의지의 지배를 다룹니다. 영리한 심리학자인 브렌타노는 의지가 아닌 혼의 감정만을 찾습니다. 왜냐하면 의지는 평범한 의식을 위해 존재하지 않고 일반적인 의식을 초월한 더 고차의 사건을 찾기 위해 남아 있습니다. 그것은 의식 안으로 세상이 들어와 활동하는 지점입니다. 그것이 고차-직관입니다.

여기에서도 일종의 전환이 있습니다. 단지 상상에서 '고차-상상'으로 이어지는 전환보다 조금 덜 눈에 띌 뿐입니다. 이 전환은 우리가 생각과 행동이 역동적으로 작용하여, 단순히 무언가를 의지를 갖고 행동으로 따를 수 있을 뿐 아니라, 우리의 행위의 질에 대한 감정 자체를 확장할 수 있는 자기 관찰의 힘을 획득할 때 시작됩니다. 많은 경우에 이것은 유용하지만, 행동을 수행할 때 우리가 그것에 대해 만족하거나 혐오감을 느끼는 경우가 있을 수 있습니다. 저는 편견 없는 삶의 관찰자가 자신의 행동에 대한 호불호를 포함하도록 감정을 확장시킬 가능성을 부정할 수 없다고 생각하지만, 감정 속에서 그것들을 함께 경험하는 것은 강화될 수 있습니다.

이것이 인생에서 완전한 잠재력을 발휘할 정도로 강화되었을 때, 이 전환은 우리가 인간의 양심이라고 부를 수 있는 것을 보여줍니다. 모든 양심의 동요는 감정에서 직관으로의 전환에서 발생합니다. 우리가 양심의 위치를 찾으면, 우리는 그것을 이 전환점에서 찾을 수 있습니다. 이때 혼은 고차-상상의 측면과 고차-직관의 측면에 열려 있지만, 우리가 지각을 통해 외부 육체성(corporeality)²의 영향을 받는 측면에는 닫혀 있습니다. 그것은 고차-상상의 영역에서 특정한 성취를 이루고, 직관의 영역에 들어갈 때 또 다른 것을 성취하는데, 후자의 경우는 하나의 사건을 통해 이루어집니다.

자, 고차-상상과 고차-직관이 하나의 혼 안에 살아야 하는데 어떻게 이 혼에서 일종의 중재, 둘의 연결이 일어날 수 있을까요? 고차-상상 안에서는 주로 영적 세계의 성취된 이미지, 고차-직관 안에선 영적 세계에서 유발하는 사건이 있습니다. 일반적인 물질계에서 우리가 만나는 사건은 말하자면 우리에게 평화를 남기지 않습니다. 우리는 그것을 이해하려고 노력하고 그 기저에 있는 본질을 찾습니다. 우리의 의식을 관통하는 영적 세계 사건의 경우도 마찬가지입니다. 이것을 좀 더 자세히 살펴봅시다. 우선 고차-상상은 어떻게 의식을 관통합니까? 자, 우리는 그것을 감정 곁에서 처음 발견했습니다. 그러나 그것이 의식에 들어가고, 혼에 들어갔지만, 심상이 아니라 주로 감정 곁으로 들어옵니다. 고차-직관의 경우도 마찬가지입니다. 고차-직관은 시각화될 가능성을 제공하지 않고 혼의 삶으로 들어갈 수 있습니다. 고차-상상도 우리가 인식하지 못하는 사이에 발생할 수 있으며, 이 경우 심상의 세계에 직접적인 영향을 미치는 고차-상상이 있습니다. 어쨌든, 직관은 감정 곁에서 찾을 수 있습니다.

인간의 영적 삶 전체에서 직관은 감정과 연결되어 있습니다. 잘 알려진 꿈의 예를 들겠습니다. 한 부부에게는 갑자기 병에 걸린 아들이 있었고 할 수 있는 모든 일에도 불구하고 그는 하루 만에 죽었습니다. 부모는 큰 영향을 받았습니다. 아들은 계속해서 그들의 생각, 즉 그들의 기억을 차지했습니다. 그들은 아들을 많이 생각했습니다. 어느 날 아침 그들은 밤에 두 사람이 같은 꿈을 꾸었다는 것을 알게 되었고, 서로의 꿈에 대해 이야기했습니다. (여러분은 이 꿈을 설명하기 위해 가장 기괴한 재주넘기를 하는 어떤 유물론적 꿈 해석가를 찾을 수 있습니다.) 그들은 아들이 산 채로 묻혔기 때문에 발굴을 요구하는 꿈을 꾸었습니다. 부모는 이 요구에 부응하기 위해 최선을 다했지만, 일정 기간이 지나면 발굴이 허용되지 않는 나라에 살았기 때문에 그렇게 할 수 없었습니다. 이 꿈에서 제시된 현상에 대해 우리는 어떤 설명을 할 수 있을까요? 자, 한 가지 전제는 분명합니다. 영적 세계의 존재로 있던 아들에 대한 부모의 끊임없는 회상이, 그에게로의 다리를 놓았습니다. 고인에게로의 다리가 기억을 통해 지어졌다는 것을 인정한다고 가정해봅시다. 부모와 아들 사이에 놓인 모든 장막이 걷히고, 고인이 두 사람에게 영향을 미칠 수 있게 되어 두 사람이 같은 꿈을 꾸었을 때 "저는 산 채로 묻혔어요, 가서 보세요!"라고 아들이 말했다고 가정하는 분은 없을 것입니다. 그 대신, 밤에 부모와 아들 사이에 접촉이 있었습니다. 아들은 그들에게 무언가를 말하거나 그들의 혼에 무언가를 주입하려고 노력했지만, 부모는 아들이 그들의 혼에 주입한 것이 무엇인지를 알 방법이 없었기 때문에, 그들의 익숙한 개념이 실제 사건을 방해했습니다. 부모들이 가졌던 심상은 그러한 심상이 일어나는, 그들이 익숙한 삶 속의 계기로부터만 만들어질 수 있기 때문에, 아들이 나타나 원했던 것은 완전히 다른 것이었습니다.

다른 부분은 시골 처녀가 꾼 또 다른 꿈을 통해 설명할 것입니다. 이 시골 처녀는 마을에, 교회에 가는 꿈을 꾸었습니다. 그녀는 길과 들판을 걷다가 마을에 도착해 교회에 들어와 설교를 듣는 것을 생생하게 꿈꿨지만, 무엇보다 설교의 끝 부분이 그녀의 마음에 와 닿았습니다. 목사는 그 부분에서 특별한 따뜻함으로 말했고, 마지막 단어를 말하며 팔을 펼쳤습니다. 갑자기 그의 목소리가 바뀌었습니다. 그것은 수탉의 울음소리와 비슷해지기 시작했습니다. 마침내 그것은 실제로 수탉이 우는 소리처럼 들렸고, 펼쳐진 팔은 그녀에게 날개처럼 보였습니다. 그 순간 그녀는 깨어났고, 닭이 앞마당에서 울고 있었습니다. 이 수탉의 울음소리가 그 꿈을 꾸게 했지만, 여러분은 그것이 다른 꿈을 꾸게 할 수도 있었음을 인정할 것입니다. 예를 들어, 도둑이 그것에 의해 깨어났다고 가정해보십시오. 그는 자물쇠를 부수는 방법을 궁금해했을 수도 있고, 다른 머리 좋은 말썽꾼이 그에게 지시를 내리는데, 그 말이 닭이 우는 소리가 되었을 수도 있습니다. 그것은 개념이었을 수도 있습니다. 그 개념은 혼에 실제로 들어온 것과는 어떤 관련이 있을 필요가 없습니다. 시골 처녀는, 말하자면, 종교적 세계에 떠 있었고, 그것이 산산조각이 났을 때, 그녀는 여전히 다른 곳에 있는 듯한 느낌을 받았지만, 그녀의 모든 의식은 수탉 울음으로 가득 차 있었습니다. 그렇게 스스로를 드러내는 것은 상징으로만 표현될 수 있었습니다.

누군가가 그러한 꿈에서 현실로 옮겨 가는 연습을 할 때, 그는 영적 현실에 도달하기 전에 어떤 형태의 감정, 즉 슬픔이나 기쁨, 이런저런 감정의 긴장감을 관통해야 한다는 것을 알게 됩니다. 영적 세계가 구성하는 것에 도달하려면 완전히 새로운 개념을 형성해야 하며, 일반적으로 영적 사건은 개념보다 감정에 훨씬 더 가깝습니다. 꿈의 개념적 삶은 그곳에서 일어난 일을 보고하는 데 결정적이지 않습니다. 거기에 영향을 미치는 영적 사건이 있습니다. 우리는 잠자는 동안 영적 세계에 존재하지만, 우리의 심상이 보여주는 것을 알아차리지 못합니다. 고차-직관과 감정 사이에 유사한 일이 일어납니다. 그것이 신비주의자들이 그것들에 대해 구체적으로 설명된 개념에 도달하기 전에, 고차 세계의 모호하고 흐릿한 혼 경험에 도달하는 이유이며 많은 신비주의자들은 그것에 만족합니다. 그러나 혼이 고차 세계에서 진정으로 명상하는 사람들은 모두 영적 세계를 직접 경험하는 마음의 틀인 행복한 헌신의 조건을 같은 방식으로 묘사합니다.

우리가 혼을 흔들고 있는 고차-직관을 통해 진행하려고 노력한다면, 우리는 멀리 가지 못할 것입니다. 대신, 우리는 그저 감정에 휩싸이는 것이 아니라 구체적인 상들에 도달하려면 다른 방향에서, 고차-상상을 개발하여, 고차-상상 세계에 관심을 집중시켜야 합니다. 그렇게 한다면, 아직 이해되지 않고 오히려 느껴지는 고차-직관과 여전히 비현실에 떠다니며 상으로만 구성되는 고차-상상 사이에 일종의 접촉이 우리 삶에 들어옵니다. 이 접촉은 마침내 우리가 영적 사건을 일으키는 존재들 사이에 도착했다는 말로 묘사할 수 있는 차원으로 우리를 끌어 올립니다. 이 존재들에게 접근하는 것이 우리가 고차-영감이라고 부르는 것이며, 어떤 의미에서 우리는 이제 외부 물리적 세계에서 우리가 직면하는 과정의 반대를 경험합니다.

외부 물질계를 마주할 때 우리는, 사물들에 대한 틀에 박힌 사고를 합니다. 물건이 주어지고 우리는 그것에 대해 생각합니다. 여기에 그 "사물"은 사건이며, 고차-직관 안에서 주로 감정으로 나타나서, 고차-상상은 정지 상태로 남아 있습니다. 그 둘이 결합될 때까지, 고차-직관이 고차-상상으로 흘러들어 가고, 심상들이 고차-상상에 의해 자유로워져서, 우리가 그것들이 고차-상상이 존재들로부터 오는 것이라 느끼기 전까지는, 그러한 존재들의 본질이 사건으로 우리에게 흘러들어 오지 않습니다. 우리는 그 사건 안에서 심상들과 상응하는 것을 인식합니다. 이러한 생각은, 고차-상상에 의해 준비된 지각이며, 그것을 통해 우리는 고차-직관에 의해 제공되는 사건을 인식합니다.

저는 오늘 인간이 혼의 다른 편에 있는 영적 세계로 어떻게 상승하는지를 설명했습니다. 저는 영-과학만이 줄 수 있는 문제에 대해 조금밖에는 언급하지 못했는데, 내일 우리가 영적 세계 그 자체에 대한 설명이라는 주요 주제에서 서로를 더 쉽게 이해할 수 있도록 하기 위해 이것을 해야 했습니다.

자연 법칙, 반복되는 지구 삶에서 의식의 진화
1911년 12월 16일, 베를린

여러분은 제가 할 수 있는 네 개의 강의를 통해 영학에 관한 짧고 피상적인 개요만 주어질 수 있다는 것을 이해할 것입니다. 분명히 많은 것을 제안할 수 있으며, 그중 일부는 실제로 그것을 확인하기 위해 더 자세한 설명을 요구합니다. 어떤 경우에는 그러한 주제와 여기에서 영학이라고 불리는 것 사이의 관련성을 이해하는 것이 어려울 수도 있습니다. 예를 들어 어제 우리는 단순히 심리 현상의 영역을 넘어 초감각적 세계에 포함되어야 하는 영역에 진입하는 방법을 보여주었습니다. 우리는 그러한 문제에 대한 혼의 영역이 명확한 경계에서 끝나고, 심지어 영리한 심리학자조차도 혼의 영역을 연구하고 분류할 때 그 지점에서 멈춘다는 분명한 사실을 확인했습니다.

그리고 인지학자들은 그 지점에서 고차-상상, 고차-영감, 고차-직관과 같은 우리에게 친숙한 개념들을 만났습니다. 그래서 여러분은 예를 들어, 저의 『고차 세계의 인식과 획득』에 대한 지식에서 명시된 바와 같이, 누군가 끝까지 노력한다면, 일상적인 혼에서 고차-상상, 고차-영감, 고차-직관으로 나아가게 될 것이란 점을 알 수 있습니다. 이러한 전환을 할 때, 우리는 주로 우리 자신의 혼과 영에 존재하는 혼-영적 요소에 주의를 집중해야 하며, 다시 말해, 우리 자신의 혼과 영에 관한 깨달음을 먼저 추구해야 합니다.

이 강의 과정에서 우리는 우리에게 근본적인 것처럼 보이는 인간의 반복되는 지구에서의 삶에 관한 사실을 우리 시대에 이르기까지 서구 문명이 인식하는 데 어려움을 겪었다는 것을 지적했습니다. 두 번째 강의에서는 그러한 어려움을 겪는 싸움에서 철저히 대표적 역할을 한 프로샤머를 인용했습니다. 가장 어려운 문제들과 씨름하면서 그는 "인간의 영원한 요소인 그의 영이 일종의 연옥, 감옥, 지하 감옥에서 반복적으로 육체성에 잠기도록 강요당한다면 어떻게 될까?"라고 한탄합니다. 프로샤머는 "사랑의 관계와 남녀의 대조와 관련된 모든 것을 출생과 죽음 사이의 기간 동안 인간 혼을 가두기 위한 규정으로 봐야 하는가?"라고 묻습니다. 반복되는 지구 생활의 교리에 대한 그러한 정직한 반대의 관점에서, 우리는 프로샤머가 사건에서 특정한 관점을 확립했을 가능성이 있는지, 그리고 다른 관점이 없을 수도 있을지 물어보아야 합니다.

프로샤머의 태도에서 우리가 인정해야 하는 것은 그가 반대로 인용하는 모든 것에 대조적인, 아름답고 영광스러운 모든 것에 대한 그의 솔직한 열정입니다. 서양인의 영적 삶은 외부 세계의 아름다움과 웅장함에 대한 열정으로 프로샤머를 물들게 했습니다. 반복되는 지구 생활의 교리는 그에게 영적-영원한 요소가 인간의 개성, 인간의 영에 의해 가정된다는 것을 암시하는 것처럼 보입니다. 그 요소는 영적 세계에서는 만족스럽고 행복할 수 있지만 인간 영의 고상한 숭고함과 결코 일치하지 않는 세계 속으로 강요되고 구체화된다고 보았습니다. 그것이 윤회의 의미라면, 신의 본성의 아름다움, 웅장함과, 모든 것에 대해 고귀한 인간의 열정과 충동을 불러일으킨 역사적 진화에 대한 정당한 열정을 발전시킨 사람은, 프로샤머와 마찬가지로 인간의 혼의 속박에 대해 한탄할 것입니다.

그게 정말 가능한 오직 하나의 관점일까요? 반복되는 지구에서의 삶의 교리를 옹호하는 사람들 중에는, 오늘날에도 영이 높은 곳에서 지상 생활로 내몰렸다고 주장하는 사람들이 있다는 것을 인정해야 합니다. 그런 사람들은 실제로 영-과학이 영적 세계로부터 빛을 가져올 수 있는 문제를 다루지 않고, 반복되는 지구 생활에 대한 일반적이고 모호한 생각으로만 다루고 있습니다. 우리는 우리 스스로에게 "인간이 태어나는 모습 자체가 아름답고 대단한 것이 아닐까요? 인간이 자연적 형태로 나타나는 것 자체가 진정한 성경적 의미에서 신의 형상이라는 것을 우리는 인식하지 못합니까?"라고 물을 수 있습니다. 그럴 수 있다면, 그것은 우리의 열정을 불러일으키기에 충분할 것이며 인간이 지하 감옥이 아니라 아름다운 행위의 장, 아름다운 집으로 옮겨졌다는 것을 인정하게 할 것입니다.

우리의 만족, 평안함의 느낌이 실제로 집의 아름다움과 웅장함 또는 우리가 해야 하는 양보에 달려 있습니까? 그것이 집에 달린 것인가요? 아마도 집의 웅장함과 아름다움은, 그것으로 무엇을 해야 할지 모르고 그것에 갇혀 있는 덜 발달한 사람에게는 억압적인 감옥일 것입니다. 그는 "예, 집은 아름답지만 그 안에 갇혀 있으면 짜증이 납니다."라고 말할 수 있습니다. 그것이 영-과학에 기초한 관찰을 통해 분명해지는 것입니다. 그것은 고차-상상, 고차-영감, 고차-직관을 통해 인간의 다양한 지구 생활에 걸쳐 계속되는 것에 대한 진정한 인식으로 올라가게 합니다.

사람이 심상의 세계에서 고차-상상의 세계에 도착했을 때 항상 경험해온 첫 번째 일은, 종종 퇴보라고 묘사되는, 상의 세계입니다. 이 고차-상상의 세계에 들어온 모든 종류의 사람이 그랬습니다. 항상 신중한 집중과 명상 또는 특별한 적성으로 혼 앞에 열릴 수 있는 이 상상의 세계는, 순수하게 외적으로 볼 때 처음에는 기초적인 감각 세계를 보여줍니다. 집, 동물, 사람들이 보이고, 다양한 사건이 그림으로 펼쳐지고, 살아 있는 상의 세계 안에 장면과 존재들이 있습니다. 다른 한편, 고차-상상의 세계는 이미지의 상징성을 해독하는 것이 자신의 자의적인 힘이 아니라, 사실을 통해, 어떤 의미에서는 초감각적인 세계와 관련된 것으로 스스로를 인지하며, 이런저런 것을 결정하면서,

명확한 경험이 명확한 그림으로 자신을 표현하는 내적 법칙의 적용을
받습니다.

따라서 사람은 어떤 경우에든 자신의 혼의 특정 수준을 개발하고
있으며, 특정 단계에서 특정 능력이 성장하는데, 예를 들어 컵과 같은
것이 그에게 주어지거나, 개울을 통해 인도를 받거나 세례를 받는 등
의 일을 통해 초감각 세계의 특정 지역에서 살 수 있다는 것을 상당히
확신할 수 있습니다. 또한 이 고차-상상이 풍부한 세계에선, 즐겁지
않은 경험도 갖게 되는데, 그의 다양한 열정과 충동이 거대하고 끔찍
한 동물 또는 꿈틀거리는 작은 동물 같은 것으로 상징적으로 나타나
기도 합니다. 사람이 획득할 수 있는 이 영적 세계의 차원은 물론 대
략적으로만 묘사될 수 있습니다. 전반적으로 이 세상이 매우 혐오스
럽고 모두 끔찍해 보이고 그의 열정을 상징하는 동물들이 혐오스러운
것처럼 보일 때도 이 세상은 대부분의 경우 상당히 참을 만합니다. 일
반적으로 사람들은 경험하는 것의 본질을 무시하고, 영적 세계를 볼
수 있다는 사실에 만족합니다.

그것은 영적 세계가 참담한 모습으로 보일 때조차도 무겁지 않기
때문에 쉽게 이해가 됩니다. 영적 세계는 근본적으로 상의 세계이며,
사람에게 충분한 힘이 없어서, 상이 그를 압도하고, 그를 뭉개버릴 때
에만, 그의 혼을 해칠 수 있습니다. 우리가 도덕적 책임감이라 부르는
것, 특히 세계적 대사건에 있어서는 그렇게 볼 필요가 없습니다. 정반

대 경우가 일어날 수 있습니다. 고차-상상의 세계를 꿰뚫는 큰 능력을 획득한 사람들은 도덕적으로 상당히 유연할 수 있습니다. 예를 들면 진실과 거짓에 대한 감정이 그렇습니다. 이 세상에는 통탄할 만한 방식으로, 물질계를 관통하는 진실을 중요하게 여기지 않고자 하는 강한 유혹이 있습니다. 그래서 사람은 객관적인 진실과 거짓을 구분하는 능력을 잃기 쉽습니다.

이 상상의 세계에 굳건히 서서 그 진정한 의미를 배우는 것이 곧 발전입니다. 인간으로서 어떤 이는 아직 미개발 상태일 수 있지만 이 상상의 세계를 볼 수 있습니다. 그는 인간으로서 전혀 높은 평가를 받지 않고도 더 높은 세계의 많은 심상과 같은 현상을 볼 수 있습니다. 그것은 모두 발전의 문제입니다. 시간이 지남에 따라 발달 과정에서 물리적 세계에서 구분하는 법을 배우는 것과 똑같이 특정 고차-상상을 구별하는 법을 배웁니다. 오직 물리적 세계에서만 이런 일이 인생에서 너무 일찍 일어나서 우리가 관심을 두지 않을 뿐입니다. 물리적 세계에서 우리는 코끼리와 청개구리를 구별하는 법을 배우고, 구별하는 법을 배우면서 세계는 형태를 갖추기 시작합니다. 고차-상상의 세계를 처음 마주한 사람은 청개구리를 마치 코끼리와 같은 종류의 동물처럼 여깁니다.

고차-상상의 세계에선 항상 통일성이 중요합니다! 발달을 통해서만 다른 것들의 상대적 중요성을 배우고, 겉으로 보기에 작은 것이 더 큰 다른 것보다 더 중요할 수 있다는 것을 배웁니다. 고차-상상이 풍부한 세상의 이러한 것들은 그것이 무엇인지가 중요하지 않고, 우리가 그 안에서 보는 것에 따라 우리에게 크거나 작게 보입니다. 어떤 사람이 거만하고 오만하다고 가정해봅시다. 그는 오만함의 특성을 좋아해서, 그가 고차-상상의 세계로 들어갈 때 그의 느낌, 오만함에 대한 그의 기쁨은, 그가 거기에서 보는 존재의 크기로 옮겨집니다. 오만하고 거만해 보이는 고차-상상의 세계의 모든 것은 그에게 거대해 보이지만, 겸손한 사람에게 위대해 보일 모든 것은 그에게 작은 청개구리처럼 작게 보입니다. 이 세상의 모습은 전적으로 개인의 속성에 달려 있습니다. 올바른 상대적 크기, 실제 힘과 질에 대한 인식은 발달 상태에 달려 있습니다.

현상은 전적으로 객관적이지만 완전히 왜곡되어 만화처럼 보일 수 있습니다. 본질적인 것은 인간이 스스로 어떤 방식으로든, 이 고차 인식 속을 통과하는 것입니다. 그는 고차-상상으로 자신을 아는 법을 배워야 합니다. 올바르게 알든 그릇되게 알든지 간에, 고차-상상의 세계가 제공하는 것에 대한 관점은, 각자의 자질에 의해 결정되기 때문에 그것은 실제로 불안정한 문제입니다. 인간이 고차-상상을 통해 자신을 아는 법을 배워야 한다는 것은 무슨 뜻일까요? 그것은 고차-상상의 세계에서 만나는 자기상의 대리자를 통해 자신을 객관적인 이미지로 보아야 한다는 뜻입니다. 물질세계에서 이 종(bell)을 객관적인 무언가로 갖게 되듯이, 고차-상상의 세계에서 실재로서의 자신을 만나야 합니다. 이것을 그는 외부 세계에 대한 지각에서 심상으로, 즉 그를 지각에서 해방시킬 특정 상징적 심상 안에서, 실제로 명상을 통해 상승함으로써, 정상적인 방법으로 달성할 수 있습니다.

사람은 자신이 자연스럽게 통과할 수 있도록 심상의 순수한 내면 삶 안에서 오래 자주 살아야 합니다. 그러면 그는 점차 성격의 분열과 같은 것을 알게 될 것입니다. 그는 종종 과도기에서 특정 상태가 너무 강해지지 않도록 노력해야 합니다. 이 특이한 상황이 다가오면 그는 자신이 살고 있는 심상, 그 자신과 직면합니다. 그것이 그의 존재 방식인 것처럼, 그 자신인 것으로 보입니다. 그런 다음 때때로 그는 자신의 나머지 부분, 해방되지 않은 부분이 기계 장치처럼 된다는 것을 알아차립니다. 그는 무언가를 자동으로, 몸짓으로 표현하고 싶은 욕망을 알아차립니다. 교육을 받지 않은 사람들은 가끔 얼굴을 찌푸리는 자기 모습을 볼 수 있지만, 그런 종류의 일은 실제로 초기 단계를 넘어서는 안 됩니다. 허용되지 않습니다. 여기서 그는 자신을 통제해야 합니다. 다른 사물과 마찬가지로, 그 자신의 존재는 없어야 합니다.

이 고차-상상에 도달할 수 있는 가능성은 이전에 특정 심리적 속성을 개발했음에 따라 크게 달라집니다. 왜냐하면 이 고차-상상으로 본 자아상과 관련하여 모든 종류의 환상이 발생하기 때문입니다. 인간의 자존감을 가로막는 모든 것이 모든 종류의 환상에 대한 민감성 속에 숨어 있습니다. 여러분은 고차-상상의 세계에서 엄청나게 다양한 것을 볼 수 있습니다. 예를 들어, 여러분은 순전히 자기 감정일 뿐인 어떤 것을 착각할 수 있습니다. 사람들이 자신을 높이는 것은 흔한 현상이며, 그러한 유의 사람은, 자신의 비범함을 생각할 때, 자신이 고귀한 왕족이었음에 틀림없다는 결론을, 샤를마뉴, 나폴레옹, 마리 앙투아네트 또는 어떤 성인의 환생이라는 결론을 내리는 경향이 있습니다. 그런 사람들은 자신의 개인성을 매우 중요하게 여기는 경향이 있기 때문에, 감각 세계에서 자신의 몸을 차지하면서 만나는 인물이 전생에 고귀한 존재였다고 가정할 수밖에 없습니다.

이 문제는 참으로 심각합니다. 왜냐하면 이는 인간 자신의 존재가 고차-상상을 만나는 방식이 전적으로 그의 혼에 달려 있다는 사실을 가리키기 때문입니다. 요점은 우리가 정말로 우리 자신에게서 완전히 멀어지면 우리 자신의 존재를 바꾸고, 평범한 삶에서 관찰할 수 있는 우리의 모든 속성을 배우기 위해 온 힘을 다해 노력하면, 우리가 끔찍하고 불쾌할 수 있다고 믿는, 다른 사람들이 싫어하는 속성을 변화시킬 수 있다는 것입니다. 우리는 갖고 있지만 실제로 소유해서는 안 되는 이러한 속성을 진지하게 주목해야 합니다. 여기서 우리는 당연히 듣기 좋은 말을 하는 것이 아니라, 객관적으로 진실을 말하는 것에 관심이 있습니다. 우리가 객관적으로 일하기만 한다면, 자기-비판은 일생의 과제로 판명될 것이며, 사람들이 일반적으로 하는 것처럼 타인에 대한 비판이나 판단을 최대한 자제해야 한다는 것이 분명해집니다. 다른 사람을 자유롭게 비판하는 데 관심을 두는 사람은 확실히 자신의 개인성을 참된 모습으로 보기 위해 지워야 할 것을 제거하는 일에 관심이 부족합니다. 왜 사람이 발전하지 않는지에 대한 자주 반복되는 질문에 대해 우리는 스스로 대답해야 합니다. 우리는 외적인 필요가 있을 때를 제외하고는 타인에 대한 모든 비판을 삼가야 합니다. 무엇보다도 우리는 이 "자제"가 의미하는 바를 결코 잊지 말아야 합니다. 예를 들어, 이는 동의하지 않거나 해로운 것도 때때로 받아들이는 것을 포함합니다. 분명히 그러한 것들을 받아들여야 하지만, 카르마를 진지하게 믿는 사람은, 당연히 그가 모든 것을 자기 자신에게 가져왔다는 것을 압니다. 카르마는 문제를 일으키라고 타인을 그곳에 두었습니다. 세상일을 자기 일로 여길 진짜 개인적인 이유 같은 것은 없습니다.

그러므로 이 고차-상상, 자기-인식에 도달하려면 많은 것이 필요합니다. 그것을 달성하면 프로샤머의 감옥 그림이 잘못된 이유를 알 수 있습니다. 그 안에서 여러분 자신을 발견하는 이 현현(顯現)이 참으로 놀랍도록 아름답고 멋지지만, 여러분 자신은 아름답지 않고, 그것이 제공하는 모든 것을 이용할 수 있게 구성되어 있지 않다는 것을 깨닫게 됩니다. 여러분은 스스로에게 이렇게 말합니다. "나는 이 세상에, 특정 시간과 공간에 모든 웅장하고 강력한 것에 둘러싸여 있다. 나는 이 모든 멋지고 강력한 장엄함을 전할 신체 기관을 가지고 있다. 하늘의 천정이 우리 위에 우뚝 솟아 있고, 별이 그들의 길을 가고, 태양이 매일 아침 떠오르고 저녁 노을 속에 지기 때문에, 비록 병이 났을 때조차 우리가 낙원에 살고 있다고 믿을 만한 모든 이유가 있다." 그러나 완전한 만족을 위해 우리는 우리의 외부 세계와 장기가 있는 몸이 주어졌지만 실제로 우리가 세상에서 가져올 수 있는 것과 가져오는 것 사이의 차이는 큽니다. 왜 우리는 세상에서 그렇게 조금밖에 가져올 수 없을까요? 그것은 세상과 비교해서 우리의 신체성을 매우 보잘것없게 만드는 뭔가가 우리 안에 있어서 세상 일부만을 인식하기 때문입니다. 여러분의 눈이 실제로 보는 것과 볼 수 있는 가능성이 있는 모든 것을 비교해보세요!

우리가 고차-상상력으로 자신을 아는 법을 배우면, 우리가 몸 전체 유기체를 적절하게 사용할 수 없어서 이 세상에 잘 적응하지 못한다는 것을 깨닫습니다. 고차-상상 인지의 관점에 눈을 뜨면, 우리가 누구인지 발견하게 되고 무엇과 맞서야 하는지를 발견합니다. 여기서 우리는 정말로 세상을 아는 법을 배우려면 우리 혼을 만날 수밖에 없다는 흥미로운 딜레마에 도달합니다. 고차-상상의 세계에서 자신을 아는 법을 배우는 사람은, 세상에서 그를 둘러싼 모든 것을 고려할 때 자신을 위대하고 강력하다고 생각할 수 없음을 알게 됩니다. 우리는 고차 세계에서 와서 이 땅의 몸에 갇혀 있는 것이 아니라, 딜레마에 전혀 적응하지 못하고 우리 유기체를 모두 사용할 수 없는 상태인 것입니다. 이런 이유로 고차-상상의 세계는 인간이 자신의 몸을 잘 사용할 수 없는 일을 바로잡는 또 다른 세계와 대면합니다. 고차-상상의 세계 안에서 인간이 무엇인지와는 반대로, 우리에겐 세상의 시작부터 끝까지의, 인간의 전체 문화적 진화가 있습니다.

왜 그럴까요? 우리는 이제 지구 인간의 문화적 진화 과정에서 많은 윤회를 통해 그가 어떤 미래의 윤회에서 될 수 있는 사람이 되어야 한다는 것을 이해하고 있으며, 이러한 이유로 그는 계속 돌아오고자 하는 갈망을 하고 있습니다. 각 윤회에서 그는 단일 지상 생활에서 성취할 수 없는 것을 갈망해야 합니다. 그는 계속 돌아와야 합니다. 그러면 그는 결국 어떤 윤회에서 될 수 있는 사람이 될 수 있습니다. 그가 한 생에서 진정으로 되어야 하는 것에 대한 지식과 느낌을 습득함으로써 그가 죽음의 문을 통과할 때 어떤 감정이 혼을 지배해야 하는지 알게 됩니다. 지배적인 느낌은 다음 생과 그 이후의 생에서 그가 한 번의 윤회로 될 수 없었던 것이 되기 위해 돌아오고자 하는 갈망이어야 합니다. 새로운 지구 삶에 대한 이 갈망은 가장 강력한 힘입니다. 이러한 개념은 간단히 언급될 수밖에 없지만, 윤회에 대한 가장 강력한 확인입니다.

제가 말한 것의 정확성은 다른 것에 의해서도 확인됩니다. 우리는 영적인 세계에 도달하기 위한 노력을 계속할 수 있습니다. 순수하게 기술적인 방식으로 우리는 외부 인식을 무시하고 심상의 삶에 전념함으로써 고차 세계에 대한 인식을 얻을 수 있습니다. 우리의 기억을 완전한 내적 충실함과 절대적인 내적 성실함으로 펼쳐지도록 노력함으로써 명상과 집중으로 확실히 전환할 수 있는 또 다른 가능성이 있습니다. 이것은 몇 시간 안에 가능하지만 진지해야 합니다. 삶 속 인간은 어떤 존재일까요? 논리와 지식 이론을 통해 우리는 인간이 자아(ego)라는 것을 배워서 알고 있습니다. 하지만 일상 생활 중의 인간은 매우 불분명한 자아입니다. 인간은 바로 이 자아로 매 순간 채워져 있는 것입니다. 여러분이 카드 놀이를 하고 있다면, 카드 게임의 인상이 제공하는 것과 여러분이 정확히 일치합니다. 여러분의 의식은 실제로 카드 게임의 인상으로, 또는 그 밖의 것으로 가득 차 있습니다. 이것이 의식이 얻을 수 있는 자아입니다. 우리는 이를 의식할 수 있지만, 그것은 매우 가변적이고 변동이 심합니다.

우리는 우리의 기억을 우리 앞에 두었을 때 이 자아가 무엇인지 정말로 알아냅니다. 평소처럼 그것을 우리 뒤에 두는 대신 우리 앞에 놓습니다. 이것은 중요한 절차입니다. 일상의 삶에서 우리는 기억의 결과입니다. 어느 날 여러분이 하루 종일 불쾌한 일과 끔찍한 일을 경험했다고 가정해봅시다. 그 모든 것이 모여 저녁에 여러분이 어떻게 느끼게 되는지 생각해보십시오. 여러분은 불편하고, 무감각해지고, 투덜거리게 됩니다. 반면에 하루 종일 만족스러운 경험만을 했을 수 있습니다. 당신은 유쾌하고, 웃으며, 아마도 예의바르게 행동할 것입니다. 그렇게 우리는 어떤 때는 이렇고 또 어떤 때는 저렇습니다. 우리는 경험으로는 우리 뒤에 있는 그대로입니다. 우리가 이 모든 것을 기억으로 가져와 우리 앞에 놓을 때, 동시에 그것들을 다시 한 번 살펴보면 우리는 그 뒤에 있습니다.[1] 만약 여러분이 그것을 진지하게 한다면,

일상적이고 기계적인 방법이 아니라, 정말로 모든 것을, 적어도 몇 시간만이라도 한다면, 무언가가 여러분의 혼에 들어옵니다. 충분히 관찰하고 있다면 그것은 일종의 근본적인 음(音)이라고 부를 수 있습니다. 그것은 여러분 자신이 내는 듣기 싫은, 신물나게 듣기 싫은, 음입니다. 그런 다음 다시 자신의 발전에 달린, 철저하게 자신을 위해 노력하는 과정을 행해간다면 그 과정은 거의 당신을 달콤한 존재로 보여주지는 않을 것입니다. 여러분은 여러분 자신에게서 듣기 싫은 근본 음을 찾을 수 있을 것입니다.

그것이 우리가 원하든 원하지 않든 진실입니다. 필요한 주의를 자신에게 기울일 수 있는 사람은 이러한 방식으로, 점차 자신에 대한 고차-영감 인식이라고 할 수 있는 것에 도달할 것입니다. 그 길은 쓰라린 경험을 통해 이어지며, 그 과정에서 사람은 세상의 조화 안에서 심하게 조율되지 않아서 불협화음을 내는 악기처럼 보일 것입니다. 이러한 더 많은 자기 앎을 통해 우리는, 우리가 이 영광스러운 신성한 본성을 얼마나 조금밖에 실현 못하는지, 만약 우리가 더 발전했다면 얼마나 훨씬 더 많은 것을 이룰 수 있는지를 깨닫게 됩니다. 그러한 연습을 여러 번 반복한다면, 우리 삶이 끝날 무렵에 이르면, 또는 35세가 될 무렵부터, 특이한 성질의 음이 우리가 얼마나 삶을 향상시킬 수 있는지 깨닫도록 만들며, 우리의 결점을 바로잡기 위해서는 윤회를 갈망하게 합니다. 그것은 고차-영감 인식의 가장 중요한 결과 중 하나입니다. 사람이 자신의 근본적인 음조(音調)를 아는 것을 배우면,

그는 자신이 세상의 섭리에 얼마나 잘못 적응하고 있는지, 내면의 평화와 조화를 찾을 기회가 얼마나 적은지 알게 됩니다. 윤회에 대한 생각에 어리둥절한 사람들은 자신이 자신의 부족함 속에서 자신을 이해하는 능력이 얼마나 없는지, 신의 아름다운 선물을 더는 발전시키고 싶지 않고 이기주의적인지를 보여줄 뿐입니다.

자기-이해를 얻기 위해 우리가 도달할 수 있는 두 번째 목표는 고차-영감입니다. 그것은 영적 음의 세계가 들려주는 인간에 대한 이해입니다. 그곳에서 우리 자신의 음을 아는 법을 배웠을 때, 말하자면 우리가 대자연의 영역에 사는 것에 얼마나 잘못 적응했는지 발견합니다. 또 다른 가능한 접근 방식은 우리가 갈망하는 평화와 내면의 조화에 도달하기가 얼마나 힘든지를 고려하여, 나의 부족한 면에서 시작하여 단순히 운명에 올바르게 갖추어야 할 도덕성으로 나아가는 것입니다. 자기 앎의 힘을 얻은 사람들은 종종 자신이 갈망해야 할 내면의 평온과 자신감을 찾을 수 없다는 것을 깨닫게 됩니다. 괴테의 글에서 이 아름다운 구절을 떠올려보십시오. 그는 지구의 아름다운 자연의 고요함을 표현하는 산꼭대기에 앉아 있습니다. 그 아래에는 땅의 만아들격인 화강암 바위가 그의 눈앞에 펼쳐져 있고, 광적인 기쁨이나 광란적인 비참함을 오가는 인간 본성 속 내적 음과는 대조적인 자연 법칙의 위대함을 느낍니다.

우리가 자연의 법칙을, 자연의 법칙으로 여전히 공간에 살아 있는 것을 연구할 때, 문화의 진화가 고차-상상을 얻은 인간의 대응물인 것처럼, 자연 법칙의 세계는, 공간에 존재하는 자연의 참 법칙은 고차-영감을 얻은 인간의 대응물이란 것을 알게 됩니다.

마야를 관통하는 영적 활동의 세계는 우리의 오류를 통해 망쳐지곤 하는 내적 고요의 일관성 안에서 자신을 드러내며, 우리는 고차-영감을 얻은 사람을 우리 안에서 발견했을 때 그것을 인식합니다. 그러면 이 생각은 우리가 자연법칙의 본질을 정말로 이해할 때, 지구가 한 형태에서 다른 형태로 진화하지만, 그러나 자연법칙의 어떤 힘이 인간이 스스로 망친 것을 보상해야 함을 알려줍니다. 그것은 자연법칙의 고유한 진실성 때문이며, 인간의 다양한 윤회 과정에서도 적용됩니다. 즉 오랜 문화적 진화를 통해 자신이 받아야 할 것을 받아들일 때에도 적용되는데, 왜냐하면 그것이 잠재적으로 한 윤회한 생의 범위 안에 있기 때문입니다.

따라서 우리는 자연법칙에 나타난 영적 행위로서 자연에 퍼져 있는 모든 것과 고차-영감을 통해 우리 자신 안에서 발견하는 것 사이에 깊은 연결을 발견하여 더 깊은 자아가 됩니다. 그렇기 때문에 모든 비의 수련에서, 모든 신비주의에서 자연법칙과 내면의 평화 사이의 조화는 항상 인간 내면 법칙의 이상으로 여겨집니다. 고대 페르시아 입문에서 여섯 번째 단계에 도달한 사람이 태양 영웅이라고 불린 것은 결코 우연이 아니었습니다. 그의 내면의 법칙과 확신은 태양이 우주를 통과하는 경로에서 벗어나지 않는 것처럼, 더 이상 규정된 경로에서 벗어날 수 없을 정도였습니다. 태양이 아주 잠시라도 그 경로를 벗어난다면, 불가피한 엄청난 파괴가 불가피하게 우주에 발생할 것입니다. 자기 이해를 향한 길을 택할 수 있는 또 다른 단계가 있습니다. 우리는 고차-직관 인식을 획득한 인간으로 발전할 수 있지만, 우리를 그러한 고귀한 영역으로 인도하려면 문제를 명확히 하거나, 고차-직관을 획득한 인간의 대응물을 세상에서 찾는 일은 매우 어려울 것입니다.

이 모든 것으로부터 여러분은 인간이 실제로 그가 "투옥된" 세상의 영광스러운 외부 구조 안에서 될 수 있는 모든 존재할 가능성을 관찰할 수 있습니다. 분명 그가 투옥된 이유는 그 외부 구조가 나쁘기 때문이 아니라, 그가 외부 구조에 비해 너무 부족했기 때문입니다. 이는 모든 세계 상황에 대한 올바른 평가, 인간의 본질을 포함하여 인지학에 의해 제시되는 영적 인식의 기초에 대한 적절한 이해가 중요하다는 것을 보여줍니다. 일반적으로 제기되는 대부분의 이의 제기는 세계 맥락을 완전히 잘못 판단하는 원칙에서 비롯됩니다.

마지막으로, 우리는 "인간이 외적 몸을 가져야 하는 이유는 무엇입니까?"라고 물어야만 합니다. 아직 설명하지 못한 부분을 묘사하기 위해, 저는 "자아의 위치와 인간의 내적 삶 안의 나"에 관한 웅거 박사의 강연을 여러분들께 상기시켜드리고 싶습니다. 또한 『자유의 철학』과 『진실과 과학』도 같은 주제를 다루고 있습니다. 맞습니다, 조금만 생각해보면 중요한 존재가 자아 또는 "나" 뒤에 숨어 있다는 것을 알 수 있지만, 우리가 경험하는 것을 우리는 우리의 자아-의식, 우리의 자의식 안에서 경험합니다. 우리가 잠이 들 때 이것은 중단됩니다. 만약 잠을 계속 자고 깨어나지 않는다면 여전히 자아가 있을지 모르지만, 우리 자신의 선택 의지를 통해서는 결코 알 수 없습니다. 그것에 대한 우리의 인식은 깨어 있는 동안 우리의 신체 조직, 우리 몸의 사용에 달려 있습니다. 우리는 우리 몸 밖의 다른 것들을 경험할 수 있지만, 우리의 에고는 처음에는 외부 세계와 대면해야만 합니다. 사람이 몸을 이용하기 위해 땅에 내려온 적이 없었다면, 손이 인간 유기체의 일원이라고 느끼는 것처럼 인간은 영원히 자신이 천사의 구성 요소라고 느꼈을 것이며, 자아-의식을 얻지 못했을 것입니다. 인간은 세상에서 많은 장대한 사실을 알게 되었을지 모르지만, 몸으로 윤회하지 않고서는 자아-의식에 도달할 수 없었습니다. 그것이 인간이 자아-의식을 향한 방향으로 전환해야 했던 지점입니다.[2]

인간이 수면 중에 자아와 함께 일하지 않는다는 것을 알기 위해서는 수면 의식을 연구하면 됩니다. 자아-의식은 신체에 갇혀서, 감각과 뇌라는 도구를 사용하는 것을 전제로 합니다. 인간이 한 번의 윤회 안에서 그에게 주어진 모든 것을 조금이라도 사용할 수 있다면, 인간 자아에 대한 철저한 조사는, 만약 그것이 진정한 형태로 자신을 드러냈다면, 자아-의식을 채우고, 점점 더 풍요롭게 하기 위해, 더 고차의 상태로 발전시키기 위한 자신의 가장 큰 충동과, 지배적인 힘과, 지구에서의 새로운 삶을 향한 염원을 보여주었을 것이라고 계시적 의식(clairvoyant consciousness)은 우리에게 말해줍니다.

그렇게 함으로써 우리는 우리의 신지학에서 18세기의 신학자들이 자주 언급했던, 영학으로 발전된다면 도움이 될 무엇인가에 응답하게 될 것입니다. 오팅거(Ottinger), 뵐커(Völker), 벤겔(Bengel)과 같은 18세기 신지학자들은 일신론적 관점에서 영과 신성 또는 신성한 영의 활동을 어떻게 표현했습니까? 그들은 "몸의 세계, 몸의 본성은 신의 뜻이다."라고 말했습니다. "신의 뜻", 멋진 개념입니다. 그것은 내재된 충동에 의해, 많은 영적 세계를 통과한 신이, 다시 상승하는 목적을 달성하기 위해 하강했음을 의미합니다. 이 목표는 몸의 모양, 성질, 구조를 형성하는 것입니다. 우리가 18세기 신지학자들의 이 발언을 좀 더 감정적인 표현으로 번역한다면, 우리는 "우리가 고차 영역에서 숙고해보면, 몸으로 윤회하려는 염원은, 영이 우리에게 자신을 드러내는 방식이다. 그리고 영은 자신이 몸으로 구체화되고(embodiment in the flesh) 되돌아가기 시작한 후에야 비로소, 윤회를 향한 염원 안에서 자신을 드러내는 것을 멈춘다."라고 말할 수 있습니다.[3]

18세기 신지학자들의 그 놀라운 발언은 19세기 철학이 말한 것보다 인간의 신비를 밝히는 데 더 많은 일을 했지만 신지학 활동과 노력은 19세기 초반에 완전히 사라졌습니다. 18세기에는 더 오래된 종류의 진정한 신지학이 다양한 지역에서 발견되었지만, 기독교 진화가 서양에서 신지학을 지연시켰기 때문에 윤회에 대한 지식이 부족했습니다. 신성과 관련하여 18세기의 신지학자들은 "신체적 현실이 하나님의 뜻"이라는 것을 알고 있었습니다. 그들은 신의 목적은 알았으나, 인간의 목적은 알지 못했습니다. 그들은 인간의 경우에 그것을 발견하지 못했습니다. 만약 알았다면, 인간의 모든 본성에서 인간이 새로운 몸을 갖기 위한 갈망이 일어나야 한다는 것을 이해했을 것입니다. 그렇게 인간에게 맞는 새로운 존재의 형태는 지구 위 삶에서 뽑혀나가 버렸습니다.

이 영학 강연을 마치면서 저는 모든 것이 얼마나 겉핥기식이고, 불완전한지를 그 어느 때보다 더 느낍니다. 그리고 처음 두 강연 시리즈, 인지학과 혼학과 관련하여 제가 말한 것이 이번 강연들에도 적용된다는 것도 느꼈습니다. 저의 의도는 여러분에게 흥미로운 제안을 하는 것이었습니다. 여러분이 이러한 제안을 따른다면, 제공된 내용을 해결하기 위한 많은 자료를 찾을 수 있을 것입니다. 여러분은 세상을 살펴보고, 다양한 요소를 고려할 필요가 있을 것입니다. 그러나 영-과학은 매우 포괄적이라는 사실을 피할 수는 없습니다. 우리가 체계적으로, 다른 과학에서 일반적으로 목표로 하는 방식으로 연구를 진행했다면, 10년 후에도 실제로 우리가 서 있는 지점까지 발전하지 못했을 것입니다. 아마도 우리는 우리가 처음 3개월 동안 도달한 지점에 있었을 것입니다.

이 주기의 끝에서, 영-과학의 미래는 여기서 제안된 것을 주체적으로 해결하고자 하는 혼들에 달려 있다는 말씀을 드리고 싶습니다. 그러한 독립적인 노력을 통해, 지금까지 언급도 되지 않은 영역에서 성과가 있을 것입니다. 독립적 정신으로 일해가는 모든 사람은, 이 일에 대한 접점을 찾을 수 있을 것입니다. 우리가 자극받기 위해 무엇인가를 수용한다는 느낌을 계속 강화해간다면, 우리의 공동체는 점점 더 친밀해질 것입니다. 우리가 인지학이라고 부르게 된 영적 흐름을 통해 인류에게 드러나도록 의도된 세상에, 우리의 가장 내밀한 자아가 점점 더 참여하게 될 것입니다.

후주 모음

마리 슈타이너의 서문

1. 부처의 가르침에서 해탈이나 열반은 존재의 소멸이 아니라 고집멸도의 각
   성에 핵심 의미가 있다. 이는 인지학적 자아 완성('나는 나다.'의 실현)과
   다르지 않으며 슈타이너는 이 점을 『누가복음 강의』에서 분명히 하고 있
   다. 여기서 마리 슈타이너가 비판하는 '불교와 신불교'는 해탈을 입적(入
   寂)으로 해석하는 세속화되고 물질주의적인 시각을 가리킨다. 근대 초 여
   러 서양 철학자들과 신비주의 경향들에서 이런 해석이 우세했다. 한편, 마
   리 슈타이너가 비판적으로 논하고 있는 '동양'적 요소들은 19세기 신지학
   회가 차용했던 힌두교 전통에서 비롯된 오컬티즘을 말한다. 유불선으로
   대표되는 동아시아의 제 사상이 대상이 아님에 주의해야 한다.
2. 신지학회의 초대로 이루어진 'Reincarnation and Karma' 26 March
   1903, Berlin을 말한다. 이 강의에서 슈타이너는 과학적 방법으로 윤회와
   업의 질서를 이해할 수 있으며 종교와 과학의 이분법적 독단을 넘어 인간
   이해를 확장해야 함을 주장했다.

1부 1강

1. 인지학적 관점의 기본 개념 틀은 4구성체이다. 이는 서구 전통의 4원소나
   동양의 4상 5행과도 같은 성질의 개념들이다. 4구성체가 인간에게 작용할
   때는 물체-에테르체-아스트랄체의 3원 조합을 자아체가 통합, 조절한다

고 본다. 여기서 말하는 상상, 영감, 직관 능력은 '의지, 감성, 사고'의 영역 중 '사고' 영역에서 3원적 성질의 정신 능력이 진화적으로 나타나는 방식을 뜻한다. 상상은 아스트랄의 작용이 자아체의 사고 작용에 의해 변형되고 발전한 능력이다. 영감은 에테르, 직관은 물체의 변형, 승화에 해당한다.

2 지구 진화 발달, 변화에 따라 인간 진화 발달이 함께 이루어지고 이에 따라 인간의 존재 양식과 사고방식 모두가 변한다. 그러므로 고대 철학은 그 철학을 뒷받침한 환경과 함께 숙고되지 않고 표면적인 논리로만 접근하면 전혀 그 진의를 알 수 없다고 말한다.

3 '살아 있는 영적 관찰'은 이하 내용에서 인간의 내부 기관이 지구 발달에 의해 영향받는 과정을 설명함으로써 슈타이너가 직접 그 예를 보여주고 있다. 이와 대비되는 '베틀로 개념을 짜는 것'은 오직 개념 간 연결을 통해 자기 완결적인 논리 정합성을 추구하지만, 실제 세계에 대한 설명을 내어놓지 못한 것을 비판하는 취지의 표현이다.

4 프랄라야는 인도 철학에서 파괴와 소멸을 뜻하는 산스크리트어이다. 실제적인 의미는 토성기, 태양기 등 진화의 각 시기 사이에 진행되는 대변화이다. 슈타이너는 오늘날 인간의 심장이 토성기에서 지구기에 이르기까지 행성 간 관계의 영향을 고루 종합한 결과물이라고 말하고 있다. 그러므로 심장 자체가 다른 장부와는 그 종합성에서 특별한 차이가 있고 4구성체적 힘을 두루 지니고 있다고 본다.

5 슈타이너가 여러 곳에서 수용하는 전통 지혜는 구체적으로 플라톤과 헤르메스주의로 이어지는 내용들이고 의학과 관련해서는 중세 파라켈수스를 인지 의료의 기초로 보고 있다. "테오프라스투스 필리푸스 아우레올루스 봄바스투스 폰 호엔하임(Theophrastus Philippus Aureolus Bombastus von Hohenheim), 속칭 파라켈수스(라틴어: Paracelsus, 1493년~1541년 9월 24일)는 문예 부흥기에 활동한 독일계 스위스 본초학자, 연금술사, 점성술사, 광의의 오컬티스트이다. 독물학의 원칙을 확립했으며, 고문(古文)

에서 길을 찾기보다 자연을 관찰하는 혁명적 방법 전환으로써 오늘날의 의학 실행에까지 이어져 오는 급진적 도전을 열어젖혔다. 또한 그는 아연을 발견해 그것을 '징쿰(zincum)'이라고 불렀다. 파라켈수스는 일부 질병은 정신적 고통에 그 뿌리가 있다고 최초로 주장했는데, 때문에 그를 정신의학의 선구자로 보기도 한다. '파라켈수스'라는 별명은 '켈수스의 다음' 또는 '켈수스 너머'라는 뜻으로, 여기서 켈수스란 『데 메디키나』를 쓴 기원후 1세기경의 로마 박물학자 아울루스 코르넬리우스 켈수스를 말한다. 파라켈수스의 가장 중요한 유산은 의약학, 과학, 신학의 스콜라적 방법론을 비판한 것이다. 파라켈수스 당대에는 이 분야들이 서로 분화되지 않았으나, 아비케나나 아베로에스 같은 고대의 학자들을 무비판적으로 받아들이는 태도에 대한 그의 비판은 연구 및 교육에 있어 최초의 독립적, 경험적 접근이었으며 우뚝 선 성취를 이루었다. 파라켈수스의 이론적 작품들은 대부분 현대 과학과는 일치하지 않으나, 그의 통찰은 현대 의약학과 과학으로 향하는 동적인 토대를 마련했다."(위키백과)

6 인지학적 인간관은 다음의 그림 두 장으로 압축, 표현될 수 있다.(그림, 표: 박규현)

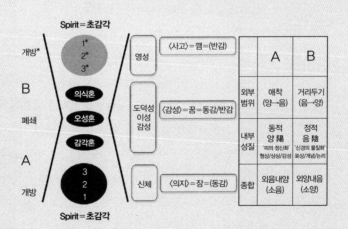

〈인지학 인간관 구조〉

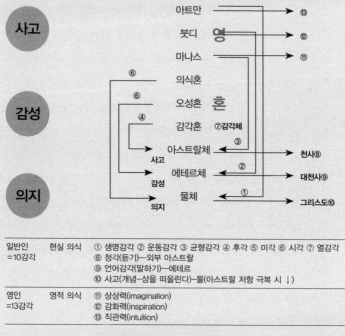

사고		아트만	─────────→ ⑬
감성	영	붓디	─────────→ ⑫
의지		마나스	─────────→ ⑪

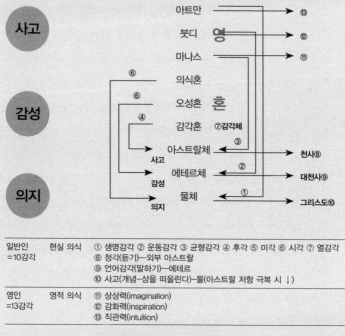

| 일반인
=10감각 | 현실 의식 | ① 생명감각 ② 운동감각 ③ 균형감각 ④ 후각 ⑤ 미각 ⑥ 시각 ⑦ 열감각
⑧ 청각(듣기)—외부 아스트랄
⑨ 언어감각(말하기)—에테르
⑩ 사고(개념—상을 떠올린다)—물(아스트랄 저항 극복 시 ↓) |
| 영인
=13감각 | 영적 의식 | ⑪ 상상력(imagination)
⑫ 감화력(inspiration)
⑬ 직관력(intuition) |

〈몸, 혼, 영의 지혜 감각론〉

7 아리아드네(그리스어: Αριάδνη)는 그리스 신화에 나오는 공주. 크레타의 왕 미노스와 파시파에의 딸이다. 테세우스의 아내가 될 수 있었으나 낙소스 섬과 관련하여 여러 가지 설이 있어서 그녀가 디오니소스의 아내가 된 걸로 나타나 있다. 실제로 디오니소스의 아내이기도 하다. 미노스는 그의 아내 파시파에가 황소와 관계하여 머리는 소이고 몸은 사람인 괴물 미노타우로스를 낳자 다이달로스에게 미궁을 건설하도록 하여 미노타우로스를 그곳에 가두고 아테네에 해마다 남녀 각각 일곱 명씩의 젊은이를 미노타우로스의 제물로 바치게 하였다. 아테네의 왕자 테세우스는 미노타우로스를 죽이고자 제물로 위장하여 크레타섬에 들어오는데, 아리아드네는 그를 보고 첫눈에 반하여 미노타우로스를 없앨 수 있는 칼과 붉은 실타래를 주어 미궁에서 쉽게 빠져나올 수 있도록 도와주었다. 아리아드네가 준 칼로 미노타우로스를 죽인 테세우스는 실타래를 이용해 그가 지나온 길을 따라

서 무사히 미궁에서 탈출하였고, 아테네의 젊은이들과 아리아드네와 함께 크레타섬을 빠져나왔다. 헤시오도스를 비롯한 대부분의 전승에서 테세우스가 낙소스섬에 잠든 아리아드네를 버리고 떠난 후 디오니소스가 그녀를 발견하여 결혼하는 것으로 묘사되지만, 몇몇 전승에서는 디오니소스가 테세우스에게 나타나 아리아드네를 낙소스섬에 두고 떠나라고 요구했다고 전해진다. 디오니소스가 아리아드네에게 결혼 선물로 준 왕관은 하늘로 올라가 별자리가 되었다고 한다. '아리아드네의 실타래'라는 관용어는 아주 어려운 일을 해결하는 방법이나 물건을 의미한다. 아리아드네의 실타래를 실제로 적용하는 방법은 기록을 만들거나 보관하는 것이다. 기록을 남기게 되면, 어떤 어려운 일이 발생할 때, 과거의 일로 다시 돌아가서 추적을 할 수 있는 단서를 주기 때문이다. 이런 기록을 남기는 것은 알고리듬을 만들고, 논리적 방법으로 문제를 해결하는 데 도움이 된다.(위키백과)

8 한자에서 '성(性)'과 '질(質)'의 차이는 드러난 것과 내재된 것으로 구별한다. 슈타이너는 후각은 거리를 두고도 알 수 있고 미각은 접촉해서 아는 것인 데 비해, 시각은 대상의 보이는 색과 형태가 보이지 않는 우주적 기원과 성질을 내포하고 있다고 보아서 이렇게 말하고 있다.

9 인간의 혼(soul)은 영과 신체의 작용인 사고(think)와 의지(will) 사이에 이루어지는 감성(feel)이 그 본질이다. 인지학에서는 그 감성이 동감의 영향을 많이 받으면 감각혼, 반감의 영향을 많이 받으면 오성혼으로 발전하고 양자의 종합을 통해 의식혼으로 진화한다고 본다. 인간의 혼이 그러하듯 모든 사물에도 양극적 요소와 그 사이의 교류 운동이 있고 그 운동의 세기와 성질을 나타내는 것이 곧 주파수로 나타난다. 소리가 사물의 '떨림'에 기인한다는 점에 주목하여 '물질의 혼'이라는 비유를 쓰고 있다. 대상의 떨림이 주체의 떨림과 공명하여 인간의 혼에 어떤 감정으로 새겨짐을 말한다.

10 인지학이 파악하는 의식 작동 과정은 다음과 같다. 주체와 대상이 만나 자

극이 주어지면 감각은 형상(sense picture), 표상(mental picture)과 결합하여 지각(percept=picture form)을 일으킨다. 지각은 활발한 내적 심상화(visualization)로 발전하는데, 이 과정에서 개념(concept)과 합해져 추론과 판단으로 이어진다.

1부 2강

1 인지학에서는 영적 의식을 성취한 존재 단계를 영적 자아(Spirit Self), 생명령(Life-Spirit), 영-인간(Spirit-Man)으로 나누고 각각 상상(imagination), 영감(inspiration), 직관(intuition) 능력이 영화(靈化)되어 이루어진다고 본다. 이 세 존재에 대한 명칭을 힌두교 용어를 차용하여 마나스, 붓디, 아트만이라고 한다. 그러므로 '영인 또는 아트마'라는 표현은 아트만 의식 상태의 영적 힘을 뜻한다. 이는 인간 의식 상태로도 드러나지만 우주와 자연에 내재해 있다고 본다.

2 아트마는 물체와 영의 결합으로 이루어진다. 물체는 그 자체로 가장 음적인 응축 경향성을 특질로 가진다. 그래서 신체의 에테르체를 압축하는 기능을 한다고 본다.

3 음(音)과 성(聲)을 tone과 sound로 구별했다. 전자는 성질이 부여된 것이고 후자는 무의미한 것까지 포함한 자연의 소리를 뜻한다. 인간의 언어에서는 모음(vowel)이 먼저 발달하고 자음(consonant)이 발달하는데, 대상의 특징은 자음에 담긴다. 그러므로 자음이 톤, 모음이 사운드가 된다. 자음은 대상과 활발한 교류 속에 생기므로 '뛰어난 활동성을 공기로써 드러'낸다고 표현하고 모음은 인간 유기체 내면에 내재된 것이므로 '물의 요소'(=분비액)와 연결한 것이다. 4구성체로 보면 음이 아스트랄, 성이 에테르와 연결된다. 그러나 이는 어디까지나 자연물리적 상태에서 그러한 것이고 의식의 상태로 보면 개별자와 아스트랄, 집단과 에테르가 연결되므로 오히려 소리-성이 아스트랄이자 천사와 연결되고 음이 에테르이자 대

천사로 연결된다. 이처럼 아스트랄과 에테르는 신체와 의식에 동시 작동하면서 대칭적으로 작용하기에 전체 구조와 동역학을 이해하는 것이 중요하다.

1부 3강

1   음-선율-화음, 배음으로 진행은 하나의 소리를 조화로운 다른 소리들과 복합적으로 결합해서 수용하는 과정이다. 화음이 수학적 질서를 가지듯 이 과정은 무질서할 수 없고 일정한 자연법칙을 따른다. 이 과정의 끝에서 의미의 형성이라는 인식 작용이 발생한다. 그러므로 인간의 의식은 그 자체로 이미 4구성체의 종합으로 이루어진다. 동양에서는 이를 토화작용(土化作用)으로 본다.

2   소리를 시각화로 전환하고 여기에서 의미 있는 개념을 형성한다는 언어발생의 큰 원리를 설명하고 있다. 「훈민정음 해례본 정인지 후서」에서는 이와 똑같은 과정을 "有天地自然之聲 則必有天地自然之文. 所以古人因聲制字 以通萬物之情(유천지자연지성 즉필유천지자연지문. 소이고인인성제자 이통만물지정). 천지자연의 소리가 있다면 곧 반드시 천지자연의 무늬가 있다. 그러므로 옛 사람이 소리에 따라서 글자를 만들어, 만물의 뜻을 통하게 했다."고 표현한다. 언어 발생 과정에 대한 슈타이너의 통찰과 훈민정음의 관점이 일맥상통한다.

3   "以載三才之道 而後世不能易也. 然四方風土區別 聲氣亦隨而異焉(이재삼재지도 이후세불능역야. 연사방풍토구별 성기역수이이언). 후세 사람이 능히 바꾸지 못한다. 그러나 사방의 풍토가 구별되어 소리의 기운도 달라졌다." 「훈민정음 해례본 정인지 후서」에서 이어지는 '풍토 구별'은 자연 환경이 다름을 말한다. 즉, 소리와 모양, 뜻의 연결에는 보편 원리가 있지만 환경 차이에 따라 구체적 의미는 달라진다는 말인데, 슈타이너가 말하는 '몸 안에 진동하는 민족 영'이란 환경 영향으로 생긴 인간 심신의 차이를 말하는 것이다. '배음열의 기저에 있는 우주적인 인간 요소' 역시 기후 차

이에 따른 심신 변화가 실제 지시하는 현상이다. 그러므로 두 통찰의 기본 요지가 동일함을 다시 확인할 수 있다.

4 감각혼과 감각체 모두 사구성체적 본질은 아스트랄이다. 외부 아스트랄이 신체로 파고드는 것을 감각체라고 하고, 반대로 신체에서 외부를 향해 나가는 아스트랄적 힘을 감각혼이라고 명했다. 이 경우 지각은 내외부 힘의 충돌 정도에 의해 제약되고 왜곡된다. 그러므로 실체가 투명하게 지각되는 것이 아니라 '감각체의 환영'이자 '밀쳐진 무엇'이라고 표현한 것이다.

5 이 위치는 내외부가 교류할 수 있는 통로로서 구멍이 있는 곳, 즉 이목구비(耳目口鼻)가 중심이며 전신에 퍼져 있는 피부의 경우 신경이 집중된 것이 그 교류가 지각되는 곳이 된다. 동양에서는 12경락의 혈자리이다.

6 4 기류는 ① 좌우 ② 상하 ③ 전후와 ④ 외부에서 내부로 반사되어 들어오는 것들이다. 결국 신체 내외부의 4구성체가 신체 내에서 입체를 구성하는 세 가지 기류를 형성한 후 외부와 상호작용한다는 것을 말하고 있다.

7 즉자적, 물질적 반응으로서 의식을 말한다.

8 에테르체는 상태로서는 액체에 대응하며 힘의 성질은 형태 '형성력'이다. 음양오행의 목의 성질과 동일하다.

9 물체는 응축, 에테르체는 성장, 아스트랄체는 분산, 자아체는 수렴이 주된 힘의 성질이다. 이러한 힘은 비유적으로는 물리적인 힘들 중 강한 핵력, 전자기력, 약한 핵력, 중력에 대응한다. 여기에 묘사된 힘의 방향은 네 가지 기본 물리적 힘의 방향과 동일하다. 한편, 전후로 묘사된 '감각체/감각혼'은 실질적으로는 '외부에서 내부/내부에서 외부'로 이해해야 한다. 신체 내에서 6합(6방향, 3중선 교차)에 의해 입체적 시공간이 형성되면 이를 바탕으로 외부와 상호작용하는 과정을 그리고 있기 때문이다.

10 '직립'은 자아체 강화의 조건이다. 직립에 의해 입체적 세계를 의식하게 되고 의식 축적 작용에 의한 기억의 폭증이 일어난다. 이것이 '개인성', 즉 한 개별자 내에 세계의 보편성을 담을 가능성을 준 것이다. 직립에 의한 수직 기류는 인간만 고유하게 가지고 있고 나머지 동물들은 어류와 조류

까지 모두 수평 기류만을 가지고 있어 의식 축적이 일어나지 않는다. 그러 므로 집단혼까지는 이 수평 기류의 영향이 지배적이다.

1부 4강

1 여기서 '마음'은 오성혼 작용을 말하며 오성혼은 고유의 형성력을 통해 아스트랄이 감각을 통해 전달한 의식의 소재들을 언어와 개념으로 추상화, 정형화하는 기능을 한다. 이 기능은 에테르의 힘인데, 인간 신체의 구조에서 살아 있는 동안 에테르는 물체에 고착되어 있고 세계를 향해 열려 있지 않으면 오직 신체 내부로만 작용한다. 세계를 향해 개방적인 사고는 아스트랄과 자아의 상호작용이며 오성혼은 이 작용의 도움없이는 선입관 작용을 할 뿐이다.

2부 1강

1 사이코소피에 대한 정확한 한글 번역 용어는 기존 단어에는 없다. 편의상 심리학(psychology)이라 번역하기 쉽지만 심리학은 인지학과 정확히 상반된 전제를 가지고 있다. 우선 굳이 '소피'를 접미사로 붙인 것은 논리 체계라는 뜻의 로지(logy)가 유물론적 전제를 깔고 있음을 의식하고 이 의미를 넘어 표현하려는 의도가 있는 것이다. 이는 인지학이 인류학이 아닌 것과 같다. 신경생리학 혹은 정신분석학 모두 인지학적 인간관과 상반된 전제를 내포하므로 이와 연관된 용어를 번역어로 쓸 수는 없다. '사이코'라는 용어 자체가 감정과 의식을 다 포함하는 단어이고, 이 강의 시리즈 전체의 흐름이 몸-혼-영의 상관관계를 순서대로 밝히는 것이어서 그 취지를 살려 이 책에서는 혼학이라고 명했다.

2 구체적이고 특징적인 사례를 들어 실감나게 설명하는 것을 말한다. 어떤 사물과 현상에 대해 결과를 중심으로 인식하지만 체험하고, 느끼고, 감성적으로 받아들일 수 있도록 유도해주는 것이다. 개념에 이르기 전의 모든

체험과 활동, 탐색, 궁리 등을 말한다. 각 사물을 고정화하거나 메마르게 정의하는 게 아니라 생동감 있게 삶 속으로 가져오는 것이다.

3   추론과 호불호의 대비는 인지학 용어 중 가장 기본적이면서 혼돈을 많이 일으키는 용어로서 혼 내부 작용을 일컫는 반감(antipathy)과 동감(sympathy)의 실제 내용이다. 이 용어에 대한 가장 흔한 오해와 오류가 이를 감정적 '호감과 혐오감'으로 등치하는 것이다. 그러나 슈타이너가 말하고자 하는 바의 맥락적 의미는 다르다. 반감은 대상에 대한 지각, 감정으로부터 거리두기라는 점에서 오성과 개념, 논리를 이끄는 힘이고 그 반대인 동감은 대상에 대한 감정 이입을 말한다. 추론 vs. 호불호의 대비가 반감 vs. 동감의 가장 전형적인 실례이다.

4   슈타이너는 여러 강연에서 자아(ego) 개념을 정신분석학이나 사회 통념으로 이해되는 '폐쇄적, 이기적 개인'이라는 식의 내용으로 좁혀 보지 말 것을 요청했다. 그는 우선 그리스어에서 쓰인 어원적 뜻인 '나라고 할 수 있는 그 무엇'이라는 넓은 의미로 '자아'라는 용어를 사용하는데, 자아를 의식하는 실제 내용은 몸, 혼, 영이 정체성의 중심을 차지하는 발달 단계의 정도에 따라 크게 달라진다. 궁극적이고 본질적인 자아는 영적이고 통합적인 사고 주체로서의 '자아체'를 뜻한다.

2부 2강

1   슈타이너가 주의를 요청하는 즉자적 심상은 지각과 감정에 동반되는 표상과 형상들이다. 그는 반감적 힘인 개념, 판단과 어우러지는 추론의 결과로 재구성되는 이미지를 표상, 형상들과 구별하기를 요청하고 있는 것이다.

2   여기서 '복종'이라는 강한 표현은 추론 결과 주어지는 심상이 반감의 결과이기에 필연적이고 무의식적으로 주어진다는 뜻이다. 그에 대한 설명으로 아래 '개념이라는 전제 위의 인식 과정'을 말하고 있다.

3   언어와 사회적 학습을 통해 배우는 일상의 개념은 주체적 관찰과 사고 과정 없이 주입되기 마련이다. '개념에 내용을 직접 준다.'는 표현은 고차적

인식인 일원론적이고 통합적인 사고를 통해 그 내용을 <u>스스로</u> 초월, 갱신, 확장하는 것을 말한다.

4 슈타이너는 가톨릭 공의회의 결정은 교회가 교리 해석을 독점하기 위한 정치적 결정이었다고 본다. 이로 인해 영(靈)에 대한 사고가 배제된 결과 유물론적 관점이 극히 강화되었다고 비판한다.

5 슈타이너는 '언어의 영'이라는 개념을 1922년 7월 23 '언어의 영', 8월 2일 '말과 언어의 기원'이라는 연속 강연에서 상세히 밝혔다. 그는 현대 언어학이 공유하고 있는 '음가의 우연한 발견과 사회적 합의에 의한 언어 발달'이라는 전제를 인정하지 않는다. 오히려 자연과 인간이 공유하는 우주적 영의 힘에 의해 필연적 질서를 따라 언어가 발생했다고 본다. 이러한 슈타이너의 주장이 가장 체계적이고 풍부하게 제시되어 있는 인류 문화 유산은 「훈민정음 해례본, 제자해」이다. 이에 대해서는 역자의 2022년 6월 대안연구공동체 파이데이아 학회에 발표한 「훈민정음 제자원리와 신지학의 유기일원적 상관성」을 참조할 수 있다. 위 슈타이너 강연록의 한글 번역본은 2019년 8월의 양평자유발도르프 학교 아카데미 월세미나에서 발표되었다.

2부 3강

1 칸트 용어에서 '순수'란 '선험성'을 말한다. 칸트는 인간의 인식이 선험적 감성이나 논리 형식을 바탕으로 생긴다고 말한다. 슈타이너는 이러한 칸트 주장을 두 측면에서 비판한다. 첫째, 칸트는 선험적 형식 기원을 일원적으로 밝히지 못했다. 둘째, 선험성에 대한 부당 전제로 투명한 관찰의 의의를 부정하고 그 결과 불가지 영역을 설정한다.

2 슈타이너에게 '사랑'이라는 용어는 나와 세계의 경계를 허물어 궁극적 합일에 이르려는 몰입의 힘을 의미한다. 이 같은 용법으로 사랑을 정의하는 근거는 『자유의 철학』에서 밝히고 있다. 폐쇄 에고의 정서적 작용으로서 애욕, 집착과는 전혀 다른 의미로 사용한다. '개념을 사랑으로 에워싼다.'

는 것은 기존 개념에 대한 영적 확장을 뜻한다.

3   생존 본능은 외부와 분리를 전제한 불안의 한 형태이다. 반면 '대상으로부터 해방된 의지'는 이 분리를 넘어 세계와 통합된 자아를 인식하는 힘이다.

2부 4강

1   프로이트 학파를 말한다.

3부 1강

1   브렌타노는 의지와 감정 사이, 심상화+추론과 자발적 행위 사이의 연결고리 설명을 못하고 있다. 영이 들어가야만 이 과정이 설명될 수 있는데 영을 배제했기 때문에 길을 잃었다. 이것이 불완전한 혼의 교리이다. 아리스토텔레스는 혼의 출처를 신체를 조직한 물질로 보았다. '신체를 이루는 물질 vs. 신성하고 완전한 영'으로 나누고 영의 윤회를 부정했다. 신성하다고 가정된 영은 새 신체를 원하지 않을 수 없게 설정되고 이는 윤회 요청인데, 그의 가정에서는 윤회를 부정했고, 물질에 의지한다고 가정된 혼은 현세에서 모든 발전의 책임을 떠맡게 되는 식의 모순, 혼란에 빠진다. 이것이 모순된 영의 교리이다.

3부 2강

1   감각 지각과 개념의 결합, 관찰을 통한 심상화와 추론, 판단의 결합을 통해 인간은 경험을 초월한 예지를 할 수 있고 슈타이너는 이것이 '의식혼 수준의 보편성'을 획득할 때 '진실'이라고 명한다. 그러나 영안이 트인 마나스 이상의 의식 수준은 경험뿐 아니라 언어와 뇌의 작용마저 아스트랄적 상상력의 힘으로 넘어설 때 가능한 것이고 이는 여전히 경험 영향 아래 구속되어 있는 '내적 진실'과 다른 차원의 '진리'로서 직관지의 세계

라고 구별한다.

2 슈타이너는 유사 이래 에테르 영향 아래 형성된 종교적 의지와 아스트랄 영향 아래 형성되는 학문, 예술적 인식 발달이 현시대 유물론적 전제에 구속된 상태라고 본다. 장미십자회 명상은 이를 영적 사고의 힘을 통해 상승, 통합해내는 명상법을 말한다. 붉은 장미로 덮인 검은 십자가가 그 영적 통합 의식 발달의 상징이라고 보는데, 흰 바탕과 검은색은 모두 영계를 상징하고 십자가는 종교성, 장미는 아스트랄적 열정으로 개화된 인간 문명의 상징이라고 본다. 이에 대해서는 전집 GA 93. 5강, 99. 1강에 자세히 소개되어 있다.

3 『고차 세계의 인식과 획득』 등의 수행서에서 제시한 수행자의 사고 태도를 일컫는다. 모든 것의 일원적 연결에 대한 이해를 바탕으로 한 경건성과 감정 작용 및 기존 지식의 선입관에서 냉철한 거리두기가 핵심이다.

4 『고차 세계의 인식과 획득』 3장 '영계 입문'과 9장 '정신 수행 중에 일어나는 인격의 분열'이라는 제목으로 이 파괴적 위험성을 자세하게 논하고 있다. 그 내용의 핵심은 영적 인식 획득은 인격 안에서 4구성체의 배열이 근본적으로 변화하는 과정이므로 기존 세계관이 허물어지는 데서 오는 불안과 각 구성체와 연결된 의식이 편향적으로 강화될 위험이 있다는 지적이다.

5 특정 존재로서 악마를 말하는 것이 아니고 오류로 둘러싸인 세계를 본 후, 불가피한 오류로 이끄는 인식 과정을 악마 혹은 루시퍼적 요소로 은유적으로 표현한 것이다.

6 메피스토펠레스(Mephistopheles) 또는 메피스토펠루스(MephistoPelus), 메피스토(Mephisto), 메파스토필리스(Mephastopilis) 등은 독일 민간전승에서 기원한 악마이다. 메피스토라는 이름은 파우스트 전설에서 기원하며, 악랄한 고전적 악마의 원조(原祖)로 여겨진다. 히브리어로 Mephitz는 파괴자, Tophel은 거짓말쟁이란 뜻.

7 슈타이너는 영계 입문의 동력이 아스트랄적 상상력의 확장이라고 본다. 한편, 루시퍼와 아리만은 인간 정신을 영적으로 분산시키거나 물질적으로 위축시키는 힘을 대표하는 신성이다. 그런데 사고에 의해 질서지어지

지 않은 아스트랄 확장은 처음에는 혼란스러운 열정 분화 성격을 띠며 이를 루시퍼의 힘이라고 말하고 있다. 이것이 자아체의 영적 사고로 승화되지 않은 상태는 인격의 분열을 초래한다고 보아서 '인간 본성의 적대자'라는 표현이 뒤따르고 있다.

3부 3강

1 일반적인 감정과 선입관적 전제, 시대 패러다임에서 벗어나게 되면 사회적 의미의 객관적 타당성은 논할 수 없게 된다. 그러나 자신의 사고를 바탕으로 한 영적 관점에서는 필연성 추론이 가능한 개념을 얻었을 때, 비유적으로 표현될 수밖에 없음을 말하고 있다.

2 번역 용어 중 몸을 '신체'라 표할 때는 물체, 에테르체, 아스트랄체의 결합으로써 이루어진 인간 고유의 몸을 지칭한다. '육체'라 표할 때는 특별히 외적 물질성의 영향을 강조할 때 한정해서 쓴다.

3부 4강

1 여기서 '뒤' 혹은 '앞'이란 표현은 시간을 기준으로 한 것이다. 과거가 현재를 설명하는 논리를 인과율이라 하고 미래가 현재를 규제하는 논리를 목적률이라고 한다. 슈타이너는 인지학적 명상법에서 생명의 생성 소멸 전체를 통찰할 것을 요구하는데, 이는 인과율과 목적률의 통합을 통해 순환적 세계 질서 전체를 보라는 요청이다. 기억은 과거의 것인데, 그것을 미래처럼 현재를 기준으로 거슬러 올라가 보라는 것이다. 발도르프 교육에서는 이런 훈련을 '돌아보기'라고 한다. 이 훈련은 자신에게 일어나는 일들과 자신의 반응 사이에 일정한 성질과 질서가 있음을 떠올리게 한다. 그것을 슈타이너는 다음 문장에서 '근본적인 음'이라 비유적으로 표현하고 있다. 이 훈련은 인지학적 상상력을 확장하는 기초 명상법에 해당한다.

2 현시대인 '지구기'의 인간 능력인 '사고'와 그 주체인 '자아체'는 모두 분

화된 세계의 기본 힘들을 통합해내는 성질을 공히 가지고 있다. 영계의 자아체는 다른 3구성체의 작용을 흡수하고 승화시킴으로써 발전한다. 그러므로 무오류의 최종 완결이 아닌 영계의 자아도 우주와 함께 공진화하는 힘으로 윤회 염원을 하게 된다는 말이며, 지구기 신성인 자아체로서 진화해간다는 말이다.

3   윤회 자체가 멈춘다는 뜻이 아니다. 윤회 주체는 영이므로 영계 주체는 몸으로 구체화되려 하고 몸을 받은 인간이 되었을 때는 윤회를 요청했던 힘—카르마적 과제—이 현실계의 사구성체 종합에 의한 '의지'로 전환되어 살아가게 된다는 말이다.

인간, 혼, 영에 관한 지혜

초판 1쇄 인쇄 2023년 7월 15일
초판 1쇄 발행 2023년 7월 20일

지은이 루돌프 슈타이너
옮긴이 김광선, 박규현
펴낸이 박규현
펴낸곳 도서출판 수신제
유통판매 황금사자(전화 070-7530-8222)
출판등록 2015년 1월 9일 제2015 - 000013호
주소 경기도 양평군 양서면 청계길 218
전화 070-7786-0890
팩스 0504-064-0890
이메일 pgyuhyun@gmail.com
ISBN 979-11-982452-1-2 03110
정가 20,000원